U0141962

孫光浩著

王安石冤屈新論

孫光浩自署

文史哲出版社印行

國家圖書館出版品預行編目資料

王安石冤屈新論 / 孫光浩著. -- 初版. -- 臺北市：文史哲, 民 89
面： 公分.
ISBN 957-549-279-X(平裝)

1. （宋）王安石 - 傳記 2.中國 - 歷史 - 宋（960-1127）

782.8515 89003140

王安石冤屈新論

著　者：孫　光　浩
出版者：文　史　哲　出　版　社
登記證字號：行政院新聞局版臺業字五三三七號
發行人：彭　正　雄
發行所：文　史　哲　出　版　社
印刷者：文　史　哲　出　版　社
臺北市羅斯福路一段七十二巷四號
郵政劃撥帳號：一六一八〇一七五
電話 886-2-23511028・傳眞 886-2-23965656

實價新臺幣四五〇元

中華民國八十九年四月初版

ISBN 957-549-279-X

自序

梁啓超曰：「以不世出之傑，而蒙天下之垢，易世而未之湔者在泰西則有克林威爾（Oliven Cromwell 1599–1658）。而在吾國則荊公，泰西鄉原之史家，其論克林威爾也。曰亂臣、曰賊子、曰奸險、曰兇殘、曰迷信、曰發狂、曰專制者、曰僞善者，萬喙同聲牢不可破者，殆百年，顧及今而是非大白矣。而我國民之於荊公則何如？吠影吠聲以醜詆之，舉無以異於元祐、紹興之時，其有譽之者，不過賞其文辭；稍進者，亦不過嘉其勇於任事，而於事業之宏達而偉大，莫或見及。而其高尚之人格，則益如良璞之霾於深礦，永劫莫發其光晶也。嗚呼！吾每讀宋史，未嘗不廢書而慟也」（王安石評傳第一章）

余誠不才，於三年前曾撰「王安石洗冤錄」一書，於出版後，倘然若失，言猶未盡，意猶未達。顧前賢清代蔡元鳳氏編撰「王荊公年譜考略」時，序言：「曾閱千卷，尤嫌不足，」余所讀不足百冊，竟敢撰寫，于人齒冷，于己汗顏，誠不識何所措耳！何可爲荊公洗冤之，故再閉門研習正史，而後奮筆，重行撰寫，特名之爲「王安石冤屈新論」以補前不足之過耳。

神宗繼位，欲雪遼夏之恥，發奮圖強。熙寧之初，環視朝臣，屍位素餐，因循習舊。富弼爲相，竟進諫二十年不用兵之言，豈爲神宗意願乎！荊公奉召，創制新法，滿臣官宦，冷落一傍，何能忍受歟？乃至合力詆毀，詆毀不成，紛紛自行求去。後宮慈聖曹后以及宣仁高后，復對神宗壓抑，荊公罷相南歸，神宗施行新法從未中輟之。元豐八年神宗駕崩，哲宗即位，改元「元祐」，宣仁高后垂簾，召回司馬光爲相等，盡罷新法，荊公尚在江寧，未發一句怨言，如是何怨荊公之有乎？司馬光、蘇軾、程頤等稱爲「元祐黨」，稱荊公爲新黨，荊公自熙寧九年第二次罷相，距元豐八年，十年之久，何新黨之有耶！此爲元祐黨人之妄語也。然元祐黨人心猶未甘，合力詆詖荊公，各家稗史、雜記紛紛面世，如司馬光之涑水記聞，魏泰之東軒筆錄，邵伯溫之聞見錄等，竭力詆毀之，尤以聞見錄爲最也。

宋史經梁任公飭爲佞史，佞史則僅限於自熙寧至紹興之間，以熙寧新法爲中心，以荊公爲重點。元祐之時如司馬光、邵伯溫、黃庭堅、范祖禹等輩；宣和、靖康之時以楊時爲最，紹興之時則有趙鼎、范沖等徒，後繼之朱熹也。詆詖荊公之罪魁禍首應屬朱熹，朱熹特將歷年毀訐荊公文字，彙集爲「王安石傳」編於五朝名臣言行錄中。元代托克托編纂宋史，羅致南宋遺民，內中不乏元祐黨人之後裔及門生，故將依言行錄之王安石傳作爲範本，而撰成宋史「王安石本傳」（卷三二七），復將靖康之恥推予荊公矣。靖康之禍，遠因：應爲宣仁高后，罷革新法，釀成黨禍，削弱國勢，次爲欽聖向后擅立紈褲無能趙佶爲徽宗，數十年來治國一無是處，金人滅遼後，自知江山不保，禪讓予趙桓爲欽宗。近因：欽宗一復無能，徽、欽二宗一味謀和，不圖一戰，竟然親至金營求和，父子皆被金人扣留，並非城下被虜，此乃靖康之恥也。南渡後，康王趙構自立爲高宗，爲求南面稱孤道寡，不謀雪恥復國，拯救父兄，元祐黨人特將靖康之禍諉之新法，並得高宗之推波助浪，乃致禍延荊公，以使荊公蒙受千年不白之冤也。此是否新法之誤國，荊公何罪之有也。

野史本不足信，宋史編纂悉以野史爲範本而鈔襲之，偏頗歪曲，自不待言。宋代洪邁於容齋隨筆有云：「野史雜說，多有得之傳說及好事者緣飾，故類多失實，雖前輩不能免，而士大夫頗信之。」（卷四）三國志編撰人陳壽，原爲蜀人，於蜀時未得諸葛亮之重，忿恨在心，故撰著時以魏爲主。撰稿時，魏人丁儀、丁廙有英名事蹟，應予列傳，陳壽向其後人索賄白米千斛，未得，而不立傳（晉書卷八十二）。再唐太宗李世民弒兄殺弟，逼父讓位，而新、舊唐書皆爲粉飾，司馬光之資治通鑑亦復如是。明代何良俊之何氏語林尙言及「史記」正確性，如是正史亦未必可信之歟？宋史本依稗史雜記而編撰之，故不足信之，實不足信之也。茲將語林錄於后：

> 語林：董卓被誅，蔡中郎（邕）適在，司徒王允坐言之而歎，有動於色。允即收中郎治罪，中郎請黥首刖足，繼成漢史。太尉馬日磾馳謂允曰：伯喈曠世逸才，多識漢事，當續成後史，爲一代大典。……允曰：昔武帝不殺司馬遷，使作謗書，流於後世。……（卷七）

余撰洗冤錄是以熙寧以降，各家稗史、雜記爲主，元祐黨人所作詆誣攻訐之詞，而以公正人士之論爲辨之，如南宋陸象山、明代陳汝錡、顏元，清代蔡元鳳等文申論之。然撰「新論」則以正史爲主，取自宋史中矛盾不符之處，以及南宋李燾之續資治通鑑長編（此書大陸中華書局及臺灣世界書局等版繫年要錄，朱熹之宋朝名臣言行錄，清代蔡元鳳之王荊公年譜考略，民初梁任公之王安石評傳爲範本而撰之。並集得司馬光與荊公三書（司馬光家書）、蘇軾之烏臺詩案（取自李調元之函海第六函）、司馬光行狀（東坡全集）、元祐黨人碑之名單，除司馬光行狀外，餘皆罕見之，故一併錄於書中。至於「新論是否正確，不敢自滿，尚祈博者惠正之。特此謹序。

本，均不完整）、李心傳之建炎以來朝野雜記（此書原甲乙丙丁四集，現僅存甲乙二集），建炎以來

金陵孫光浩述於籬下軒

中華民國八十九年元旦

王安石冤屈新論　目　錄

自序……一
一、宋史荒謬……七
二、蒙冤始末……三三
三、熙寧新法……五七
四、荊公著作……七八
五、歐公情誼……九七
六、荊公素養……一一六
七、誹謗文字……一四二
八、元祐黨爭……一六二
九、北宋四后……一九四
十、徽欽二宗……二一七

十一、元祐群象……二三五
十二、溫公行狀……二六七
十三、烏臺詩案……二九九
十四、京本小說……三四四

一、宋史荒謬

中國歷代史書，皆係後人爲前代所撰之，雖以當代史實爲參考依據，然或多或少羼入一己之見，是非善惡，未能客觀，自難言公允。間或抄襲前人之撰著，僅更改部份或加入少數字句，則即竊作己有，此乃不爭之事也。猶以史書立傳，仿照前人，依樣葫蘆不知有幾？試舉例而言之：南北朝宋書陶淵明傳爲例，「陶潛傳」原爲梁代沈約所撰，以及晉書（亦爲沈約所撰）、南史皆以此作範本而爲之，昭明太子蕭統所撰「陶靖節傳」亦復如是也。是故，是者恆是，譌者恆譌，乃誤導於後世，迫使後人信以爲眞也，殊不知與史實相距甚左矣。

宋史本應視爲正確之史書，自太祖以降歷代皆編纂「實錄」存檔，實錄雖非當朝即編，然總爲繼承朝代依據前代官籍文書所修纂之，是故史實應視爲絕對正確，於太祖、太宗兩朝，所之史事傳記，尙爲可信。然自眞宗晚年天禧年間起，章獻劉后掌權，其中夾雜諸多政治恩怨，黨錮情讎，朝臣立傳顯有疑問，如寇準與丁謂之爭，史實既有偏頗，自不可深信而盡信之也。苟若再以神宗（熙寧、元豐）以至高宗（建炎、紹興）等兩朝史實之歪曲偏差，識者足可毛骨悚然。猶以靖康之恥，禍起何處，史實記載，誠已荒謬絕倫。故梁啓超先生（國學泰斗，以后尊稱梁任公）於「王安石評傳」第一章敘論即言之：「嗚呼！吾讀宋史，未嘗不廢書而慟也。」

宋史各傳則以王安石（以后尊稱荊公）本傳最爲荒謬，考其緣由，乃爲黨錮之禍耳。宋史爲元代脫克脫丞相承旨所撰，編修者悉爲南宋遺民，沿用史籍資料，俱依南宋各家雜記或稗史爲底本而撰之。至於荊公本傳僅過錄朱熹所編五朝名臣言行錄中之王安石傳，言行錄則鈔自邵伯溫之聞見錄、司馬光之涑水記聞等等稗史，故而極盡詆誣荊公之能事，偏頗而歪曲之史實，誠不忍卒睹。編纂者多爲元祐黨人後裔、門人，故對元祐黨人雖非善者亦爲善，對荊公而非惡之更爲惡也。清代趙翼之二十二史劄記特言之：「以爲善善長，而惡惡短也。」誠然耳！

荊公本傳，非獨文字冗瑣，史實歪曲，與荊公無涉亦羼入之，且雜入甚鉅。並將北宋之亡，前由後果，悉科於荊公之一身，以此誣惑後世，至使荊公於萬劫不復之地矣。宋史荊公本傳四庫全書提要云：「宋史元托克托等撰，大旨在於表章道學，故疏舛蕪漫，僕數難窮。」此論未必正確，頗有隔靴搔癢，未中要害之嫌。元祐黨人之編纂實錄時，對荊公既蓄意詆誣毀謗，以蔽元祐人禍國之罪也。爲證宋史之非，特將荊公本傳六千餘言，全錄於后，荒謬捏造事蹟，假以清代蔡上翔氏之「王荊公年譜考略」及諸多史料而辨正之。

宋史荊公本傳：

王安石，字介甫，撫州臨川人。父益，都官員外郎。安石少好讀書，一過目終身不忘，其屬文動筆如飛，初若不經意。既成，見者皆服其精妙。友生曾鞏攜以示歐陽修，修爲之延譽，擢進士上第。簽書淮南判官。舊制，秩滿許獻文求試館職，安石獨否。再調知鄞縣，起堤堰，決陂塘，爲水陸之利。貸穀與民，立息以償，俾新陳相易，邑人便之。通判舒州，文彦博爲相，薦安石恬退，乞不次進用，以激奔競之風，尋召試館職不就。修薦爲諫官，以祖母年高辭，修以其須祿養，言於朝，用爲群牧判官，請知常州。移提點江東刑獄，入爲度支判官，時嘉祐三年也。

安石議論高奇，能以辨博濟其說；果於自用，慨然有矯世變俗之志。於是上萬言書，以爲今天下之財力日以困窮，風俗日以衰壞，患在不知法度，不法先王之政故也。法先王之政者，法其意而已；法其意，則吾所改易更革，不至乎傾駭天下之耳目，囂天下之口，而固已合先王之政矣。因天下之力，以生天下之財；取天下之財，以供天下之費，自古治世，未嘗以財不足爲公患也。患在治財無其道爾，在位之人才既不足，而閭巷草野之間，亦少可用之才。社稷之託，封疆之守，陛下其能久以天幸爲常，而無一旦之憂乎？願監苟且因循之弊，明詔大臣，爲之以漸，期合於當世之變，臣之所稱，流俗之所不講，而議者以爲迂闊而熟爛者也。後安石當國，其所注措，大抵皆祖此書。

俄直集賢院，先是館閣之命屢下，安石屢辭，士大夫謂其無意於世，恨不識其面，朝廷每欲俾以美官，惟患其不就也。明年，同修起居注，辭之累日，閤門吏齎敕就付之，拒不受，吏隨而拜之，則避於廁，吏置敕於案而去，又追還之，上章至八九乃受。遂知制誥，糾察在京刑獄，自是不復辭官矣。

有少年得鬥鶉，其儕求之不與，恃與之昵，輒持去，少年追殺之。開封當此人死，安石駁曰：按律公取竊取皆爲盜，此不與而彼攜以去，是盜也。追而殺之，是捕盜也。雖死當毋論，遂劾府司失入。府官不伏，事下審刑大理，皆以府斷爲是，詔放安石罪，當詣閤門謝。安石言我無罪，不肯謝。御史舉奏之，置不問。時有詔舍人院無得申請除改文字，安石爭之曰：審如是，則舍人不得復行其職，而一聽大臣所爲，自非大臣欲傾側而爲私，則立法不當如此。今大臣之弱者不敢爲陛下守法，而強者則挾上旨以造令，諫官御史無敢逆其意者，臣實懼焉！語皆侵執政，由是益與之忤，以母憂去，終英宗世召不起。

安石本楚士，未知名於中朝，以韓呂二族爲巨室，欲藉以取重，乃深與韓絳、絳弟維及呂公著交，三人更稱揚之，名始盛。神宗在潁邸，維爲記室。每講説見稱，輒曰：此非維之説，維之友王安石之説也。及爲太子、庶子，又薦自代，帝由是想見其人。甫即位，命知江寧府，數月，召爲翰林學士兼侍講。

熙寧元年四月，始造朝。入對，帝問爲治所先？對曰：擇術爲先。帝曰：唐太宗何如？曰：陛下當法堯舜，何以太宗爲哉！堯舜之道，至簡而不煩，至要而不迂，至易而不難，但末世學者不能通知，以爲高不可及爾。帝曰：卿可謂責難於君，朕自視眇躬，恐無以副卿此意，可悉意輔朕，庶同濟此道。一日講席，群臣退。帝留安石坐曰：有欲與卿從容議論者，因言唐太宗必得魏徵，劉備必得諸葛亮，然後可以有爲，二子誠不世出之人也。安石曰：陛下誠能爲堯舜，則必有臯、夔、稷、禹；誠能爲高宗，則必有傅説，彼二子皆有道者所羞，何足道哉！以天下之大，人民之衆，百年承平，學者不爲不多，然常患無人可以助治者，以陛下擇術未明，推誠未至，雖有皋、夔、稷、禹、傅說之賢，亦將爲小人所蔽，卷懷而去爾。帝曰：何世無小人，雖堯舜之時，不能無四凶。安石曰：惟能辨四凶而誅之，此其所以爲堯舜也。若使四凶得肆其讒慝，則皋、夔、稷、禹亦安肯苟食其祿以終身乎？登州婦人惡其夫寢陋，夜以刃斮之，傷而不死。獄上，朝議皆當之死，安石獨援律辨證之，爲合從謀殺傷，減二等論。帝從安石說，且著爲令。

二年二月，拜參知政事。上謂曰：人皆不能知卿，以爲卿但知經術，不曉世務。安石對曰：經術正所以經世務，但後世所謂儒者，大抵皆庸人，故世俗皆以爲經術不可施於世務爾。上問然則卿所施設以何先？安石曰：變風俗、立法度，最方今之所急也。上以爲然。於是設制置三司條例司，命與知樞密院事陳升之同領之。安石令其黨呂惠卿任其事，而農田、水利、青苗、均輸、保甲、免役、市易、保馬、方田諸役，相繼並興，號爲新法。遣提舉官四十餘輩頒行天下。

青苗法者：以常平糴本作青苗錢，散與人户，令出息二分，春散秋斂。均輸法者：以發運之職改爲均輸，假以錢貨。凡上供之物，皆得徙貴就賤，用近易遠。預知在京倉庫所當辦者，得以便宜蓄買。保甲之法：籍鄉村之民，二丁取一，十家爲保，保丁皆授以弓弩，教以戰陣。免役之法：據家貲高下，各令出錢雇人充役，下至單丁、女户本來無役者，亦一概輸錢，謂之助役錢。市易之法：聽人賒貸，縣官財貨。以田宅或金帛爲抵當，出息十分之二。過期不輸，息外每月更加罰錢百分之二。保馬之法：凡五路義保願養馬者，户一匹，以監牧見馬給之。或官與其直使自市，歲一閱其肥瘠，死病者補償。

方田之法：以東西南北各千步，當四十一頃六十六畝一百六十步爲一方，歲以九月令佐分地計量，驗地土肥瘠，定其色號，分爲五等。以地之等均定稅數。又有免行錢者，約京師百物諸行利入厚薄，皆令納錢，與免行戶祗應。自是四方爭言農田水利，古陂廢堰，悉務興復。又令民封狀增價以買坊場。又增茶鹽之額，又設措置河北糴便司，廣積糧穀於臨流州縣以備饋運。由是賦斂愈重，而天下騷然矣。

御史中丞呂誨論安石過失十事，帝爲出誨。安石薦呂公著代之，韓琦諫疏至，帝感悟欲從之。安石求去，司馬光答詔有士夫沸騰，黎民騷動之語。安石怒，抗章自辨，帝爲巽辭謝，令呂惠卿諭旨，韓絳又勸帝留之，安石入謝。因爲上言中外大臣從官臺諫朝士朋比之情，且曰：陛下欲以先王之正道勝天下流俗，故與天下流俗相爲重輕，流俗權重則天下之人歸流俗，陛下權重則天下之人歸陛下。權者與物相爲重輕，雖千鈞之物，所加損不過銖兩而移。今姦人欲敗先王之正道，以沮陛下之所爲，於是陛下與流俗之權適爭輕重之時，加銖兩之力，則用力至微，而天下之權已歸於流俗矣，此所以紛紛也。上以爲然，安石乃視事，琦說不得行，安石與光素厚，光援朋友責善之義，三貽書反覆勸之，安石不樂。帝用光副樞密，光辭未拜而安石出，命遂寢，公著雖爲所引，亦以請罷新法出穎州，御史劉述、劉琦、錢顗、孫昌齡、王子韶、程顥、張戩、陳襄、陳薦、謝景溫、楊繪、劉摯。諫官范純仁、李常、孫覺、胡宗愈皆不得言相繼去。驟用秀州推官李定爲御史，知制誥宋敏求、李大臨、蘇頌封還詞頭。御史林旦、薛昌朝、范育論定不孝，皆罷逐。翰林學士范鎭三疏言青苗，奪職致仕。惠卿遭喪去，安石未知所託，得曾布信任之，亞於惠卿。

三年十二月，拜同中書門下平章事，明年春，京東河北有烈風之異，民大恐。帝批付中書，令省事安靜以應天變。放遣兩路募夫，責監司郡守不以上聞者，安石執不下。開封民避保甲，有截指斷腕者，知府韓維言之。帝問安石？安石曰：此固未可知，就令有之，亦不足怪。今士大夫睹新政，尚或紛然驚異，況於二十萬户百姓，固有蠢愚爲人所惑動者，豈應爲此遂不敢一有所爲邪！帝曰：民言合而聽之則勝，亦不可不畏也。東明民或遮宰相馬，訴助役錢，安石白帝曰：知縣賈蕃，乃范仲淹之婿，好附流俗，致民如是。又曰：治民當知其情僞利病，不可示姑息，若縱之使妄經省臺，鳴鼓邀駕，恃衆僥倖，則非所以爲政，其強辯背理率類此。帝用韓維爲中丞，安石憾曩言，指爲善附流俗以非上所建立，因維辭而止。

歐陽修乞致仕，馮京請留之。安石曰：修附麗韓琦，以琦爲社稷臣，如此人在一郡則壞一郡，在朝廷則壞朝廷，留之安用，乃聽之。富弼以格青苗解使相，安石謂罰輕不足以阻姦，至比之共鯀。靈臺郎尤瑛言天久陰，星失度，宜退安石，即黥隸英州。唐坰本以安石引薦爲諫官，因請對極論其罪，謫死。文彥博言市易與下爭利，致華嶽山崩。安石曰：華山之變，殆天意爲小人發，市易之起，自爲細民久困以抑兼並爾，於官何利焉？閼其奏，出彥博守魏。於是呂公著、韓維，安石藉以立聲譽者也。歐陽修、文彥博薦己者也。富弼、韓琦用爲侍從者也。司馬光、范鎮交友之善者也。悉排斥不遺力，禮官議正太廟太祖東嚮之位，安石獨定議還僖祖於祧廟，議者合爭之弗得。

上元夕，從駕乘馬入宣德門，衛士訶止之，策其馬，安石怒，上章請逮治。御史蔡確言宿衛之士，拱扈至尊而已，宰相下馬非其處，所應訶止。帝卒爲杖衛士，斥內侍，安石猶不平。王詔開熙河奏功，帝以安石主議，解所服玉帶賜之。七年春，天下久旱，饑民流離，帝憂形於色，對朝嗟歎，欲盡罷法度之不善者。安石曰：水旱常數，堯湯所不免，此不足招聖慮，但當修人事以應之。帝曰：此豈細事，朕所以恐懼者，正爲人事之未修爾；今取免行錢太重，人情咨怨，至出不遜語。自近臣以至后族，無不言其害。兩宮泣下，憂京師亂起，以爲天旱，更失民心。安石曰：近臣不知爲誰，若兩宮有言，乃向經曹佾所爲爾。馮京曰：臣亦聞之。安石曰：士大夫不逞者以京爲歸，故京獨聞此言，臣未之聞也。監安上門鄭俠上疏，繪所見流民，扶老攜幼困若之狀，爲圖以獻。曰：旱由安石所致，去安石，天必雨。俠又坐竄嶺南。慈聖、宣仁二太后流涕謂帝曰：安石亂天下，帝亦疑之，遂罷爲觀文殿大學士知江寧府。

自禮部侍郎超九轉爲吏部尚書，呂惠卿服闋，安石朝夕汲引之。至是白爲參知政事，又乞召韓絳代己，二人守其成模不少失。時號絳爲傳法沙門，惠卿爲護法善神。而惠卿實欲自得政，忌安石復來。因鄭俠獄陷其弟安國，又起李士寧獄以傾安石，絳覺其意，密白帝請召之。

八年二月，復拜相，安石承命即倍道來，三經義成，加尚書左僕射兼門下侍郎。以子雱爲龍圖閣直學士，雱辭，惠卿勸帝允其請，由是嫌隙愈著。惠卿爲蔡承禧所擊，居家俟命，雱風御史中丞鄧綰，復彈惠卿與知華亭縣張若濟爲姦利事，置獄鞫之，惠卿出守陳。

十月，慧出東方，詔求直言，及詢政事之未協於民者，安石率同列疏言。晉武帝五年慧出軫，十年又有孛，而其在位二十八年。與乙巳占所期不合，蓋天道遠，先王雖有官占，而所信者人事而已。天文之變無窮，上下傅會，豈無偶合，周公、召公豈欺成王哉？其言中宗享國日久，則曰嚴恭寅畏，天命自度，治民不敢荒寧。其言夏商多歷年所，亦曰德而已。裨竈言火而驗，欲禳之，國僑不聽，則曰不用吾言。鄭又將火，僑終不聽；鄭亦不火，有如裨竈未免妄誕，況今星工哉！所傳占書又世所禁，謄寫譌誤，尤不可知。陛下盛德至善，非特賢於中宗，周召所言，則既閱而盡之矣。豈須愚瞽復有所陳，竊聞兩宮以此爲憂，望以臣等所言力行開慰。帝曰：聞民間殊苦新法。安石曰：祁寒暑雨民猶怨咨，此無庸恤。帝曰：豈若并祁寒暑雨之怨亦無邪！安石不悅，退而屬疾臥。帝慰勉起之。其黨謀曰：今不取上素所不喜者暴進用之，則權輕，將有窺人間隙者，安石是其策。帝喜其出，悉從之。

時出師安南，諜得其露布。言中國作青苗助役之法，窮困生民，我今出兵，欲相拯濟。安石怒，自草敕謗詆之。華亭獄久不成，雱以屬門下客呂嘉問、練亨甫共議，取鄧綰所列惠卿事，雜他書下制獄，安石不知也。省吏告惠卿於陳，惠卿以狀聞。且訟安石曰：安石盡棄所學，降尚縱橫之末數，方命矯令，罔上要君，此數惡力行於年歲之間，雖古之失志倒行而逆施者，殆不如此。又發安石私書曰無使上知者。帝以示安石，安石謝無有。歸以問雱，雱言知情，安石咎之，雱憤恚疽發背死。安石暴綰罪云：爲臣子弟求官，及薦臣婿蔡卞，遂與亨甫皆得罪。綰始以附安石居言職，及安石與呂惠相傾，綰極力助攻惠卿，上頗厭安石所爲。綰懼失勢，屢留之於上，其言無所顧忌。亨甫險薄，諂事雱以進，至是皆斥。安石之再相也，屢謝病求去。及子雱死，尤悲傷不堪。力請解機務，上益厭之，罷爲鎮南軍節度使同平章事判江寧府。明年，改集禧觀使，封舒國公，屢乞還將相印。元豐二年，復拜左僕射觀文殿大舉士換特進，改封荆。

哲宗立，加司空。元祐元年卒，年六十八，贈太傅。紹聖中，謚曰文，配享神宗廟庭。崇寧三年，又配食文宣王廟，列於顏孟之次，追封舒王。欽宗時，楊時以爲言，詔停之。高宗用趙鼎、呂聰問言，停宗廟配享，削其王封。

初安石訓釋詩、書、周禮既成，頒之學官，天下號曰新義。晚居金陵，又作字說，多穿鑿傅會，其流入於佛老，一時學者，無敢不傳習。主司純用以取士，士莫得自名一說。先儒傳註，一切廢不用，黜春秋之書，不使列於學官，至戲目爲斷爛朝報。

安石未貴時，名震京師，性不好華腴，自奉至儉。或衣垢不澣，面垢不洗，世多稱其賢。蜀人蘇洵獨曰：是不近人情者，鮮不爲大姦慝，作辨姦論以刺之，謂王衍、盧杞合爲一人。安石性強忮，遇事無可否，自信所見，執意不回。至議變法，而在廷交執不可。安石傅經義，出己意，辨論輒數百言，衆不能詘。甚者謂天變不足畏，祖宗不足法，人言不足恤。罷黜中外老成人幾盡，多用門下儇慧少年。久之以旱引去，洎復相歲餘罷，終神宗世不復召，凡八年。

荊公謝世之後，元、明、清三代爲其立傳並不多見，於明代嘉靖進士柯維騏所改撰之「宋史新編」。荊公本傳僅將宋史本傳過錄一遍而已，無力深察，了無新意，何言新編之有乎？文鈔公也。（新編卷一百六）

明代同爲嘉靖進士茅坤編纂唐宋八大家文鈔，荊公文鈔之前，依宋史荊公本傳，摘錄一篇，稍作刪節，去蕪而已，未克深究謬譌，存菁末議，欠予增益政斐；共錄一千三百餘言，除對荊公於熙寧元年，奉詔進京一節，顯有瑕疵，此乃受元祐黨人文詞蠱惑之嫌；舛謬尚存，與史實記載不符，頗爲遺憾。尤對熙寧新法各項，僅作簡單解釋而蕆事。於民國初年梁任公編纂國史，撰著「王安石評傳」之時，對荊公生平、家世、新法等項詳確撰著，幾達百萬言，以證歷代文字之非也。（茅坤所摘錄本傳詳於拙作「王安石洗冤錄」，欠妥之處，述於本章之后。）

歷代攻訐之詞，謬譌之文，蠱惑後人而使深信之，然荊公年表業經清代乾隆進士蔡上翔氏所撰考略問世後，始使世人對荊公本傳不實刊載方領略之。考略雖名之爲「略」，實爲「詳」者也。惜乎？所傳不廣，閱者不衆，憾之矣茲。摘錄蔡氏自序於后：

考略序：予竊不自揆，編次荊國王文公有年，所閱正史及百家雜說，不下數千卷，則因年以考事，考其事而辨其誣，已略具於斯編矣。……而予是譜告成，顧惝然若失，言有所不能盡，意有所不能達，則又何也。……其始肆爲詆毀者多出於私書，既而采私書爲正史，而此外事實愈增，欲辯尤難，由此更千百年！……尚或以忠爲邪，以異爲同；誅當前而不慄，訕在後而不羞。苟以饜其忿好之心而止耳，而況陰挾翰墨以裁前人之善惡；疑可以貸褒，似可以附毀。往者不能訟當否，生者不得論曲直，賞罰謗譽又不使其間，以彼其私，獨安能無欺於冥昧之間耶！

……

考略又云：宋趙彥衛之雲麓漫抄曰：近日行狀、墓志、家傳，多出於門人故吏之手，往往失實，人多喜之，卒與正史不合。考略曰：安石史傳採之私書甚多，而未有一字出於門人故吏之手。即其所見稱於當世大賢者，本傳亦不存一字。即今名臣言行錄所載，出於邵氏聞見錄、司馬涑水記聞諸書。可考知者，略著於篇中，使後覽者知有所自來云：（卷首二）

按：考略所言，荊公本傳而未出於門生故吏之手筆，實乃由元祐黨人後裔或門人所揑造之。故其史實均不足信，誠然耳。荊公原著熙寧實錄爲其門生陸佃所編，後因黃庭堅及范祖禹二人雜入司馬光家書，史實謬譌。復經蔡卞以紅筆改正之，史稱「朱墨本」。紹興年間，元祐黨人趙鼎唆高宗重「修熙寧實錄」，高宗特詔范祖禹之子范沖而重編撰之，范沖並將原朱墨本及新法施行時，荊公逐日所記「熙寧日錄」一并付之一炬，故宋史荊公本傳係依朱熹之五朝名臣言行錄所編，蓄意揑作之。范沖燬滅史書，罪大莫及也。而南宋李心傳之建炎以來繫年要錄未有如此之言（於后章分述之）。宋史荊公本傳其中荒誕之處比比，而茅氏摘錄時業已刪除頗顆，茲先略舉數例於后以證之：（餘之各項，於以後各章逐項辨正之。）先偶舉數例於后：

【一例】

宋史本傳：安石本爲楚士，未知名於中朝，以韓、呂二族爲巨室，欲藉以取重。乃深與韓絳，絳弟維及呂公著交，三人更稱揚之，名始盛。神宗在俅邸，維爲記室（即今之機要人員），每講說見稱，輒曰：此維之友王安石之說也。

苟依續資治通鑑長編（以后簡稱長編）而證之，則其污衊荊公之誣言，不難知之矣。（按：宋史係依南宋紹興時，李燾所編之續通鑑長編爲基準。南宋高宗以降，則以孝宗乾道年間李心傳之建炎以來朝野雜記、繫年要錄爲準而編之。）至於「荊公結交韓、呂二氏」一節，長編則未有所論述，足證此言爲非也。然清代畢沅之續通鑑則記有此節，其云：「安石素與韓絳、韓維及呂公著相友善，帝在藩邸，維爲記室，每講說見稱，輒曰：此維友王安石之說也。及爲太子庶子，又薦以自代，帝由是想見其人。甫即位，命知江寧府，數月，召爲翰林學士兼侍讀。」（卷六十六）按：續通鑑係依長編託化而成，長編未記，續通鑑反記其詳，不識其何依據。宋代稗史、雜記皆未見有此節刊載，定必鈔自於宋史荊公本傳，哀哉！然亦可知宋史之妄也。（建炎以來朝野雜記，以后簡稱雜記；建炎以來繫年要錄，以后簡稱要錄。）

長編：工部郎中知制誥王安石既除喪，詔令赴闕。安石屢引疾乞分司，上語輔臣曰：安石歷事先帝，屢召不起，或爲不恭。今召又不至，果病耶！有所要耶？曾公亮對曰：安石文器學業，時之全德，宜膺大用；累召不起，必有疾病，不敢欺罔。吳奎曰：安石向任糾察刑獄，爭刑名不當，有旨釋罪，不肯入謝。意以韓琦沮抑己，故不肯入朝。公亮曰：安石眞輔相之才，奎所言熒惑聖聽。奎曰：臣嘗與安石同領群牧，備見臣事迂闊，且護前非，萬一用之，必紊亂綱紀。公亮熒惑聖聽，非臣熒惑聖聽也，上未審。奎重言之。

又：癸卯，詔安石知江寧府。衆謂安石必辭，及詔到即詣府視事。或曰：公亮力薦安石，蓋欲以傾韓琦也。龍圖閣直學士韓維言：臣今日聞除王安石知江寧府，然未知事之信否？若誠然者，臣竊以爲非，所以致安石也。何則，安石知道守正，不爲利動，其於出處，大節料已素定於心，必不妄發。安石久病不朝，今若才除大郡即起視事，則是安石偃蹇，君命以要自便，臣固知安石之不肯爲也。又其精神，可以爲一大郡，而反不能奉朝，請從容侍從之地，豈是人情，臣久知安石之不肯爲也。所以致者，惟有一事，即陛下向所宣諭，臣向所開陳者是也。若人君始初踐祚，慨然想見賢哲，與圖天下之治，孰不願效其忠、伸其道哉！使安石甚病而愚則已，若不至此，必幡然而來矣。臣竊恐議者，以爲安石可以漸至，而不可以猝召，若如此是誘之也，是不知安石者之言也。惟賢者可以義動，而不可以計取，陛下稽古講道，心於此理，粲然不惑，惟在斷而行之，毋以前議爲疑，則天下幸甚。「撰者李燾評曰：維論王安石，維奏議其載之，足明王安石進退失據也。」（以上皆卷二百九）

本傳所言：荊公與韓、呂三人交往，而借重三人之勢，此言不攻自破矣！本傳另言：「朝廷每欲俾以美官，惟患其不就也。」前言後語，皆不相符，豈不自相矛盾耶？本傳又言：「開府民避保甲，有截指斷腕者，知府韓維言之。」韓維奏議並未爲荊公美言，反之據實而言，何言其稱揚之歟？而續通鑑亦刊此二節，前節僅係鈔錄略修改數字而已，後節則不然，語詞轉圜且有掩瑕之意，由此可證，自長論託化之也。應依長編爲準，茲將續通鑑并錄於后：

續通鑑：癸卯，詔王安石知江寧府。衆謂安石必辭，龍圖閣直學士韓維言：安石知道守正，不爲利動，久病不朝，今若才除大郡，即起視事，則是偃蹇，君命以要自便，臣固知安石之不肯爲也。若人君始初踐祚，慨然想見賢者，以圖天下之治，孰不願效其忠、伸其道哉！使安石甚病而愚則已，若不至此，必翻然而來矣。議者以爲安石可以漸致，不可以猝召，不知賢者可以義動，而不可以計取，惟陛下斷而行之。已而詔到，安石即詣府視事，不復辭也。（以上皆卷六十五）

神宗即位後，於治平四年九月即召荊公爲翰林學士。續通鑑僅一筆帶過，其云：「戊戌，召知江寧府王安石爲翰林學士。」（卷六十五）而長編言之較詳，及熙寧二年神宗推行新法均有所記，皆未言及韓維、韓絳、呂公著等，而吳奎依然竭力反對之。玆錄於后：

長編：戊戌，知制誥江寧府王安石爲翰林學士，安石既受命知江寧府，上將復召用之。嘗謂吳奎曰：安石眞翰林學士也。奎曰：安石文行實高出於人。上曰：當事如何？奎曰：恐迂闊，上勿信。於是卒召用之。（拾補卷二）

又：熙寧二年二月庚子，以王安石爲右諫議大夫參知政事。先是安石見上論天下事。上曰：此非卿不能爲朕推行，朕須以政事煩卿，料卿學問如此，亦欲設施，必不固辭也。安石對曰：臣所以來事陛下，固願助陛下有所爲。……（論治國之道略之）（拾補卷四）

此節續通鑑亦有刊載，惟非如此，而鈔錄明代陳邦瞻之宋史記事本末，言及唐介詆詖荊公之言，宋史記事本末除依據宋史外，並雜入宋代稗史、筆記，如涑水記聞、東軒筆錄、聞見錄等，尤以聞見錄爲最，與史實相左頗鉅。茲將續通鑑錄於后：

續通鑑：庚子，以翰林學士王安石爲右諫議大夫，參知政事。初帝欲用安石，以問曾公亮，公亮力薦之。唐介言安石不可太任。帝曰：卿謂安石文學不可任耶？經術不可任耶？吏事不可任耶？介曰：安石好學而泥古，議論迂闊，若使爲政，恐多變更。退，謂公亮曰：安石果用，天下困擾必矣，諸公當自知之。帝又問侍讀孫固曰：安石可相否？固對曰：安石文行甚高，處侍從獻納之職可矣。宰相自有度，安石狷狹少容，必欲求賢相，呂公著、司馬光、韓維其人也。凡四問皆以此對。帝不以爲然，竟用安石。（卷六十六）

按：本節係鈔錄宋史記事本末卷三十七，王安石變法第四段，一字不差。記事本末原本位據斷代史而編輯，宋史記事本末鈔錄宋史，無可疵議。依傳記體引用記事本末體則可，而全然鈔錄之，似嫌逾規矣！況宋史全部編纂、採據疑點重重，重編一代史書，不予考證，東拼西湊，竊爲己撰，似嫌荒唐。再言：長編所刊「熙寧二年二月庚子，以荊公爲諫議大夫參知政事」一事，並未提及唐介奏言，宋史唐介傳雖有記載，是否即爲二月庚子歟？唐介本傳僅記事蹟，未記月日，不無疑竇之？且唐介本傳係據東軒筆錄而撰之。元祐黨人一脈相承，茲一并錄於后：

宋史唐介本傳：帝欲用王安石，公亮因薦之。介言：其難大任。帝曰：文學不可任耶？吏事不可任耶？經術不可任耶？對曰：安石好學而泥古，議論迂闊，若使爲政，必多變更。退謂公亮曰：安石果用，天下必困擾，諸公當自知之。……（卷三百十六）

東軒筆錄：熙寧初，富鄭公（弼）、曾魯公（公亮）、唐質肅公（介）、趙少師（忭）、王荊公（安石）爲參知政事，是時王荊公方得君，銳意新美天下之政，自宰執同列無一人議論稍合。而臺諫章疏攻擊者無虛日，呂誨、范純仁、錢顗、錢顥之倫，尤極詆訾，天下之人皆莫爲生事。是時鄭公以病足，魯公以年老，皆去。唐質肅屬爭上前不能，未幾疽發於背而死。趙少師力不勝，但終日歎息，遇一事更改，即聲苦者數十，故當時有生老病死苦。言：介甫（荊公）生，明仲（曾公亮）老，彥國（富弼）病，子方（唐介）死，悅道（趙忭）苦。（卷九）

姑且不論史實正確與否？諸節刊載皆未見荊公係經由韓維、韓絳、呂公著等人爲之進言，而神宗卻獨排除衆議，而任荊公爲相，此乃不爭之事也。由是可證，宋史荒謬，本傳此節論述，自相矛盾，疑竇重重矣。再言「荊公屢辭館閣之職，朝廷每欲俾以美官，惟患其不就也。」歐陽修、文彥博二位均爲朝廷重臣，每以提攜，皆藉故辭之，爲何反求韓氏兄弟及呂公著等爲其說項乎？如是有悖情理邪！況韓氏兄弟等尚未官居要津，何能爲之說項，豈非本末倒置歟？此節於宋史王安石本傳雖有撰述之。而宋史神宗本紀中則未見引述。其他史籍亦未見有記載，元祐黨人之雜錄筆記更未見之，故難使人深信矣。呂希哲之呂氏雜記則云荊公喬梓二人同日右遷皆拜辭不受也（錄第二章）。茅坤或多或少亦受元祐黨人蠱惑之。若依紹聖進士葉夢得之石林燕語所言：神宗爲求勵治圖強，而以韓維宣召荊公，並非韓維爲荊公說項，應予以正視。茲將石林燕語錄於下，以證之：

石林燕語：神宗初即位，猶未見群臣，王樂道、韓持國維等以官僚先入，慰於殿西廊。既退，獨留維問王安石今在何處，維對在金陵。上曰：朕召之肯來乎？維言：安石蓋有志經世，非甘老於山林者，若陛下以禮致之，安得不來。上曰：卿可先作書與安石道，朕此意行即召矣。維曰：若是安石必不來。上問何故？曰：安石平日每欲以道進退，若陛下始欲用之，而先使人以私書道意，安肯遽就。然安石子雱現在京師，數來臣家，當自以陛下意語之，彼必能達。上曰：善。於是知上待遇眷隆之意。（卷七）

茅坤所摘本傳亦作此云：荊公爲相係受韓絳昆仲及呂公著等人引薦，此點係摘錄本傳中最大敗筆，可依呂希哲之呂氏雜記及葉夢得之石林燕語而否定之。呂氏、葉氏二人均爲哲宗時人，僅晚荊公十數年而已，其所撰事蹟較爲眞實可信，況呂氏、葉氏均爲元祐黨人矣。宋史爲元代羅致南宋遺民所編纂，距熙豐已有兩百餘年之久矣。而茅坤爲明代人。（荊公在世係公元一零二一至一零八六，茅坤係一五一二至一六零一）相距五百年之久，其可信程度自較低矣。新法肇始依石林燕語及茅坤所摘本傳等云：乃爲神宗旨詣而制定之，乃勿庸疑議也。

至於宋史本傳所言：「開封府選保甲，有截指斷腕者，知府韓維言之。」逃避兵役，古今中外皆有之，何足爲怪，宋史編纂者惜未讀唐代白居易之樂府耳！白氏之「新豐折臂翁」言之久已矣，何足爲怪耶！茲摘錄於后：

新豐老翁八十八，頭鬢眉鬚皆似雪。玄孫扶向店前行，左臂憑肩右臂折。兼問致折何因緣，翁云貫屬新豐縣。生逢聖代無征戰，慣聽梨園歌管聲，不識旗槍與弓箭。無何天寶大徵兵，戶有三丁點一丁。……是年翁年二十四，兵部牒中有名字。夜深不敢使人知，偷將大石搥臂折，張弓簸旗俱不堪，從茲始免征雲南。……（全唐詩第七函第一冊新樂府）

【又一例】

宋史本傳：……由是賦斂愈重，天下騷然。帝亦疑之，遂罷觀文殿學士知江寧府。……及惠卿服闋，安石朝夕汲引，至而爲參知政事，安石再爲相也。屢謝病求去，及雱死，尤悲傷不堪，請益力，帝益厭之。

此言頗有疑問，神宗對荊公已生惡厭，何於二次罷相返回金陵，次年改集禧觀察使，封「舒國公」元豐三年，復拜左僕射觀文殿大學士，改封「荊國公」。神宗致所以讓荊公二度罷相，乃爲後宮慈聖曹后、宣仁高后之使也。（見宋史曹后傳）

宋初立國政策，強幹弱枝，國勢一厥不振，神宗深信荊公，實因荊公上仁宗萬言書而起，亟欲振興大宋山河，遂命荊公爲相，創制新法圖強。而宋立國百餘年，除太宗尚有弘圖霸業之雄心，眞宗初年稍有可爲，而仁宗以降，君臣之間，習于苟安，對契丹輸銀以求和。英宗在位四年而已，且朕躬抱恙，未有作爲。神宗雖有雄心壯志，奈何前朝遺臣，僅求安逸，不思革新，對荊公施行新法，大肆掣肘，不惜掛冠。新法雖爲強國寶典，但無人予以執行，並排荊公，荊公辭相南去，遺臣仍竭力攻訐不已。神宗並未因荊公辭相而罷新法，在位之年，均施不輟。奈何朝中無重臣力輔之，徒呼枉然。唐太宗致所有貞觀之治，魏徵乃至群臣無不竭力共同施行之。此爲神宗之熙寧新政所不及之也。新法本爲強國濟之寶典，青苗、市易、均輸等等皆為蘇民以困之良法，則不致「賦斂愈重，天下騷然」耳？況宋史其他各本傳於熙豐年間未刊有民間因施行新法，何引發民衆暴動一事耶！此乃元祐黨人之捏造假禍之也。至於民間動亂，於徽宗宣和年間方有之，春秋已一甲子矣，何怨荊公之有乎？

神宗駕崩之後，宣仁高后垂簾聽政，而盡革新法。司馬光、呂公著、富弼、蘇軾、程頤等得勢，元祐黨人合力詆毀新法，衆口鑠金，聚蚊成雷，以致後世咸以新法為禍國殃民之法也，一切罪孽均加之荊公之一身矣。宣仁高后罷革新法，命司馬光，呂公著等輩施政，亦未見造福予民耶！高后所言：與契丹構和，以免兩國人民肝腦塗地耳。如此，即可讚之曰：「女中堯舜」邪？此乃為宋史所造之孽而延禍及後世也。

【又一例】

宋史本傳後錄蘇洵手撰辨姦論一節，荒謬至極。此乃全依邵伯溫之聞見錄所言錄之，邵氏為元祐之洛黨，偽撰此篇不獨汙衊荊公，且亦侮蔑蜀黨蘇軾之父蘇洵，足致後世咸認蘇洵為刻薄策士之流也。而茅氏之荊公本傳業已刪除，誠可喜也。清代康熙進士李紱力證、首辯辨姦論為偽作，然茅氏識之在先，特予刪除，惜未能詳予闡釋，並公諸於世耳！此節詳述於第六章「毀謗文字」。

明世宗嘉靖丙午（二十五年）章衮作王臨川文集序，開宗明義言之，宋史所撰神宗與荊公，極為詆詖，治平、熙寧之際綱紀法度，敗壞不堪。神宗亟欲振敝圖強，而求良相醫國，以荊公上仁宗萬言書，乃萌創議新法，以達長治久安也。茲將重點簡摘之，錄於后：

昔象山陸文安公敘公祠堂於宋，草廬吳文正公敘文集於元，二公皆命世大儒，其文直而肆，公之純疵得失，猶方圓之囿於規矩也。予末小子安敢後有所贅，然竊惟公之相業所以未能成先資之信，快人心之公者，直以變法之故耳！二公之言雖已抉發隱義，提絜宏綱。而其端緒曲折，尚若未暇及者，故雖不敏，不敢過避焉。夫善觀人者必驗乎心跡，善爲治者必覈乎名實；心跡不明則名實不正，名實不正則爵祿廢置，生誅予奪，皆失其道而天下之治靡矣。若公與神宗之事，豈非千萬世，名實不正之最甚者乎？

宋之有天下，燕雲盡失，契丹已強於北；元昊繼起，兵力又奪於西，不能數戰。則其勢不得不出於求和，轉輸金繒，每歲不貲；卑禮甘言，惟恐挑禍。漢之文景，國辱而民不困；時則有文景之辱，而無文景之利，此蓋凜然不可恃以長安之勢也。

治平熙寧之際，上刓下弊，綱紀法度，根本枝葉，無不受病。……（譬喻文字，無關本文，略之）

神宗深知天下之勢，將欲大有所爲，而又不御游畋，不治宮室，眷求義德，與圖治理，誠曠世一出人臣所當效力致死之君也。乃公之節行文章，既已大過於人，而道德經濟，又獨惓惓以身任之。

然君以堯舜其民之心，堅主之於上；臣以堯舜其君之心力贊之於下，要皆以爲天下而非私己也。因其得以救其失，推廣以究未明之義，損益以矯偏勝之情。務在協心一德，博求賢才以行新法，宋室未必不尚有利也。而乃一令方下，一謗隨之，今日鬨然而攻者安石也；明日譁然而議者新法也。臺諫借此以賈敢言之名；公卿藉此以徼恤民之譽，遠方下吏隨聲附和，以自托於朝廷之黨。而政事之堂，幾爲交惡之地。且當是時，下則未有不逞之民，指新法以爲倡亂之端；遠則未有二虜之使，因新法而出不遜之語。而縉紳之士，先自交構，橫潰洶洶，如狂人挾勝心牢不可破。祖宗之法，其果皆善乎；新創之法，概詆爲惡，其果皆惡乎。

元豐之末，公既罷相；神宗相繼徂落，群議既息，事體亦安。元祐若能守而不變，循習日久，膏澤自潤，孰謂非繼述之善也。乃毅然追懟，必欲盡罷熙豐之法，公以瞑眩之藥攻治之於先，司馬公又以瞑眩之藥潰亂於後，遂使國論屢搖，民心再擾，夷想當時言新法不可罷者，當不止范純仁、李清臣數子。

中國淪於夷狄者二百餘年，又謂可以有爲之時，莫急於今日，過今日則恐有無及之悔。由此觀之，靖康之禍，公已逆知其然。所以苦心戮力，不畏艱難，不避謗議，而每事必爲者，固公且天未陰綢繆牖户之心也。況熙豐之用章惇，公之爲也；元祐之用章惇，亦公之爲乎？而古今議者乃以靖康之禍之獄，獨歸於公。（序文內有關新法及非對荊公之詆詖，皆略之。）

章氏所云：「公以瞑眩之藥攻治之於先，司馬光又以瞑眩之藥潰亂於後。」此言尚有商榷餘地。新法之創而在神宗，荊公係自金陵奉詔進京而規畫之。瞑眩與否皆奉神宗之裁奪而後施行耳，荊公僅奉旨行事矣。況章氏序文已之在先，新法爲治國之道也，何瞑眩之有乎？以募役法爲例，新法意旨，富人出錢，窮人出力，以達窮富互濟，極爲公道。以免富人坐享其成，而窮人徒增傜役，則不公允。

及至司馬光當政，廢募役行差役，富戶坐受其利，而窮人（農戶）徒付苦力，天理何在焉？司馬光諂富欺貧，則可言瞑眩之藥，足以潰亂北宋立國之本也！元祐黨人均欲以差役法行之，蘇軾昆仲更予附和，范純仁獨持異議耳。

熙寧初，施行新法，良藥苦口，苦口利病，爲強國之道也。孰知滿朝重臣皆爲衣架食囊，冥頑不靈，僅圖偷安，不思精進，故不爲神宗所器重之。司馬光之流因妒生恨，乃對新法處處掣肘，事事詆詖。復有慈聖曹后、宣仁高后婦人之見，因循苟且，箝制神宗，以致新法功敗垂成矣！荊公創制新法，三代朝臣顏面無光，亟思敗壞。如南宋韓淲之澗泉日記有云，元祐黨人之卑劣行徑，以資佐證：

澗泉日記：范純仁諫神宗，引漢文帝身衣弋綈事，以致天下豐富，上曰：致天下豐富，亦須有政事，若但人主服皂紬袍皮履，遂欲天下富，亦無此理。淲因此語，所以啓王安石青苗之論，惜乎！范忠宣公不能再進言于君，若因而諫之，謂以有限之財，濟無窮之用，恐難以豐富，則神宗亦必感動。進言不盡其說，適足以稔禍，不足以弭禍。（卷上）

韓淲前段所記，范純仁實導神宗於聲色犬馬，使之神思萎靡，而廢弛新法，以黜荊公，非欲爲北宋政體興盛之言也。至次後段所評，「以有限之財，濟無窮之用。」誠婦人之見也。此言司馬光久已言之，未爲神宗所采，神宗所欲先國強而後民富，以雪失地之恥，范純仁並未有此之意旨也。試問？元祐初年，司馬光秉政，罷革新法。何未能「以有限之財，濟無窮之用」，而足使北宋富強康樂耳？韓淲本爲韓琦之後裔，亦元祐黨人之後，故對新法而有所疵議也。

【又一例】

本傳另言：「唐坰本以安石引薦爲諫官，因請對極論其罪，謫死。」按：宋史唐坰傳並未記有謫死一節，何謫死之有乎？稗史亦無此言也。（宋史卷三百二十六）

【又一例】

本傳又言：「天變不足畏，祖宗不足法，人言不足恤。」近人林天蔚氏之「宋代史實質疑」第三章：爲王安石辨誣二事，第二節：考「三不足說」之僞。辨證綦詳，敬請自行參閱之。恕不贅述。

至於北宋黨禍綿延不絕，母后禍國，宋史中卻隻字不提，神宗政風寬厚，無力鎮壓群臣，威權施行新法。復又以荊公性情擇善固執，鮮有融通，以失人和。而滿老臣，苟安成習，面北風而戰慄，聞胡馬而鼠竄，何敢試議新法，彼等詆詖荊公攻訐新法，乃係掩飾畏懼也。新法雖好，徒法不足以自行，奈何！滿朝文武竟群起對立而攻訐之。是故新法不展，荊公終於功敗垂成，罷相廢然返回江寧，以度餘年。荊公壯志未酬，彪炳勳業，功虧一簣，令今世之人扼腕歎惜之！新法不展，未竟功業，時耶！命耶！神宗奈何！荊公復又奈何歟！罷相後，復加封舒國公，又改封荊國公等高爵，不爲不厚矣，君之於臣也！韓淲之澗泉日記云：「神宗之有介甫，壽皇之有德遠，惜乎不能副其委注。……」（卷中）梁任公爲荊公及新法所撰之評傳，長達將百萬言之鉅，對荊公生平事略，道德文章及新法，均有精闢之撰述，猶對新法之功效，臚列綦詳，讚譽倍至，更無一句諂諛之詞。並例舉各項史實文獻以證之。特摘錄評傳梁任公之自序於下：

評傳自序：自余初知學，即膺服王荆公。欲爲其作傳，也有年未克就矣。頃修國史，欲考熙豐新法之眞相，窮極其原因結果，鑑其利害得失，以爲視來視往之資。……（取材部份略之。）而流俗詆諆荆公，污衊荆公者，蓋無以異於斥鷃之笑鵬，蚍蜉之撼樹也。不揣寡陋，奮筆成此篇，非欲爲過去歷史翻一公案，凡以示偉人之模範，庶百世之下，有聞而興者乎。則區區搜討之勤，爲不虛也。

二、蒙冤始末

神宗鑑於宋代北方契丹之害，西邊元昊興起。頗有前門拒虎，後門拒狼之苦，每年輸出金繒無數，國庫日蹇，民生凋敝，亟欲振興朝綱，以圖富強，拯救北宋，乃萌創制新法。於穎邸之際，既知荊公上仁宗萬言書，視爲振興除敝之良策也。故於繼位之始，即欲詔見荊公，未幾命荊公翰林學士兼侍講，君臣二人，孜兀細究新法，熙寧二年新法乃逐步推出之。

新法方予實施，熙寧二年御史中丞呂誨即章劾荊公，揑造十大罪狀，皆爲無事生非，而被神宗擲還其章，惱羞成怒，自行外放，出知鄧州（劾章附錄於第六章）。然仁宗時朝臣，三代元老韓琦、范鎮、范純仁、司馬光、富弼、文彥博等，向於終日飽食，因循敷衍，且衣紫帶玉，乍見荊公外境之臣，平步青雲，神宗如此寵信，箇中滋味，不言而喻矣。以致連袂掣肘，阻撓新法。然神宗行之愈堅，故而紛紛求去，司馬光、呂公著、富弼等避居洛陽耳。或如程顥、蘇軾、蘇轍皆請外放州郡之。

荊公因新法施行，屢遭詆詖，故兩度辭相返回金陵，然神宗施行新法，銳志彌堅，直至元豐八年晏駕。哲宗繼位，宣仁高后垂箔聽政，啓用司馬光，呂公著等，由高后主持盡行罷革新法。次年改元爲「元祐」，原外放者悉數還朝，號爲元祐舊黨，則將荊公等定名爲「王安石新黨」，荊公新法繼任者蔡確，則爲「蔡確新黨」。宋自太祖爲始，太祖晏駕後，太宗朝則爲太祖前朝編纂實錄。歷朝如是。元祐時亦舊編纂神宗實錄，編纂實錄乃爲元祐黨人主持，以司馬光之涑水記聞、瑣語，邵伯溫之聞見錄爲準，而荊公於新法實行時，君臣對話、施行之「熙寧日錄」則摒棄之。毀謗、攻訐無所不用其極耳，荊公由忠誣爲姦，自此而始也。

荊公蒙冤應可分爲；元祐時期、高宗時期，後世時期三段，茲分述於后：

【元祐時期】

熙寧新法主旨爲求北宋富強，遼、夏強敵窺視，輸金求和，有喪國格。荊公上仁宗萬言書云：「內則不能無以社稷爲憂，外則不能無懼於夷狄。」由此可知變法之意耳。英宗本爲承祧，（仁宗因無子）英宗繼位時，年歲已長，是故神宗自幼非生長於禁中，深知外強環伺，內政萎靡，乃有志振興北宋朝綱，鑑於荊公之萬言書，遂詔荊公而創新法。神宗因非仁宗之嫡孫，且仁宗之后慈聖曹后尚健在，其創制新法，屢遭慈聖曹后及宣仁高后之約束，而不得放手一搏，故未得一展大業耳。新政實施後，前朝遺臣肆意掣肘，又格於太祖遺訓：「不殺士大夫」。前朝老臣毫無顧忌，新法實行，滿途荊棘，終被宣仁高后扼殺之矣。

熙寧新法施行之時，既傳有「三不足說；天變不足畏、祖宗不足法、人言不足恤」（前章已略述之，此論本刊於長編：熙寧三年三月己未條，經林天蔚氏考證出自楊仲良之續資治通鑑紀事本末中）。

試問：慧星、日蝕、乾旱、水澇等，皆爲自然現象。苟有此言，足證荊公學術已較腦滿腸肥之元祐老臣，而有天文氣象之概念耶！自然現象，何畏之耶？至於，祖宗不足法，苟若如此，新法之始，呂誨章奏荊公十事一案，神宗一怒若將呂誨斬首，既不斬首，若爲賜死，滿朝老臣亦不敢如此囂張也！新法本仁民愛物，何有不足恤之理乎？神宗似嫌儒弱矣！回顧西漢立國之初，備受匈奴侵害，文、景時代，施予黃老之法，以無爲之治。而武帝一革前朝之弊，勵精圖強，施行鹽鐵公賣、平準、均輸等，豈不是變法革新之也。至於北伐匈奴，李陵降敵，司馬遷保奏而遭宮刑。神宗果有此威，則不致禍延荊公耶！北宋亦既振興耳！

本傳云：八年二月復拜相，安石承命即倍道來，三經義成，加尙書左僕射兼門下侍郎。以子雱爲龍圖閣直學士，雱辭，惠卿勸帝允其請，由是嫌隙愈著。……此節全屬子虛，雱辭是實，而惠卿讒言未必是眞。

依元祐黨人呂希哲所撰呂氏雜記中，對王雱之學識道德卻持正直評論。按王雱，字元澤，言行正直，並有傲氣，性情敏銳。未冠即著述數萬言。於英宗治平四年中進士（時年二十四）。神宗熙寧四年爲崇政殿說書，六年爲經義局修撰，受詔註詩、書新義，擢天章閣侍制，遷龍圖閣直學士，以病辭不受。熙寧九年謝世。時年三十三歲也。

呂氏雜記：王荊公以經成。自吏部尚書遷左僕射門下侍郎，其子元澤雱以預修撰，亦自天章閣侍制遷龍圖閣學士，元少保厚之。絳（韓絳）時參知政事，作詩賀曰：「詔書朝下未央宮，上相新兼左相雄。一代元勳金石上，三經高義日星中。陳前輿服加桓傳，拜後金珠有魯公。東閣故人心倍喜，白頭扶病詠丞崧。」然元澤堅辭竟不拜命，依前侍制。荊公知江寧府故也。（卷下）

（按：呂希哲爲元祐黨人呂公著之子，希哲字原明，元祐爲崇政殿說書，爲人樂善好施，晚年名益重，遠近皆以師尊之。）另外宋代魏泰之東軒筆錄（卷十）、江少虞之事實類苑（卷三十五），皆有刊之。從略。蔡絛之鐵圍山叢談以及宋史呂惠卿本傳等，對王雱事蹟均刊載。另宋代沈括之夢溪筆談別有記述。茲錄之：

鐵圍山叢談：王元澤奉召修三經義時，王丞相爲之提要，蓋以相臣之重，所以假命其子也。吾後見魯公（曾公亮）與文正公（王珪）二父相與談往事，則云：詩書蓋出元澤曁諸門弟子手，至若周禮新義實丞相親爲之。……朝廷悉命藏諸秘閣用，是吾親見之。周禮新義筆跡，猶斜風細雨誠丞相親書。而後知二父之談，信也。（卷四）

夢溪筆談：王元澤數歲時，客有以一獐一鹿同籠，以問雱，何者是獐？何者是鹿？雱實未識，良久對曰：獐邊是鹿，鹿邊是獐。客大奇之。（卷十三）

宋史：呂惠卿本傳　惠卿以父喪去服，召爲天章閣侍讀同修起居注，進知制誥判國子監，與王雱同修三經新義。（卷四七一）

有關宋史呂惠卿傳所刊，荊公第二度辭相返回江寧，對惠卿不滿，常書「福建子」三字，此事亦爲虛構，乃錄自於邵伯溫之聞見錄，茲述於后：

聞見錄：王荊公晚年於鍾山書院，多寫「福建子」三字，悔恨於呂惠卿者。恨呂惠卿所陷，悔呂惠卿所誤。（卷十二）

宋史：安石退隱金陵，往往寫「福建子」三字，深悔爲呂惠卿所誤。（第四七一卷，呂惠卿傳。）

宋史新編：初安石退處金陵，往往寫「福建子」三字，深悔爲惠卿所誤。（卷一八六呂惠卿傳）

依此爲例，邵伯溫之聞見錄所記文字在前，於元祐年間，宋史照抄在後，於元代中葉，相距三百餘年之久，何可信邪？然書之於正史，足使後世竟信以爲眞也。徽宗政和進士江少虞事實類苑所云，荊公氣度恢宏，具有佛老思維，與世已無爭矣。茲錄於后：

事實類苑：王丞相初得請於金陵，出東府寓定力院，自題於僧壁云：溪南溪北水暗通，隔溪聞得夕陽春。當時諸葛成何事，只合終身作臥龍。

又：王荊公初罷相知金陵作詩曰：投老歸來一幅巾，君恩猶許備藩臣。芙蓉堂上疏秋水，聊爲龜魚作主人。乃再罷相，遂乞宮觀以會靈觀使，居鍾山，又作詩云：乞得膠膠擾擾身，鍾山松竹替埃塵。只將鳧雁同爲客，不與龜魚作主人。（以上皆卷三十五）

元代陸友仁之研北雜志亦云：「謝師直謂劉貢父曰：王介父之知人，能知中人以上者，自中人以下或不能知，由其性韻獨高而然。貢父曰：……介父輕處人，以顏子孟軻得其說者，悅而服之，故謂介父善知人。」按劉貢父本名劉攽，與荊公同儕多年，其所言應可信乎。荊公即知人對呂惠卿自能善用，焉有屢寫「福建子」之理乎？況荊公兩度罷相返回金陵，怡然自得，絕口不言新法，焉有獨怨呂惠卿之理乎？事實類苑對荊公步仕之先及罷相之後，氣概灑脫均有記之。

中共大文豪郭沫若講演「歷史人物」王安石一篇結論云：「可是王安石態度非常好，雖受誹謗而不介意，也不爲之辯駁。其讀詩有感一首：「自古功名亦苦辛，行藏終欲付何人？當時黯闇猶承誤，末俗紛紜更亂眞。糟粕所傳非粹美，丹青難寫是精神。區區豈盡高賢意，獨守千秋紙上塵。」於此，更見他的崇高，也足見他的寂寞了。（此篇講演稿何人所記，佚名，地點未予註明，時間爲一九四七年七月三日。）

即如民國初年國內編纂之各大辭典，其中不乏依宋史將「福建子」三字仍照列不誤，誠屬遺憾。然終不識邵伯溫所撰寫聞見錄之何所依據，然自元祐年代爲始，於其他文獻雜錄筆記，鮮有見之。邵某於熙豐年間，尚未步入仕途，賦閒洛陽，隨侍父邵雍及司馬光、呂公著、富弼之側。而對荊公隱居鍾山情況，是否有寫「福建子」之舉，何能瞭如指掌耶？又撰述荊公於江寧生活起居，歷歷如繪，實令人難於置信矣！且梁任公所撰《王安石評傳》之評言：「邵伯溫之聞見錄、司馬光之涑水記聞、魏泰之東軒筆錄等攻訐荊公甚劇，猶以聞見錄極爲尖銳。然編纂宋史者，竟將聞見錄等詆詖荊公文字，爲編纂史書範本。流毒之深，貽禍後世，延續萬年無止。」是故則足認定編纂宋史者，確雜有元祐黨人餘孽之嫌，實不容罔視，蓄意誹謗荊公而永留於萬世，深信荊公怙惡不悛。纂史者包藏禍心，奸險狠毒，舉世再難有也。

【高宗時期】

康王趙構於金人攻陷汴京前，靖康變亂時，康王爲天下兵馬大元帥。於相州（今河南安陽縣）未予勤王（欽宗本紀），任由徽、欽二帝被俘，置其父兄生死榮辱而不顧，於臨安偏安之局，又不圖反攻滅金，收復失土，其心叵測也，後世卻未疑之矣。康王自立即位爲高宗，據要錄刊載，茲錄於后：

要錄：建炎元年四月戊辰，……又有自敵寨脫歸者，道二帝語云：可告康王即大位爲宗廟社稷計，王慟哭。由是決意趨應天。（卷四）

要錄：建元元年五月庚寅，兵馬大元帥康王即皇帝位，於南京，改元建炎。（卷五）

高宗爲於臨安南面稱孤道寡，又不得不掩飾父兄亡國之恥，故非假藉事故而爲之。時元祐黨人於徽宗政和、宣和之時受倍蔡京之排斥多年，立黨人碑，施行黨禁，數十載之久，滿腹怨氣而欲洩之，康王恰於此時沐猴而冠稱帝。元祐黨人正中下懷，乃興風作浪，將靖康之恥委過於熙寧新法，新法創始者本爲神宗，高宗豈敢論罪於其祖父之身，況於專制時代焉敢開罪於當朝前代君王之理歟？如此，新法亡國之禍，科由荊公一肩承擔之。於建炎、紹興之時，高宗主動督促元祐黨人對荊公大加撻伐矣！並罷除配享，鑄成歷史鐵案，永留於後世，迫使後人深信不疑之也。茲依繫年要錄所記各條，詳錄於后：

要錄：紹興四年五月癸丑，左朝大夫范沖守宗正少卿，兼直史館前一日執政進呈。上諭朱勝非等曰：神宗、哲宗兩朝，史錄事多失實，非所以傳信後世，當重別刊定。著唐鑑范祖禹有子名沖者，已有詔命，可促來，令兼史事。勝非曰：神宗史錄添入王安石日錄，哲宗史經蔡京、蔡卞之手，議論多不公。今蒙聖諭，命官删修，足以昭彰二帝盛美天下，幸甚。先是參知政事趙鼎贊上尤力，故以命沖。鼎奏沖乃臣姻家，雖沖召命在臣未到行以前，及今來除授並出聖意，竊慮士大夫不能詳知，謂臣援引親黨，乞罷沖除命，上不許。

又：紹興四年五月庚申，詔日曆所速行條具，重修哲宗實錄事件，聞奏時，已官吏修兩朝史而言者，以爲祖宗法度具備，海内乂安，自熙寧中王安石爲相盡取而變更之。當時有識之士，如韓琦、富弼、曾公亮，歐陽修、司馬光、呂公著、范鎭皆爭議於朝，相繼黜逐。及哲宗即位，宣仁聖烈皇后垂箔，嘗諭大臣曰：先帝所立之法，民間不以爲便者，徇至公改之。又曰：餘可守者，不宜琯易廢改。又曰：先帝追悔往事，至於泣下，皇帝知之。然則元祐之政，乃是順人情，合公道，復祖宗之舊，成神宗之志也。其後章惇、蔡京、蔡卞之徒，積怨造謗，痛加誣詆；指白爲黑，變是爲非。正邪善惡，顚倒交錯，馴致危亂。在紹聖時，則取王安石日錄用私書修改神宗實錄。在崇寧後，則焚毁時政記日曆，以私意修定哲宗實錄，其間所奏事，端悉出一時姦人之論，不可信於後世也。然神宗實錄其間猶有朱墨本，他日尚可考訂是非。至於哲宗朝事跡，載在時政記日曆者，皆爲蔡京取旨焚毁滅跡。（以上皆卷七十六）

又：紹興四年六月丙申，新除宗正少卿兼直史館范沖辭免恩命，朱勝非奏曰：沖謂史館專修神、哲宗史錄，而其父祖禹當元祐中任諫官，後坐章疏議論責死嶺表。而神宗實錄又經祖禹之手，今既重修，則凡出京、卞之意，及其增添者不無删改，儻使沖預其事，恐其黨未能厭服。上曰：

以私意增添不當否？勝非曰：皆非公論。上曰：然則刪之何害，浮議不足恤也。（卷七十七）

又：紹興四年八月戊寅朔，宗少正少卿兼直史館范沖入見，沖立未定，上云：以史事召卿，兩朝大典，皆爲姦臣所壞，若此時更不修定，異時何以得本末。沖因論熙寧創制，元祐復古，紹聖以降，張弛不一，本末先後，各有所因，不可不深究而詳論。讀畢。上顧沖云：如何？對曰：臣聞，萬世無弊處道也；隨時損益者事也。……（有關仁宗及范仲淹部份，未涉及本文，略之。）王安石自任己見非，毀前人，變祖宗法度，上誤神宗皇帝，天下之亂實兆於安石，此皆非神祖之意。上曰：極是，朕最愛元祐。上又論史事。沖對先臣（指范祖禹）修神宗實錄首尾在院用功，頗多大意，止是盡書。王安石過失已明，非神宗之意。其後安石婿蔡卞怨先臣書其妻父事，遂言哲宗皇帝紹述神宗，其實乃蔡卞紹述王安石。惟是直書王安石之罪，則神宗成功盛德，煥然明白。哲宗皇帝實錄，臣未嘗見，但聞盡出姦臣私意。上曰：皆是私意。沖對：未論其他，當先明宣仁聖烈誣謗。上曰：正要辨此事。上又曰：本朝母后皆賢，前世莫及。道君皇帝聖性高明，乃爲蔡京等所誤。當時蔡京外用小人，内結閹宦，作奇技淫巧，以惑上心，所謂逢君之惡。沖對道君皇帝止緣京等，以紹述二字，劫持不得已而從之。上曰：人君之孝，不在如此，當以社稷爲孝。……（閒話徽宗之事，略之。）上又論王安石之姦曰：至今猶有說安石者，近日有人要行安石法度，不知人情？何故直至如此。沖對：昔程頤嘗問臣，安石爲害天下者何事？臣對以新法。頤曰：不然。新法之爲害未爲甚，有一人能改之，即已矣。安石心術不正，爲害最大，蓋已壞了天下人心術，將不可變。臣初未以爲然，其後乃知安石順其利欲之心，使人迷其常性，而不自知。且如詩多作明妃曲，以失身爲無窮之恨。至於安石爲明妃曲則曰：「漢恩自淺胡自深，人生樂在相知心。」然則劉豫不足罪過也。今之背君父之恩，投拜而爲盜賊者，皆合於安石之意，此所謂壞天下人心術。上曰：安石至今猶封王，豈可尚存王爵。（卷七十九）

高宗於南渡後，經建炎四年，復經紹興四年，八年之際江南賊寇，業已平定，北方金人南侵已見稍緩，故於此時爲掩飾靖康之恥，其父兄禍國之罪，特諉過於新法。新法創始主導者，乃爲神宗。以繫年要錄所云：「王安石自任己見非，毀前，盡變祖宗法度，上誤神宗皇帝天下之亂，實兆於安石，此皆神祖之意。上曰：極是。」高宗與范沖君臣二人，一唱一和，將靖康之禍，盡諉之於荊公，天理何在耶！荊公向仁宗上萬言書，而仁宗置之不理，荊公亦徒呼奈何！神宗即位，極以欲見荊公乃詔之，以求施行新法，振興北宋，而毀於前朝頑固老臣之掣肘，再被宣仁高后扼煞，以致中興大業功虧一簣。爲之奈何，倘若神宗亦如仁宗對萬言書，不屑一顧，荊公何有千年之冤耶！

熙寧荊公秉政之時，掣肘朝臣而被外放，外放之權而在神宗，詔命頒布，係由外制所爲，並經神宗旨詣始可，荊公何有此權乎？荊公豈可恣意放逐朝臣耶？古今中外亦無此例矣！朝臣自請外調，如呂誨、司馬光、富弼等又作何言歟？元祐黨人於仁宗、英宗之朝，頤指氣使，躊躇滿志，神宗一旦實行新法，重用荊公，前朝老臣可忍乎孰不可忍乎！焉不爲自反而不縮、自反而縮歟？遍閱宋史及稗史等，荊公並未開罪滿朝老臣也。即如司馬光三書之咄咄逼人，而荊公作書尙婉言釋之矣（詳述於第十一章）。

紹聖之時，章惇、蔡卞奏予哲宗，熙寧實錄編纂與史實不符，黃庭堅、范祖禹等人，經御史臺根勘屬實後，而貶逐嶺南以致終老矣。其子范沖焉有不懷恨之耶！再於徽宗之朝，蔡京秉政，對元祐黨人，不假辭色，凡不順己者，悉數列入元祐黨籍，而遭蔡京箝制之。宣和末年，國事日非，徽宗遜位，欽宗繼承，靖康之時，元祐黨人竭力反撲，如楊時等得勢於朝，蔡京放逐，卒於潭州，對荊公享配詔停之。高宗用趙鼎（范祖禹姻親）、呂聰問言，削荊公王爵，停宗廟配享之。據朝野雜記暨繫年要錄均有記載，茲錄於后：

雜記：高廟配享之議，首援本朝故事，謂議當出于翰苑。……兩省臺諫禮官及秘書省官集議，苟若不然，則王安石、蔡確之不合眾心，雖定于紹聖、崇寧而卒，而改正于紹興，今反復熟議，以待論定。……（乙集卷四）

要錄：建炎三年六月己酉，……員外郎趙鼎言：自熙寧王安石用事，肆爲紛更祖宗之法掃地，而生民始病，至崇寧初，蔡京託名紹述，盡祖王安石之政以致大患。今安石猶配饗廟庭，而京之黨未族，臣謂時政之闕，無大於此，何以收人心而召和氣哉！上納其言，罷安石配饗神宗廟庭，靖康初，廷臣有請罷安石配享者，爭議紛然，至此始決。（卷二十四）

熙寧年間荊公秉政，從未黨錮之爭，荊公亦未有結黨營社，僅是前朝老臣肆意掣肘，四散各地而已。元祐年初宣仁高后垂簾聽政，召回司馬光、呂公著、范純仁、蘇軾昆仲，程頤等後，始有黨禍，則自稱爲元祐舊黨，始有新舊黨之稱。不論王安石新黨，蔡確新黨，皆爲章惇、曾布、安燾、呂惠卿、蔡卞等人。司馬光秉政僅八月之久，元祐元年九月即謝世，而元祐舊黨於司馬光卒後，各懷己意，未幾既告分裂，以程頤爲首之洛黨，蘇軾爲首之蜀黨，劉摯爲首之朔黨，相互傾軋不已。對熙豐時所謂新黨之朝臣，悉數外貶之。對哲宗幼主竭力箝制，如要錄所云，范祖禹、劉安世等行徑令人不敢恭維。茲錄於后：

> 要錄：紹興五年閏二月丙寅，朕頃駐蹕會稽，一日過昭慈聖獻（向后，神宗之后，宋史爲欽聖獻肅）殿中，聞昭慈言：哲宗皇帝初即位，宣仁聖烈皇后謂帝年幼，寢處起居不離宣仁臥內。至納后始歸本殿，宣仁保佑之功如此，而姦臣誣罔輒生謗議，可爲痛憤。趙鼎曰：是時范祖禹、劉安世以宮中買乳媼事，上疏極諫，以爲似聞後宮有當就館者。宣仁令宰相呂大防宣諭，聖旨曰：無此事，前日買乳媼乃先帝一二小公主尚吃乳也。（卷八十六）

元祐八年宣仁謝世，哲宗臨朝，次年改元爲紹聖，起用章惇爲相召回曾布等人，罷呂大防，貶蘇軾等，追奪司馬光、呂公著等謚，盡復熙寧新法，於八年之間，受盡范祖禹等之挾制壓抑，滿腔憤恨，正待洩瀉，苦無時機。此時章惇、蔡卞等上疏云：黃庭堅、范祖禹編纂神寧實錄時，悉據司馬光家書等私人筆記爲範本，歪曲史實，有欠公允。敕命御史臺根勘，取錄爲證，以致黃、范二人被貶，並老死嶺南。哲宗對元祐黨人雖未殺絕，然已趕盡矣。元祐黨人則稱之爲「紹述之禍」，此乃元祐黨人再次挫敗也。

元符三年哲宗晏駕，欽聖向后立徽宗爲帝，復效其慈聖聖曹后及其姑宣仁高后垂箔故技，而攝政之。改元爲建中靖國，遂追復司馬光、文彥博等三十三人官謚，罷章惇、蔡京等並外貶之。然事與願違，向后僅攝政九月而已，次年春即予謝世。即予改元爲崇寧，徽宗親政以蔡京爲相，復追貶司馬光等四十四人，置元祐黨禁，並立黨人碑於端禮門，此乃元祐黨人三次受挫也。（詳第八章）

徽宗於宣和七年，自知無力治國，讓位予太子桓爲欽宗，次年改元爲靖康。欽宗即位，首先貶蔡京、童貫等人，並解除元祐黨禁，元祐黨人再度得勢矣。

自元祐年起，經宣仁高后釀成黨禍，至靖康二年北宋南渡四十三年之間，黨禍三反三復，朝政陷於彼此傾軋之間，金人業已崛起，北宋君臣皆不知禍已燃眉，復不能和衷共濟，合力抗金，爲之奈何！哀哉！南渡後，蔡京已卒於潭州，新黨至此已煙消雲散，元祐黨人乃得眉吐氣而偷安於臨安也。

再者，紹興年間，仕途新進者，屢以歌頌元祐黨人而詆詖荊公爲進身之階，以求迎合高宗心態，誠可悲乎！試就繫年要錄中略舉一例以證之。茲錄於后：

要錄：紹興六年三月己卯，右朝請郎新知筠州陶愷，送吏部與監當差，愷既補外。上謂近臣曰：愷論事，言皆劫持，雖灼見懷姦，以其議及祖宗，未欲行，出言者復奏，愷所言劫持懷姦，誠如睿智，觀其文理紕繆固不足道，而跡其情狀有不可貸者，今輒具前後聞見以證其說：元祐之初，哲宗皇帝即位，是時天下士民言新法不便者，以千萬計。於是進用司馬光、呂公著等，逐蔡確、章惇之徒，除去新法盡復祖宗之舊。終元祐九年天下太平，洎紹聖九年殿試進士李清臣，撰策題其略曰：恭惟神宗皇帝憑几聽斷十有九年，禮樂法度所以惠遺天下者甚備脫思。朕述先志，夙夜不忘。畢漸對策曰：陛下亦知有神宗皇帝乎？既唱名畢漸第一，於是紹述之論始興。呂大防、蘇轍、范純仁相繼引去。章惇、蔡卞始用事，厚誣宣仁欺罔哲宗，以神宗爲名，劫持上下，盡逐忠良，群小畢進矣。逮太上皇嗣位之初，首召范純仁等忠義之士，流竄而尚存及一時正人公議所屬者，悉皆名用。章惇以策立之際，獨建異議竄責嶺表，蔡卞亦皆去位。……（雜論略之）恭惟陛下聰明，稽古憲章，洞見是非眞僞之實，深究治亂興衰之源，而更修信史，垂示萬世。（九十九）

回顧：自熙寧二年新法實施，六十年之間荊公從未涉及黨禍，亦未涉及人事傾軋，揑造新法之罪過而諉諸荊公之一肩，何也？推敲其緣由不外有三：

一、新法之始，雖爲神宗倡始，終不敢攻訐先朝君王，而乃以策畫荊公而代之。熙寧之前，韓琦、文彥博、司馬光、富弼等自仁宗、英宗三代御前老臣，呼風喚雨，炙手可熱。然彼等守成有餘，創業不足，自不爲神宗所喜，尙不反省。如依二十二史劄記所言：「神宗本有雄心壯志」。故而神宗即位之時，遽將荊公自江寧宣詔入京，創立新法，三朝元老，冷置一傍，自表不滿，妒火中燒，尤以司馬光爲最，對新法肆意攻訐，竭力掣肘，自請外放。專制時代，豈敢怪罪君王，因此遷怒新法，乃至謗言構陷，以荊公爲南渡之禍根耳！

二、哲宗即位，元祐年始，宣仁高后垂箔，爲防慈聖曹后被韓琦迫其軸簾故事重演，特將嘉祐老臣悉數召回，司馬光爲相，新法諸臣一概悉數外貶，鑄成元祐黨禍。北宋黨錮之禍雖起於章獻劉后，而宣仁高后將其燃熾，無可諱言。更於紹聖時元祐黨人再度悉數外貶，稱爲紹述之禍。元祐黨人三番兩次受挫，元祐黨人鼻祖司馬光於紹聖時，幾遭曝屍之禍，此皆起因新法之施也。禍因雖爲蔡京等肇啓，奴才犯法，罪過於主，推及於荊公也。宋論徽宗篇云：「蔡京之所爲，固非安石之所爲；天下之苦京者，非其苦安石者也。」又云：「嗚呼！安石豈意其支流之有蔡京哉？而京則曰：吾安石之嫡系也。」此乃荊公無妄之災也。

徽宗崇寧元年欽憲向后將宣仁高后故技重演，復於大觀初年，元祐、新法諸臣外貶回朝，復輪轉如舊。如此百年之久，三反四覆，黨禍惡鬥，北宋元氣大傷，再遇徽宗紈袴無能，釀成南渡臨安之路。南渡之責，則科於新法，科於荊公也！爲之奈何！哀哉！

三、靖康之變，趙構於汴京失陷時，幸爲漏網之魚，至臨安後自立爲高宗，南面稱孤道寡，爲掩飾其父兄亡國之恥，適元祐黨人之子孫門人攻訐新法時，高宗反推波助瀾，任由詆誣誹謗之。亡國之辱，然終不能將新法之責歸於其祖父神宗耳！故遺禍於荊公之一身。荊公於熙寧九年罷相，南歸江寧，至元豐八年神宗駕崩，十年之久，新法執行不輟。南渡千年以來，歷代文丑卻吠影吠聲，竟科咎于新法，轉而詆誣歸罪於荊公耶？

趙構自立爲高宗，並不欲迎回徽、欽二宗，非其不能而不爲之，特顯北宋因施行新法之故，病入膏肓，方有淪亡之禍，以掩偏安之醜，新法足爲其替罪耳！要錄所撰數節，頗堪玩味，特錄於后：

要錄：紹興十一年九月戊申……上諭大臣曰：此殆上天悔禍，敵有休兵之意爾，朕料所以至此者有二；今春烏珠提兵南來，謂我可陵，而淮西濠梁之敗，有所懲創一也。始謂各將帥各自爲家，莫相統一，今聞盡歸，朝廷綱紀既立，軍政必修，望風畏懼二也。朕每欲與講和非憚之也。重念祖宗有天下二百餘年，愛養生靈，惟恐傷之。而日尋干戈，使南北之民，肝腦塗地，所願天心矜惻，消弭用兵之禍耳！（卷一四一）

要錄：紹興十二年三月辛亥，上謂大臣曰：朕兼愛南北之民，屈己講和，非怯於用兵也。若敵國交惡，天下受弊，朕實念之。今通好休兵，其利博矣！士大夫狃於偏見，以講和爲弱，以用兵爲強，非通論也。（卷一四四）

要錄：紹興二十六年三月丙寅詔曰：朕惟偃兵息民，帝王之盛德；講信修睦，古今之大利。是以斷自朕志，決講和之策。故相秦檜，但能贊朕而已。豈以存亡而有渝定議耶！近者無知之輩，以爲盡出於檜，不知悉由朕衷，乃鼓唱浮言，以惑眾聽。至有僞造詔命，召用舊臣獻章，公車妄議邊事，朕實駭之。……（卷一七二）

要錄：紹興三十一年十月丁卯，詔蔡京、童貫、岳飛、張憲子孫家屬，見令拘管州軍，並放令逐便，用中書門下省請也。於是，飛妻李氏與其子霖等皆得生還焉。（卷一九三）

高宗爲掩飾其父兄之罪孽，假元祐黨人之力，毀謗荊公，欲於臨安稱孤道寡，因趙鼎之薦，故促范沖從速重修熙寧實錄，假禍荊公以飾其非，君臣等人共演狼狽。無恥！

【後世時期】

元代鄭元祐之遂昌雜錄論岳飛之死，而評高宗。其云：「……夫宋有國時，固當爲其君諱，而歸罪於秦檜，宋亡矣！高宗忘父兄之深讎，彼秦檜者復何恨。……」（全一卷）四庫全書提要云：「其稱南北和議，由高宗不由秦檜，宋既亡矣，可不必爲高宗諱，亦誅心之論也。」提要所評：「誅心之論」則不知所云。專制君王時代，不得對皇帝有所疵議，尤以滿清文字獄之凶殘，故有此論也。

元代學人或爲元祐黨人之後裔及門生，對熙寧新法及荊公之言論有所偏差，是所不免，亦不足爲怪，如方回等。而明清兩代學人，對宋史讀而不察，抱殘守闕，明何良俊楊愼、鎦績、陸深等亦復如是。清代王夫之之宋論，長篇巨幅詆詖荊公，一犬吠影，百犬吠聲，可言爲虎作倀也。僅對荊公道德文章加以欽佩外，至於新法良窳皆不克瞭解之，甚至大放厥詞矣。尤以楊愼之言論，涇渭不分，善惡不明，確有顚倒黑白之能事也。誠欲加其罪，何患無辭矣。茲錄於后：

丹鉛總錄：宋元祐黨籍碑成于蔡氏父子，其意則在王安石之啓也。安石嘗作曹社詩，以寓謂神姦變化自古難知辨之，而不疑者，惟禹鼎焉。魑魅合謀，蓋非一日，太丘其亡也晚。蓋以喻新法，異意之人將爲宋室之禍也。其後門生子婿相繼得政，鑄寶鼎列元祐諸賢，司馬光而下姓名於上。以安石比禹績，而司馬諸公爲魑魅，呂惠卿載諸謝章，曰：九金聚醉畫圖魑魅之形，自此黨論大興，賢才消伏，致戎馬南騖，赤縣丘墟，一言喪邦，安石之謂也。愼按：安石之惡，流禍後世有如此，宋之南遷安石爲罪魁，求之前古姦臣，未有比此，雖後漢晚唐黨禍不若是其烈。然彼乃宦者閹奴，身爲惡而顯戮，國史明著爲姦臣矣。安石以文濟姦，黨惡又眾，至于後世，是非猶舛，朱晦庵（熹）作宋名臣言行錄，以王安石爲名臣與司馬光並列，夫司馬光與王安石所爭者新法也。新法之行，是則諫沮新法者非王安石爲名臣，則司馬光不得爲名臣矣。……（卷二十五）

楊愼所言，一無是處。首言元祐黨籍碑之事；建黨籍碑者，蔡京也。擢拔蔡京於中朝者，司馬光也。元祐元年司馬光罷免役法行差役法時，蔡京知開封府，將所定役夫，五日內徵集蒇事，特贊許之，何謂荊公爲之啓也。（蔡京之舉，詳於第八章。）

次言；呂惠卿等並非其門生，陸佃原爲荊公門生，不附新法，荊公用於掌理經義。至於呂惠卿、曾布、蔡確、章惇等，皆爲荊公辭相後，神宗啓任之，與荊公何涉，況荊公辭相後，神宗施行新法從未中輟，何怨荊公之有乎？

三言；元祐七年宣仁高后垂箔，遼道宗壽隆元年二月災害嚴重，饑民遍野，朝政日衰，北宋爲滅遼之大好時機，而宣仁卻力主和議，言：兩國交兵，生民肝腦塗地，徒博得女中堯舜之美名。孟子曰：「雖有智慧，不如乘勢；雖有鎡基，不如待時。」而宣仁坐失良機，南渡豈可獨怨荊公耳！可歎！楊氏僅讀宋史，而將遼史、金史任置一旁而不閱之，亦可悲歟？（遼史卷二十六・道宗六）

（以上詳於第八、九、十章）

再如明代成化進士程楷所著「明斷編」，自宋太祖起至南宋理宗皆爲評斷。（英宗以前，孝宗以後略之。）茲錄於后：

明斷編：

神宗即位之初，勵精圖治。唐介、富弼爲相（按：宋史唐介傳，熙寧元年任參知政事，並未爲相。卷三百十六）。趙抃、呂公著之列朝，則朝庭清明，天下無事。及偏聽成奸，獨任成禍。故王安石獨柄大權，呂惠卿同濟奸惡，韓絳、李定之附和，蔡確、章惇之阿黨，新法既行。……（斷語瑣繁，略之。）

哲宗當高后臨朝，召用故老司馬光、呂公著之再相，蘇軾、程頤之見召，罷除新法，天下更生。及帝身親政事，復用奸回，楊畏、章惇之惡，既肆惠卿、蔡京之雄，嗣興紹述前政，天下釀禍，賢人君子流配殆盡，富強國勢已頹矣。……

徽宗逞小慧之智，爲荒慝之行，始用韓忠彥爲相，政事猶有可觀，及奸相蔡京、趙挺之之稔惡於內，宦官童貫、李良嗣之作釁於外。花石矼則坐窮民脈，金籙道場則獨獻天心，是以腥羶溷於宮闕，骨肉殘於虜庭，自取之端，蓋不少也。

欽宗於社稷已危之時，受上皇中禪之命。惜乎！身非肅宗（按：唐肅宗）之才，而臣無李郭之忠，同俘虜營，卒死絕漠。……

高宗抱中人之資，無克亂之才。用人則無知人之明，爲政則未盡立政之斷。……（全一篇）

程楷之斷，明斷乎？公斷乎？偏斷乎？妄斷乎？則難言哉？按荊公第一次辭相，係呂惠卿接代，第二次辭相爲曾布遞補之。依宋史之載，未即有蔡確、章惇爲繼承，故慨言神宗之斷，既不明又非公矣。哲宗之朝，蔡京之舉擢中朝爲司馬光而非荊公，前文已述，不贅。呂惠卿自荊公二度任相外放後，嗣後未再回京，哲宗親政亦未造朝，程楷已將史實誤記，憾哉！至於楊畏一節：楊畏先受蘇軾提攜，復由呂大防舉用，未幾又叛大防，此與荊公何涉也（此節詳第八章）。

苟言高宗：絕非中人之資，係一代梟雄，靖康之亂，提兵在外，而不勤王。宗澤屢奏，光復汴京，執意不准，苟安臨安，此爲中資之才邪？且於臨安偏安朝廷處理朝政，雄才大略，權詐萬般（詳第十章），茲依要錄所載略舉數項於后：

要錄：紹興七年十一月丁酉，執政擬臨安火禁條約，凡縱火者行軍法，遺火（按：失火）延燒數多者，罪亦如之。上曰：遺火豈可與縱火同罪，立法太重往往不能行。趙鼎曰：遺火數多者取旨可也。上曰：止於徒足矣。庶可必行兼刑法太重，亦非朝廷美事。（卷一百十七）

要錄：紹興八年正月壬戌，湖北京宣撫使岳飛乞增兵。上曰：上流地分誠闊，遠寧與減地分，不可添兵，今日諸將之兵，已患難於分合，末大必折，尾大不掉，古人所戒。（卷一百十八）

要錄：紹興八年五月戊子：監察御史張戒人對，因言諸將權太重。上曰：若言跋扈則無跡，兵雖多，然聚則強分則弱，雖欲分未可也。戒曰：去歲罷劉光世致淮西之變，今雖有善爲計者，陛下必不信，然要須有術。上曰：朕今有術，惟撫循偏裨耳。戒曰：陛下得之矣，得偏裨心，則大將之勢分。上曰：一二年自可也。（卷一百十九）

要錄：紹興十二年八月己丑，……上聖明察，瞞兵柄之分，無所統一。凡有號召多爲有不至，於出師之際，又不能協力徇國家，恐有緩急，必致誤國家大事。乃密與檜謀，削尾大之勢，以革積歲倒持之患。一日大庭宣制，除張俊、韓世忠、岳飛三帥爲樞密使副，由是天下兵權，盡歸朝廷矣。（卷一百四十六）

若依上錄而觀之，高宗之權謀奸詐，自北宋太宗以降，歷朝君王皆無出其右矣！豈可言高宗爲中人之資耶？惜當年徽宗禪讓予欽宗，而未予高宗，苟若予高宗未必有靖康之禍。高宗反有唐肅之才，其不欲北伐，非因國勢，乃爲欽宗耳！欽宗返朝，自當復僻，高宗身置何地？故任其父兄徽、欽二帝絕命荒漠，而其於臨安稱孤道寡哉！此可言高宗爲中資之才邪？嗚呼！程楷未習宋史而妄斷史實耶！悲夫！

明代張綸（年籍不詳）之林泉隨筆，對神宗實錄亦有著述，茲錄於后：

林泉隨筆：蔡卞請重修實錄，從之嘗聞史者，錄實事而善惡是非具見其所係亦重矣。孟子曰：「名之曰幽厲，雖孝子賢孫百世不改也。」熙豐之朝君，則偏聽獨任，相則淺狹執拗，自是君臣上下皆無可稱之善矣。蔡卞欲諱其婦翁之惡，請重修神宗實錄，哲宗感其説而從之，蓋恐范祖禹、黃庭堅諸人私有損益其中，而是非善惡不得其實故也。殊不知天下有公是公非，非語言文字可得而變移黑白者，其用心亦誤矣。其後蔡絛所著鐵圍山叢談，所紀多汴京末事，且諄諄爲其父諱，豈非卞有以啓之乎。（全一篇）

張綸之論，並無新意，乃爲鈔錄要錄中趙鼎、范沖之言，拾人牙慧，充爲己作，可恥乎孰不可恥乎？（以上兩篇錄自「今獻彙言」，爲上海涵芬樓影印明刻本，臺灣商務印書館五十八年二月臺一版。）清初碩儒漁洋山人王士禎之分甘餘話、香祖筆記、古夫于亭雜錄等，不獨對新法認識不清，妄加評語，甚至迷信輪迴，既對荊公道德文章亦有訾議。亦乃吠聲之輩也。此皆一代碩儒，所謂學貫古今耶？固如是乎！

分甘餘話：王安石之學術爲害於世道人心如此。又按建言者，御史李彥章也。疏以詩賦爲元祐學術，其意在黃、秦、晁、張四學士，而並劾及前代陶淵明、杜子美、李太白皆貶之。尤可笑定律則何執中也。二人可謂失其本心，無恥之尤者也。（卷一）

古夫于亭雜錄：王安石之姦，文富，諸賢皆爲所欺。惟蘇、李二公耳。貴耳集所載安石初讀書鍾山，一長老謂之，先輩必做宰相，但不可念舊惡，改壞祖宗格法。則此僧識之，又在二公之先矣。又謂安石爲秦王後身，不知因果何以應爾，豈銜太宗之怨毒，必欲亂天下。雖以眞、仁、英三宗之賢，亦不能挽回耶！秦王報怨而爲安石，錢王索土而都臨安，宋欲不南渡得乎？（卷二）

按：貴耳集爲宋代張端義所撰，其云：「荊公在鍾山讀書，有一長老曰：先輩必做宰相，但不可念舊惡，改壞祖宗格法。荊公曰：一第未就，奚暇問作宰相，并壞祖宗格法，僧戲言也。老僧云：曾坐禪入定，見秦王入寺來，知先輩秦王後身也。」（卷下）依此可言，王士禎亦爲文鈔公也。如此可信乎？

覈張端義者，籍係鄭州，宦於龍州，荊公少年讀書於金陵鍾山，何知如此之詳耶！又老僧於北宋中葉時，其至唐初相距四百年以上，豈識秦王歟？此事荒唐至極，又何能信乎！且此段論說純爲輪迴玄虛之言，誠無學術意義，何足道之歟？未識王漁洋氏官至刑部尙書，才高八斗，學富五車，竟信輪迴無稽之言耶！竟詆誣荊公之身。如此皆爲一代碩儒未有治學主見，隨風起舞，率爾操觚，令後人讀之齒冷矣！

清代乾隆丙辰進士鄭燮，本爲狷介之士，曾任山東濰縣令，是年乾旱大饑，災黎遍野。鄭氏勒令富戶開倉拯濟，而被參劾，罷職轉回揚州，以板橋之名鬻書畫度日。然對宋史卻茫茫然耳！曾塡宋詞漁家傲一闋，誠不職是褒是貶？茲錄於后：

漁家傲：荊公新居。

積雨新晴江日吐，小橋著水煙錦樹，茅屋數間誰是主。王介甫，而今曉得靑苗誤。呂惠卿曹何足數，蘇東坡遇還相恕，千古文章鎭肺腑。長憶汝，蔣山山下南朝路。（鄭板橋全集·詞鈔）

梁任公所言，讀宋史足令人掩卷長歎之，足證宋史之妄也，猶以熙豐新法爲最。元、明、清以來，舉凡撰寫野史、稗記，無不詆誣荊公；攻訐新法爲要務，非如此誹謗荊公及新法，似不足以顯其學識淵博海涵；見地卓絕高超，乃不足以驚世駭俗。梁任公于「王安石評傳」公正評論之，茲錄於后：

評傳：以不世之傑，而蒙天下之垢，易世而未之湔者。在泰西則有克林威爾，而吾國則荊公。

……（克林威爾事蹟詳序言）

而吾國民之於荆公則何如，吠影吠聲以醜詆之，舉無異於元祐、紹興之時，其有譽之者，不過賞其文辭。稍進者，亦不過嘉其勇於任事。而其事業之宏達而偉大，莫或見及，而其高尚之人格，則益如良璞之霾於深礦，永劫莫發其光晶也。（第一章）

清代趙翼二十二史劄記對荊公及新法，未克深識，仍受元祐黨禍之蠱惑，亦有訾言，憾之。然對宋史偏頗之處，則作公平論之。茲錄於后：

劄記：宋史各傳迴護處．元修宋史，度宗以前，多本之宋朝國史。而宋國史又多據各家事傳碑銘，編綴成篇，是故非有不可盡信者。大奸大惡，如章惇、呂惠卿、蔡確、蔡京、秦檜等，固不能諱飾，其餘則有過必深諱之，即事蹟散見於他人傳者，而本傳亦不載。有功必詳著之，即功蹟未必果出於是人，而苟有相涉者，亦必曲爲牽合，此非作史者意存忠厚，欲詳著其善於本傳，見其惡於他傳，以爲善善長而惡惡短也。蓋宋人之家傳表誌行狀，以及言行錄筆談遺事之類，流傳於世者，甚多皆子弟門生，所以標榜其父師者，自必揚其善而諱其惡。遇有功處，輒遷就以分其美，有罪則隱約其詞以避之。宋時修國史者，即據以立傳。元人修史，又不暇參互考證，而悉仍其舊，毋怪乎是非失當也。……（非關宋史部份略之。）（卷二十三）

元、明、清史書或稗史妄加評語，非獨如是。既如京本、傳奇小說，亦揑造事實對荊公肆意詆詖，惡毒攻訐。如京本之「拗相公」，以及明代馮夢龍之警世通言所撰：「王安石三難蘇學士、拗相公飲恨半山堂」兩篇。世人未必盡讀史書，然閱覽小說者不識千千萬萬歟。其流毒之深，不可言矣（詳第十四章）。

南渡後，高宗爲其父兄亡國之恥，將北宋淪亡之責諉於新法，並安撫元祐黨人。元祐黨人於是興風作浪，苛責新法，更百般攻訐荊公。南宋中葉，孝宗時代，朱熹竭力攻訐新法，詆詖荊公。並鼎力歌頌程頤昆仲，獨撐洛黨，而批蜀黨。然至元代以後，文人墨客乃有合力宣贊蘇軾，則詆荊公，程頤等亦棄不言矣。明、清世代文人，喜予舞文弄墨者，文章必褒司馬光等，而恣意詆詖荊公。否則不得自命風雅耳。皆係一知半解，大言不慚，歪曲史實而不自知也。楊愼、王士禎即是一例耳！以致導使荊公蒙冤千餘年之久矣！可歎矣！可悲矣！

三、熙寧新法

神宗年少之時皆居於宮外，治平四年正月英宗晏駕時，神宗繼位年已二十，北宋國勢強弱久已洞悉之。又於藩邸之際已知荊公之「萬言書」，即位後即萌詔命荊公革新之意（請閱第一章）。遂有變法維新之舉。棄文尚武，力振北宋河山，故獨召荊公共議強國之道耳。荊公創始新法，乃以報神宗知遇之恩，並一展鴻志也。竭盡所能，力革前朝頹廢之風，振興國勢，以禦北方強寇——契丹。奈何滿朝百官苟安成習，畏契丹如畏狼虎，故不欲國勢強盛而肇戰端，其官祿則有不保之虞。更嫉荊公創制新法，一旦施行而國富民強，彪炳功業，則非荊公一人莫屬，滿朝元老如司馬光等何顏立於朝廷復愧對歷史耳。（荊公報神宗知遇之恩，詳第十一章，答司馬光書中。）新法創制，乃致施行，為神宗而非荊公，清代趙翼之二十二史劄記有云。玆錄於后：

劄記：王安石以新法害天下，引用奸邪，更張法令，馴至靖康之難，人皆咎安石為禍首，而不知實根柢於神宗之有雄心也。帝自命大有為之才，嘗欲克復燕雲，恢張先烈。當其為穎王時，已與韓維論功名，及即位，富弼因奏對，即曰：願陛下二十年不談兵，蓋已窺其意旨矣！………

則帝意在用武開邊，復中國舊地，以成蓋世之功。而環顧朝臣，皆習故守常，莫有能任其事者。安石一出，悉斥爲流俗，別思創建非常，突過前代。……史臣謂神宗好大喜功之資，王安石出而與之遇。宜其流毒不能止。然則非安石之誤帝，實帝一念急功名之心自誤也。……（卷二十六　王安石之得君）

按：宋史富弼傳：弼知帝（神宗）果有所爲，……又問及邊事，對曰：陛下臨御未久，當布德行惠，二十年口不言兵。帝默然，日昃而退。（卷三百十三）

然趙氏之論未必正確，宋初立國，太宗對遼一戰失利，喪士辱師，國恥難復。東遼踞雄，西夏崛起；前門有虎，後門有狼。而以金繒爲賂，年勝一年，此患得以早日而除之，神宗之志也。神宗即位，正當英年，鑑於前朝黨禍之頹靡，發奮圖強，創制新法。新法之害何在？青苗法並非始於荊公，趙氏雖言，荊公並未貽誤神宗，而神宗力欲振興北宋河山，收復燕雲。豈可言其自誤耳？所誤者，習故守常之司馬光等輩也。趙氏仍有被元祐讕言而迷惑之，對新法未能洞悉其奧！惜哉！歎非董狐之筆也。悲夫！

國父孫中山先生制定三民主義，曾言：七分宣導，三分施行，新法之行，未有宣導，此爲專制時代君權之淫威也。新法實施之初，神宗、荊公君臣二人未有萬全妥善準備。公告天下，以使庶民深知新法之利。詔令群臣，曉諭大義，和衷共濟，朝野一心，以竟全功。嗟乎！神宗信心自滿，操之過急，卻格於太祖遺訓，不殺士大夫，故未克掌握群臣，雖有漢武之志，卻欠漢武之威，任由黨錮恣意爲禍，元豐八年，神宗駕崩，導至新法慘被宣仁高后扼殺，人亡政息，令後人爲之扼腕矣！爲之奈何！然元祐黨人以及後世卻將新法失敗之責，科於荊公之一肩，實有欠公允矣，此亦爲封建專制之罪孽也。

高宗欲求南面稱孤道寡，竟然不惜背棄父兄，喪失疆土，責令秦檜妄殺岳武穆，歷史罪名卻令秦檜一人背負之，何公理之有乎？(高宗自認主和而非檜，請參閱第二章)宋代王明清之玉照新志有言，若秦檜主和，非欲殺岳武穆不可，何不斬草除根歟？足見主謀爲高宗也。茲錄玉照新志於后：

> 玉照新志：秦檜既殺岳氏父子，其子孫皆徙重湖閩嶺，日賑錢米，以活其命。紹興有知漳州者建言：叛逆之後不應留，乞絕其所急使盡殘年。秦得其牘令札付岳氏而已。士大夫爲官爵所鉤用心至是，可謂狗彘不食其餘矣。……(卷六)

靖康之禍，諉過新法，詆詖荊公，爲其父兄卸責，並欲南面而坐，豈不是高宗之旨意也。封建專制流毒之弊，僅可責臣而不可責君，爲之奈何，荊公以致抱屈千餘年矣。曾國藩有言：「宋大夫責君子嚴，責小人寬。」曾氏之言確有商榷餘地，試問：元祐黨人抗拒君命，肆意掣肘，詆毀新法，爭權奪利。神宗有振興圖強之志，荊公奉旨創制新法，效忠君主，孰是君子？孰是小人乎？故曾氏之言亦爲一己之偏，似嫌其詞含混也。

新法創制千年，造福後世，謬誤何有之？令人不解？清雍正時廣西舉人陸生柟所撰通鑑論，詆詖荊公及新法之不是，清世宗則逐條駁之，所駁之言，殊有見地，令人折服，茲錄於后：

通鑑論：

論荊公云：賢才盡屏，諸謀盡廢，而已不以爲非，人主亦不知人之非，則並聖賢之作用氣象而不知。

又論云：篤恭而天下平之言，彼固未之見，知天知人之言，彼亦未聞之也。人無聖學，能文章，不安平庸，鮮不爲安石者。

世宗駁之日：安石之誤國，在於不引其君於當道，非謂知天知人。惟有端居深拱，靜默無爲。篤恭於無聲無臭之表，而遂可使天下平也。故夫篤恭而天下平者，正由敬信勤威之道，而極言其效如此，非百務盡隳，上下睽絕，而後可爲治也。其文詞議論，險怪背謬，無理之甚。（東華錄雍正篇卷五）

世宗爲清初暴君，亦可言爲霸主，清初國勢日強，其功確不可沒。其所駁之論，義正辭嚴，痛快淋漓。詈其文詞議論，險怪背謬，無理之極。身爲霸主，暴君自有其獨特之處，當不可諱言。處置年羹堯之法，神宗理當效之，惜乎世宗晚於神宗八百年之久，未可使神宗師法也。世宗又論，爲政之道在於「敬信勤威」四字。然荊公處事不爲不勤，何不篤恭之矣。神宗生性寬厚，朝中爲前朝老臣把持，後宮受母后箝制，爲之奈何！朝綱廢弛，老臣各秉己見，恣意詆毀。荊公因掣肘衆，新法不展，而退居金陵。苟若商鞅之於秦孝公，立威樹信，雖失之太嚴，然秦自此強盛雄併天下也。

是故世宗之論，實爲治國之大道也。端居深拱，靜默無爲，非爲人臣相國之道，應導神宗於當道，威嚴以治新法也。更無百務盡隳，上下睽絕，而後可爲，主政誠非如此是耶，荊公應力排艱困而爲之。

豈可退居江寧一走了之，顧荊公何嘗未有如此歎憾哉！

苟若依呂氏雜記所載荊公詠商鞅之詩，宋代羅大經所撰鶴林玉露之感歎，似有難言之苦也。亦足以證之。而司馬光亦信商鞅之威，宋費袞之梁谿漫志特記之。茲錄於后：

呂氏雜記：（荊公詠商鞅詩）「……自古驅民在信誠，一言爲重百金輕。國人未可非商鞅，商鞅能令必能行。……」（卷下）

鶴林玉露：王荊公論末世風俗云：賢者不得行禮，不肖者得行無禮。賤者不得行禮，貴者得行無禮，其論精矣。嗟夫！荊公生於本朝極盛之時，猶有此歎，況愈降愈下矣！（卷九）

梁谿漫志：溫公論魏惠王，有一商鞅而不能用，使還爲國害，喪地七百里，竄身大梁。予竊謂商鞅刻薄之術，始能帝秦，卒能亡秦，使用之於魏，其術猶是也。孟子不遠千里而來，惠王猶不能聽其言，其妄庸可知也。溫公不責惠王，以不聽孟子仁義之言，而乃責其不用商鞅功利之說，何耶！……（卷五）

神宗於荊公退居江寧後，仍力行新法不輟，此乃可疑之點，值得博者考證。荊公退江寧疑非爲求明哲保身，苟若明哲保身，則清世宗之論，可謂剴切矣。荊公歸至江寧後神宗加封爵位犒賞黃金等等，箇中原委實不無探討之必要。（母后操權誤國，詳於第九章。）

神宗寬厚鄉愿可舉二事爲例：蘇軾所撰「司馬光行狀」云：「拜公（司馬光）樞密副使，公上章力詞至六七，曰：上誠罷制置條例司，追還提要官，不行青苗助役等法，雖不用臣，臣受賜多矣，不然終不敢受命。上遣人謂公樞密兵事也，官各有職，不當以他事爲詞。公言：臣未受命，則猶侍從也。……上猶欲用公，公不可，以端明殿學士，出知永興軍矣。」（行狀詳於第十二章）此例一也。其次依「烏臺詩案」言之：新法施行後，蘇軾以詩賦攻訐新法。元豐二年七月監察御史裡行何大正、舒亶，御史中丞李定，國子博士李宜之參劾。蘇軾刊印四冊譏諷朝廷，乞請御史臺根勘，御史臺鞫訊屬實，擬治其罪，神宗受慈聖曹后之命竟赦免之。復詔爲黃州團練副使。此例二也。詔命無威而不信，無信而不立，爲之奈何！

蘇軾至黃州後，築室於東坡，遂號東坡。其行事風格依然故我，東坡二字，是否向御史臺示威？抑或向神宗譏諷之？更或對荊公以及新法嘲笑耳？皆有可能也。自此之後蘇軾遂以東坡二字以行天下，嗣後元祐黨人以歌頌東坡爲樂！爲榮！

烏臺詩案起於元豐二年七月，荊公於熙寧九年十月二度辭相返回金陵，從此不問政事，而元祐黨人竟將烏臺詩案怪罪於荊公，竟言御史中丞李定等，受荊公之慫恿而參劾之，誠無恥之尤也。

熙寧日錄爲熙寧元年於實施新法之始，神宗與荊公君臣之間，每日對新法研議、商討及施行狀況等，乃由荊公逐日逐項紀錄之，謂之「熙寧日錄」。是故熙寧日錄係新法策定、研發、執行經過之完整記載也。然神宗晏駕之後，元祐黨人編修神宗實錄，爲攻訐新法禍國殃民，拒不採用熙寧日錄，不使新法有所憑藉及供後世之參考，元祐黨人黃庭堅、范祖禹等故意歪曲史實，特採用司馬光家書爲範本而編修之，是故神宗實錄內容極爲偏頗。宋史私評云之綦詳。南宋周煇之清波別志云記載司馬光之家書，多出於賓客或傳聞，不足爲信。而熙寧日錄則爲荊公親筆撰之，不以熙寧實錄爲準，而據司馬光家書撰之。復對神宗實錄竄之再四，如此史實何公正之有！豈可信乎？茲特一併茲摘錄於后：

宋史私評：宋史在諸史之中，最稱蕪穢。四庫全書提要云：「……其大旨以表章道學爲宗。餘事不甚措意，故舛謬不能殫數。」檀氏萃曰：「宋史繁猥既甚，而是非亦未能盡出於大公，蓋自洛蜀黨分，迄南渡而不息。其門戶之見，錮及人心者深，故比同者，多爲掩飾之言；而離者，未免指摘之過。」此可謂深中其病矣。

宋史成於元人之手，元人非有所好惡於其間也。徒以無識不能別擇史料之眞僞耳。故欲辨宋史，當先辨其所據之資料也。考宋時修神宗實錄，聚訟最紛，幾興大獄。元祐初，范祖禹、黃庭堅、陸佃等同修之，佃數度與祖禹、庭堅爭辯，庭堅曰：如公言蓋佞史也。佃曰：如君言豈非謗書乎？（按：此節出於宋史卷三四三　陸佃傳）佃雖學於荊公，然不附新法，今其言如此，則最初本之神宗實錄，誣罔之辭已多，可以見矣。是爲第一次之實錄。（按：佃修神宗實錄所憑荊公之熙寧日錄，黃、范據藉司馬光家書。）紹聖改元，三省同進臺諫前後章疏，言實錄院前後所修先帝實錄，類多附會姦言，詆熙豐以來政事。及國史院取范祖禹、趙彥若、黃庭堅所供文狀，各稱別無按據得之傳聞事。上曰：文字以盡見，史臣敢如此誕慢不恭。章惇曰：不惟多稱得於傳聞，雖有臣僚家取到文字，亦不可信，但其言以傳聞修史，欺誕敢如此。安燾曰：自古史官未有如此者，亦朝廷不幸也。此雖出於反對元祐者之口，其言亦不無可信。前此蔣之奇劾歐陽修以帷薄事，修屢抗疏乞根究，及廷旨詰問之奇，亦僅以傳聞了之。可知宋時臺館習氣，固如是也。於是有詔命蔡卞等重修實錄，卞取荊公所著熙寧日錄以進，將元祐本塗改甚多，以朱筆抹之，號稱「朱墨本」。是爲第二次實錄。而元祐諸人，又攻之不已。……南渡後，紹興四年，范沖擅自再修成以進（按：實係詔之），是爲第三次之實錄，宋史所據即此本也。

自紹聖至紹興，元祐黨人竄逐顛播者，凡三十餘年。深怨積憤，而范沖又爲祖禹之子，繼其父業，變本加厲，以恣報復。而公自著之日錄，與紹聖間朱墨本之實錄，悉數毀滅，無可考見。宋史據一面之詞，以成信讞，而沉冤遂永世莫白矣！凡史中醜詆荊公之語，以他書證之，其誣衊之跡，確然可者，十之六七。……（轉錄梁任公之王安石評傳第一章。）

按：宋史私評爲明末清初碩儒顏元所評，依清代李塨所編顏氏年譜刊載，顏氏於六十二歲（清康熙三十五年）高齡所撰，全文共分兩節；一爲荊公，一爲岳飛。茲將荊公部份錄於后：

宋史私評（顏氏評言）：十二月著宋史評爲王安石、韓侂胄辯也。其辯安石略曰：荊公晝夜誦讀，著書、作文、立法以經義取士，亦宋室一書生耳。然較之當時，則無其倫比，廉孝高尚，浩然有古人正己以正天下之想。及既出也，慨然欲堯舜三代所行，法如農田、保甲、保馬、雇役、方田、水利、更戍。置弓箭手于兩河，皆屬良法，後多踵行。即當時至元祐間，范純仁、李清臣、彭汝勵等亦訟其法不可盡變，惟青苗、均輸、市易行之不善，易滋弊竇，然人亦曾考當時之時勢乎。太宗北征中流矢二歲瘡發而卒，神宗之惓焉流涕。夏本宋臣，叛而稱帝，皆臣子所不可與共戴天者也。宋歲輸遼、夏銀一百二十五萬五千兩，其他慶弔、聘問、賂遺、近幸又倍，是宋何以爲國，買以金錢求其容我爲君，宋何以爲名，又臣子所不可一日安者也。而宋舉兵則兵不足，欲足兵餉又不足，荊公爲此得已哉！辟之仇讎戕吾父兄，吾急與之訟，遂至數責家貲而豈得已哉！宋人苟安日久，聞北風而戰慄，于是牆堵而進與荊公爲難，大哄極垢，指之曰奸曰邪，并無一人與之商榷，曰：某法可某法不可，或更爲大計焉。惟務使其一事不行，立見馳除而已，而獨責公以執拗可乎？且公之施爲亦彰彰有效矣。用薛向、張商英辦國用，用王韶、熊本等治兵，西滅吐蕃、南平洞蠻，奪夏人五十二砦，高麗來朝，宋幾振矣！而韓琦、富弼等必欲沮壞之，毋乃荊公當念君父之讎而韓、富、司馬光等皆當恝置也乎？矧琦之劾荊公也，其言更可怪笑。曰：致敵疑者近有七：一招高麗朝貢，一取吐蕃之地建熙河，一植榆柳樹于西山制其蕃騎，一創團保甲，一築河北城池，一置都作院頒弓矢新式大戰車，一置河北三十七將皆宜罷之，以釋其疑。嗟呼！敵惡吾備則去其備，敵惡吾首將去首乎？此韓節夫所以不保其元也，噫！腐儒之見，亦可畏哉！且此七事，皆荊公大計，而史半削之。幸琦誤以罪狀遂傳耳。則其他削者，何限范祖禹、黃庭堅修神宗實錄務詆荊公，陸佃曰：此謗書矣。既而蔡卞重行刊定。元祐黨起又行盡改，然則宋史尚有可信耶！其指荊公者是耶非耶？雖然一人是非何足辨，所恨誣此一人而遂普忘君父之讎也。而後天下後世遂群以苟安頹靡爲君子，而建功立業欲措拄者爲小人也。豈獨荊公之不幸，宋之不幸也。

清波別志：翰林學士承旨曾布言：比奉詔旨，重行修定神宗皇帝實錄。臣竊觀實錄所載事跡，於去取之際，誠有所偏，如時政，記皆時執政所共編修，往往不以爲信。至司馬光記事及雜錄，多得賓客或道路傳聞，悉以爲實，鮮不收載。聞王安石秉政日，凡所奏對論議，皆安石手自書，寫一時君臣咨諏反復之語。請降旨下本家取索投進，付本院參合照對編修。庶一代信史，竄易數四，猶不失事實之語，其然乎？（卷二）

司馬光於洛時，范祖禹從其編纂資治通鑑。元祐時，司馬光薦爲秘書省正字，頗受宣仁高后之寵信。哲宗即位後，年稚屢被其脅制，甚有廢立哲宗之議，是故哲宗慝懟已深。紹聖後，或言范祖禹修神宗實錄詆誣先帝事，而貶武興軍節度副使昭州別駕，安置永州。又徙賀州，再徙嶺南而卒於賓化。（范祖禹薦官及被貶等見宋史卷三三七）其與劉安世二人箝制哲宗屢屢，外貶之舉乃咎由自取耳！茲依續通鑑所記，特錄於后：

續通鑑：帝（哲宗）嘗語章惇曰：「元祐初，太皇太后（宣仁高后）遣宮嬪在朕左右者凡二十人，皆年長。一日覺十人者非素使令。頃之，十人至，十人還，復易十人去。其去而還者皆色慘沮，若嘗涕泣者，朕甚駭，不敢問。後乃知因劉安世等上疏，太皇太后詰之也。」惇與蔡卞方謀誣元祐大臣嘗有廢立議，聞帝語，遂指劉安世、范禹言禁中覓乳母事爲根，二人重得罪。庚申，責授祖禹昭州別駕，賀州安置；安世新州別駕，英州安置。（卷八十四）

范沖因其父戍死嶺南，怨恨新法，因禍起於章惇、蔡卞。況其父所修神宗實錄，亦係蔡卞所改爲朱墨本，是故奉詔重修神宗實錄，竭力誹謗荊公及攻訐新法。更不惜將歷史寶典——熙寧日錄以及神宗實錄朱墨本，付之一炬，史實無以爲據，以致新法實施及罷革責任，無從考證亦無從辯白矣。任由元祐黨人片面之詞，指姦爲姦，指盜爲盜。居心不爲不狠毒！其目的爲恐新法實施經過，元祐黨人居中掣肘詆諆事項，記載於日錄之中，留於後世，爲掩飾罪惡避免歷史譴責故特湮滅之。因此焚燬日錄亦即銷滅罪證，又可逍遙於歷史制裁之外矣。對高宗而言，正合朕意，可謂一舉數得也。復導致南宋文丑討好朝廷，對新法致力扭曲污衊，對荊公更恣意誹謗，釀成歷史最大冤獄也。元祐黨人如何破壞新法，時至千年無人知之矣。明清兩代人士僅見片面之詞，信以爲眞，盡效吠聲吠影之犬。誠如梁任公評傳所言：「熙寧日錄被焚，後世惟見一面之詞，於是千古乃長夜矣！哀哉！」當時野史、雜說紛紛面世，相繼攻訐，影響後世極鉅。更以邵伯溫之聞見錄無不捏造事實而攻訐之。如南宋王明清之玉照清志則稱元祐爲是，新法爲非。茲錄於后：

玉照清志：元祐初修神宗實錄，秉筆者，極天下之文人，如黃、秦、晁、張是也。故文詞釆粲然，高出前代。紹興初，鄧聖求、蔡元長上章，指以爲謗史，乞行重修。蓋舊文多取司馬文正公涑水記聞，……（非關實錄略之）於是神宗實錄，皆以朱筆抹之，且究問前日史臣悉行遷斥，盡取王荊公日錄無遺，以刪修焉，號朱墨本。陳瑩中上書，曾文肅謂尊私史而壓宗廟者也。其所從來亦有本焉。覽之者，孰究而考之，當知此言不誣。（卷一）

史書惟求眞實，豈論是非，實錄眞實可貴，故予棄置，而以司馬光方捏造家書爲據，哀哉！涑水記聞自卷十四至十六均爲記載熙寧年代之事項，猶以卷十六全卷皆爲詆詖荊公之文字。司馬光爲一代碩儒，苟爲其親筆撰之，若如此，行徑有欠光明磊落，況爲多年同儕好友矣。然依司馬光與荊公三書而言，文詞咄咄逼人，亦非碩儒之所爲也。茲摘錄卷十六中四節於下：

涑水記聞：向來執政弄權者，雖潛因喜怒作威福，猶不敢亂資序，廢赦令。王介甫引用新進資淺者，多以官司爲己盡力，則因而擢進，或小有忤意，則奪其官而斥。或無功，或無過，則暗計資考其常格，然後遷官。呂吉甫（惠卿）弟升卿新及第爲眞定府觀察官。……

介甫用事，坐違忤，斥逐者，屢經赦令不復舊職。如李大臨、蘇頌、封還、李定詞頭奪職外補，雖經三赦，大臨纔侍制，頌不得秘書監。……

介甫請京師行陝西所鑄折二錢。既而宗室及諸軍不樂，有怨言。上聞之，以問介甫欲罷之。介甫怒曰：朝廷每舉一事，定爲浮言所移，如此何事可爲。……

熙寧六年十一月，吏有不附新法，介甫欲深罪之，上不可，介甫故爭之曰：不然法不行。……

按：第一節係影射蘇轍：蘇轍新及第，荊公初設置條例司，首擢轍爲檢詳文字。荊公之特拔小臣自轍始，轍受其兄軾之影響，而不附新法，自請外放，出爲河南推官。（宋史卷三三九。）上僅錄四節，其記載除對新法有疵議外，並對荊公有所詆詖之。影射荊公爲殘暴桀傲，不知深仁厚澤，體恤庶民；不識朝廷禮儀，忤逆君王。其用心足令後人歎息之！

涑水記聞一書，經四庫全書提要考證云：「司馬光熙寧在朝所記，凡朝廷政事，臣僚遷除及前後奏對，上所宣諭之語，以及聞見雜事皆記之。起於熙寧元年正月至三年十月出知永興而至。此卷雖皆熙寧之事，然無奏對宣諭之語，且記至熙寧十年，與止於三年不符。」四庫全書提要所言尚有商榷，卷五所刊章獻劉后原爲宮美之妻，並非起自熙寧（長編爲龔美，宋史外戚傳爲劉美）。四庫全書提要對記聞卷十六列有疑問及瑕疵矣？熙寧三年以後之記事各項，非出司馬光之手筆，他人贋作。然於紹興年間，秦檜焚私史之時，司馬光曾孫司馬伋則言：涑水記聞非其曾祖光所撰（宋史秦檜傳，卷四七三）此假定又爲朱熹否定，而朱子語類記載之（錄於下）。然記聞中他卷亦雜有詆詖荊公之記載。茲將朱子語類附錄於后：

朱子語類：涑水記聞，呂家子弟力辨，以爲非溫公書（蓋其中有記呂文靖公數事，如殺郭后）某嘗見范太史公之孫某說，親收得溫公手寫稿本，安得非溫公書。某編五朝言行錄，呂伯恭兄弟亦來辨，爲子孫者，只得分雪。然必欲天下之人從己，則不能也。（卷一百三十）

按：呂文靖公爲呂夷簡也。

東軒筆錄爲宋魏泰撰，魏氏爲曾布之妻弟，故對曾布、章惇等未有訾詬之語也。據四庫全書提要考證云：「桐江詩話載其試院中，因上請忿爭，毆主文幾死，坐是不得取。……王銍跋范仲淹墓誌，稱其場屋不得志，喜僞作他人著書；如志怪集、括異志、倦遊錄盡假名武人張師正之名。又不能自抑作東軒筆錄，用私喜怒誣衊前人。最後作碧雲騢，假作梅堯臣毀及范仲淹、晁公武。讀書志稱其元祐中，記少時所聞成此書，是非多不可信。心喜章惇數稱其長，則大概已可見。又摘王曾登科甲，劉輦爲翰林學士相戲事，歲月差舛相去幾十年。魏泰所書宋人爲不詆譭之，而流傳至今，自報其恩怨也。」四庫全書提要業已批明，其可信度不言而喻矣。茲特錄兩節以供參考之：

東軒筆錄：王荊公安石當國，以徭役害民。而游手無所事，故率農人，出錢募游手，給役則農役，異業兩不相妨，行之數年。（卷四）

王荊公再爲相，承黨人之後，平日肘腋盡去，而在者已不可信，可信者，又才不足以任事。平日惟與其子雱機謀。而雱又死，知道之難行也。於是慨然復求罷去，遂以使相再鎭金陵。（卷五）

荊公學術修養後世難可比肩，政治建樹足可媲美管仲、商鞅，惜當時滿朝老臣，畏慄北虜，忍於苟安，韓琦、富弼如此，司馬光、文彥博何嘗不如此耳？狃於成見，竭力抵制新法，特意扭曲史實，其意雖已得逞，其心實可誅矣。熙寧日錄被焚，任由元祐黨人片面之詞，而無可對證矣。然宋代周煇之清波別志及岳珂之桯史（岳武穆之孫，岳霖之子。）對熙寧日錄被焚事，則有公正評語。錄於下：

清波別志：翰林學士曾布言：此奉詔重行修定神宗皇帝實錄，臣竊覩實錄所載事蹟，於去取之際，誠有所偏。如時政記，記當時執政所共編修，往往不以爲信。至司馬光記事及雜錄，多得賓客或道路傳聞間，悉以爲實，鮮不收載。聞王安石秉政日，凡所奏對議論，日有紀錄，皆安石手自書。寫一時君臣咨諏。反復之語，請降旨下本，家取索投，進付本參合對照編修。庶一代信史，竄易數四，猶不失事實之語，其然乎？（卷三）

程史：王荆公相熙寧，神祖虛心以聽荆公。自以遭遇不世之主，盡展底蘊，欲成致君之業。顧謂君臣不堯舜，世不出三代不止也。然非常之云，諸老力爭紛紜之議，殆遍天下文之不能堪。又幸其事之集始，盡廢老成，務汲引新進，大更弊法，而時事斬然一新。至於元豐，上已漸悔，罷政至鍾山，不復再召十年。其後元祐群賢迭起，不推原遺弓之本意，急於民瘼，無復周防，激成黨錮之禍，可爲太息。……（卷十一）

程史：日錄一書，本熙寧間荆公奏對之辭，私所錄記。紹聖以後，稍尊其說。……（本節後論哲宗於宣仁皇太后薨後，改元紹聖，再施新法。原文冗長，略之。　卷十一）

熙寧日錄，新法施行之時，神宗與荆公君臣之間，所爲奏對、咨議、詔制、實施。均由荆公親筆記之。日錄一焚，眞相盡失。新法實施經過後人則無法知悉其原貌也。程史雖敘述綦詳，其云：於元祐群賢迭起，不推原遺弓之本意，後造成黨錮之禍。等語。此亦僅言及新法罷革而已，對新法施行經過之良窳，亦無法敘述之，後世之人又何能知悉矣！清波別志云：神宗實錄復經蔡卞重編修前，已被竄之再四，豈有不失其原史之理乎？清波雜志（別志爲雜志續集）經四庫全書提要考證云：「……方回桐江續集力詆其尊王安石之非，考書中稱煇之曾祖與安石爲中表，蓋親串之間不無回護。猶之王明清揮麈諸錄，曲爲曾布解耳，知其私意所在，則可以此盡廢其書。……」苟如方回之言，疑問頗多。按周煇自稱爲淮海人，於高宗紹興時寓居錢塘。四庫全書云：其爲北宋周邦彥之子。依兩浙名賢錄言，其祖曾居錢塘後洋街等語。而周邦彥亦爲錢塘人氏，於元豐時官爲大樂正，與荆公有親串之情，於籍貫，於年歲均難符合之。再言方回：理宗景定進士，初媚賈似道，似道敗，又先劾之。及守嚴州，元兵至率城迎降之。其言親串之語，不識其依據何來，可信乎孰不可信乎？況四庫全書亦云：「又爲門戶之見也」。

元豐八年三月神宗駕崩，哲宗即位，宣仁高后尊爲太皇太后，垂箔聽政。司馬光入朝爲相，悉罷新法。呂公著爲尙書左丞，上疏高后言新法僅宜逐次改革，不宜驟然廢除，續資治通鑑將原疏刊之，宋代洪邁之容齋四筆亦有論述。至於免役之法，驟然罷革，頗爲荒唐，司馬光尙不知也。宋代沈作哲之寓簡，亦復記之。茲一并錄於后：

續通鑑：自王安石秉政，變易舊法，群臣有論非其便者，指以爲沮壞法度，必加廢斥。是以青苗、免役之法行而取民之財盡；保甲、保馬之法行而用民之力竭；市易、茶鹽之法行而奪民之利悉，若此類甚眾。更張須有術，不在倉卒。且如青苗之法，但罷逐年比校，則官司既不邀功，百姓自免抑勒之患。免役之法，當少取寬剩之數，度其差雇所餘，無令下戶虛有輸納。保甲之法，止令就冬月教習，仍委本路監司提按，既不至妨農害民，則眾庶稍得安樂。至於保馬之法，先朝已知有司奉行之繆；市易之法，先帝尤覺其有害而無利；及福建、江南等路配賣茶鹽過多，彼方之民殆不聊生，恐當一切罷去，而南方鹽法，三路保甲，尤宜先革者也。陛下必欲庶政，使不驚物聽而實利於民。（卷四十八）

容齋四筆：元祐初，司馬溫公當國，盡改王荊公所行政事，士大夫言利害者以千百數，聞朝廷更化，莫不歡然相賀。惟畢仲游一書，究盡本末。其略云：「昔安石以興作之說動先帝，而患財之不足也。故凡政之可以得民財者而不用。蓋散青苗、置市易、斂役錢、變鹽法者，事也；而欲興作患不足者，情也。苟未能杜其興作之情，而徒欲禁其散斂變置之事，是百說而百不行。今遂欲廢青苗、罷市易、蠲役錢、去鹽法，凡號爲財利而傷民者，一掃而更之，則向來用事於新法者，必不喜矣。不喜之人，必不但曰青苗不可廢，市易不可罷，役錢不可蠲，鹽法不可去，必探不足之情，言不足之事，以動上意，雖致石人而使聽之，猶將動也。如是則廢者可復散，罷者可復置，蠲者可復斂，去者可復存矣。則不足之情可不預治哉！爲今之策，當大舉天下之計，深明出入之數，以諸路所積之粟，一歸地官，使經費可支二十年之用。數年之間，又將十倍於今日，使天子曉然知天下之餘於財也。則不足之論不得陳於前，然後所謂新法者，始可永罷而不復行矣。（卷一）

按：續通鑑所言，僅爲罷革新法之緩衝作法，對新法眞諦，亦茫然不知矣！亦可言附和司馬光耳！

寓簡：司馬溫公主差役之法，雖其門下士，如范忠宣（純仁）亦未以爲便也。東坡議如忠宣，溫公不聽，至與東坡幾不相樂，意在必行，限至五日。時姦臣蔡京知開封府迎合溫公意，用五日限，盡改畿縣雇役爲差役。至政事堂白溫公，公喜曰：使人人如侍制，何患法之不行。嗚呼！用小人而欲法之必行，如商君者，王介甫之術也。而溫公以道德居相位，亦效尤何哉？東坡以剌義勇事，謂不容某一言，責之當矣！（卷五）

續通鑑：司馬光奏復差役法，既得旨，知開封府蔡京既用五日限，令兩縣差一千餘人充役，亟詣東府白光，光喜曰：「使人人如侍制，何患法之不行乎！」議者謂京但希望風旨，苟欲媚光，非其實也。

又：蘇軾言於司馬光曰：「差役、免役各有利害。免役之害，聚斂於上而下有錢荒之患；差役之害，民常在官，不得專心於農，而吏胥緣以爲姦。」光曰：「於君如何？」軾曰：「法相因則事易成，事有漸則民不驚。三代之法，兵農爲一，至秦始分爲二，及唐中葉，盡變府兵爲長征卒。自是以來，民不知兵，兵不知農；農出穀帛以養兵，兵出性命以衛農，天下便之，雖聖人復起，不能易也。今免役之法實類此，公欲驟罷免役而行差役，正如罷長征而復民兵，蓋未易也。」光不以爲然。

又：初，差役法行於祖宗之世，法久多弊，編戶充役，不習官府，吏虐使之，多致破產，而狹鄉之民或有不得休息者。免役使民以戶高下出錢，而無執役之苦；但行法者不循上意，於雇役實費之外，取錢過多，民遂以病。光爲相，知免役之害而不知其利，欲一切以差役代之。軾獨以實告，而光不悅。軾又陳於政事堂，光色忿然。（以上三節均錄於卷七十九）

至於司馬光於元祐時即罷募役法，而復行差役法亦未必盡然。宋趙彥衛之雲麓漫抄則言，對富戶豪門則可免役，以役錢代之。茲錄於后：

雲麓漫抄：……熙寧四年行募役法令，民出免役錢，元祐初罷募法，改招戶稅役充鄉戶，衙前

別立法優之。如公庫等上京綱運之類，並別差使臣將校，其「高強户」許出役錢，免得重難分類。紹聖初復熙寧法。……（卷十二）

司馬光悉罷新法，旨予報復，罷免役而行差役乃爲意氣耳！（前章已略述）非於法之良莠，人之善惡，故乃一意孤行，幸其爲相僅一年而已，否則元祐之政，誓必頹敗不堪矣！范純仁亦言：差役一事，尤當熟講而緩行。亦不爲光所接納之。而蘇氏昆仲先竭力反對免役法，認差役一事，乃爲鄉民所應爲之矣。如此反覆正爲其秉性也。朱熹五朝名臣言行錄，王安石傳。則亦論之，茲錄於后：

言行錄：荊公在金陵聞朝廷變其法，夷然不以爲意，及聞罷役法，愕然失聲曰：亦罷至此乎！良久曰：此法終不可罷。安石與先帝議之兩年乃行，無不曲盡後果如其言。（後集卷六）

續通鑑：紹聖三年四月丙戌，三省同奏事。曾布曰：「司馬光之內懷怨望，每事志在必背負先帝，情最可誅。」李清臣、許將曰：「文彥博教光云：須盡易人，乃可舉事。」布曰：「臣元豐末在朝廷，見光進用，自六月秉政至歲終，一無所爲。及陰引蘇軾、蘇轍、朱光庭，王巖叟輩，布滿要路，至元祐元年二月，乃奏罷役法盡逐舊人，然後於先朝政事無所不改。以此知大臣引黨類，置之言路，蔽塞人主耳目，則所爲無不如欲，此最大患也。」（卷八十四）

按：曾布被元祐黨人列爲新黨，然此言非爲不是事實。即依蘇軾所撰「司馬光行狀」，亦未見其有何種政舉也。姑說：司馬光爲司馬相公，宣仁高后爲女中堯舜，其對北宋圖強興盛之舉何在也？反使黨禍熾烈，國力糜蝕，導至靖康之辱也。蓋棺論定，宣仁高后與元祐黨人罪不可逭，徒令後人長歎之矣！

元祐黨人竭力抵制新法，靖康以前，新法執行者計有蔡確、章惇、曾布、蔡京等，姑不言之。而建炎以後，新黨已撲殺殆盡。建炎、紹興年間皆爲元祐黨人霸持政權，如呂頤浩、趙鼎之流，仍舊施行新法不輟，如此何可釋之矣。苟若據李心傳之朝野雜記、繫年要錄所刊，誠不勝枚舉之。尤以茶鹽法爲最夥，茲略摘數樁錄於后：

要錄：建炎二年十二月戊午，執政進呈從官呂頤浩、葉夢得、孫覿，張澂討論常平法事，頤浩等言，此法不宜廢；如免役、坊場亦可行。惟青苗、市易當罷。上曰：青苗斂散永勿施行。……（卷十八）

又：紹興二十六年十月庚午，罷浙東提舉常平司，平準務提舉官趙公稱請也，仍以其錢充糴本。（一百七十五）

又：紹興三年九月丁巳，……呂頤浩再相凡二年，侍御史辛炳劾其不恭不忠，敗壞法度，及頤浩引疾求去。殿中侍御史常同因論其十罪，大略謂頤浩循蔡京、王黼故轍重立茶鹽法，專爲謀利一也。……（卷六十八）

又：紹興七年閏十月乙酉，趙鼎奏比得旨，復置茶馬官，至提舉官凡三等。……（卷一百十六）

又：紹興九年九月庚寅，……熙寧初，王安石修水土之政與筦榷之利，置提舉官以常平司爲名，當時所行新法：如免役、坊場、河渡、青苗、市易、方田、水利，皆俾提領，遂爲民患。議者不察，但云常平法可廢。建炎初，遂盡罷提舉官，時諸路苗役羨錢，各不下數百萬緡，朝廷草創多取諸此。次年呂頤浩等言常平法不可廢，其附益之者，如坊場、免役等行，青苗、市易可罷。有詔委頤浩等詳議已成書矣。（卷一百三十二）

雜記：荆南乃請籍爲義勇，其法取于主户之雙丁，每十户爲甲，五甲爲團，甲團皆有長，又擇邑豪爲總首，以農隙教以武事，而官給其糧。（甲集卷十八）

要錄：建炎三年六月己酉，……自軍興以來，既結保甲，又改巡社；既招弓箭手，又募民兵。追呼急於星火，割剝侵於肌膚，民竭矣。（卷二十四）

要錄：紹興三十二年四月己卯，右朝散郎劉蘧，提舉荆湖北路常平茶鹽公事。（卷一百九十九）

茲依朝野雜記暨繫年要錄所刊，建炎、紹興以來，元祐黨人呂頤浩、趙鼎等秉政之時，無地著力，不得不求諸新法。如是果是禍國殃民耳？司馬光對神宗言，罷新法追回提舉官，不陞其官可也。而趙鼎請復提舉官，此又何言之矣！司馬光於元祐時秉政，率先廢常平法，而呂頤浩、趙鼎言常平法不可廢，不獨常平法不可廢，免役等法亦不可廢之，此又何言之矣！司馬光廢免役法之初，范純仁、蘇軾等竭力反對之，而司馬光一意孤行，此又何言之矣。嗚呼！司馬光禍國抑是荆公禍國？哀哉！

四、荊公著作

荊公編著依記載有四，一、「唐百家詩選」，二、「臨川全集」，三、「周官新義」，四、「字說」。至於字說一書，現已不存於世，業被高宗禁絕，復被元祐黨人悉數焚燬之矣。（荊公著作四項，拙作洗冤錄業經詳述之，本章不與雷同，猶以臨川全集與周官新義二節，皆爲刪略，敬請參閱洗冤錄。）

【唐百家詩選】

荊公編輯「唐百家詩選」主旨，僅爲蒐集彙編，唐代歷朝非名家吟詠作品，罕見精華而留予後世，不致爲時間所湮沒而已矣。復因清代全唐詩面世而已失去藏書之價值，書坊已不復見，幾成絕版，現僅存於四庫全書集部之中矣。是故唐百家詩選之編纂，何有良窳可言，又何有可疵議之處耶？然元祐黨人，仍揑造文字刻意詆詖之。南宋邵博復又於「聞見後錄」中誹謗之，周煇之清波雜志亦復刊之，相互抄襲，不避雷同。茲錄於下：

聞見後錄：晁以道（說之）言：王荊公與宋次道（敏求）同爲群牧判官。次道家多藏唐人詩集，荊公盡即其本擇善者，籤帖其上，令吏鈔之。吏厭書字多，輒移荊公長詩籤。置所不取小詩上，荊公忽略不復更視，唐人眾詩集，以經荊公去取皆廢。今世謂唐人百家詩選曰：荊公定者，乃群牧司吏人定也。（卷十九）

清波雜志：王荊公與宋次道同為三司判官時，次道出其家藏唐詩百餘篇，託荊公選其佳者。荊公乃簽出俾吏抄錄。吏每遇長篇字多，倦于筆力，隨手刪去，荊公醇德不疑其欺也。今世所傳本，乃群牧吏所刪者。……（卷八）

唐百家詩選，總計二十卷。選有唐玄宗二首、德宗一首，次為薛稷、韓渥等一百七十家，共一千二百六十二首，序次依作者年代排列，其取捨標準與一般詩集顯有不同，唐代各名家皆未選錄也。荊公彙編詩選時，所言假吏人之手謄寫等，非無不可，此乃古今官場中之陋習也。若依荊公個性而不校讎，則為笑談，難於置信之。苟依宋代洪邁之容齋續筆，例舉荊公所作絕句之推敲審慎，足可否定之。茲錄於后：

京口瓜州一水間，鍾山祇隔數重山。
春風又綠江南岸，明月何時照我還。

吳中士人家藏其草，初云：春風又到江南岸。圈去「到」字，注曰：不好，改為「過」。復圈去，而改為「入」字，旋己「滿」字。凡如十字，始定為「綠」字。（卷八，詩詞改字）

荊公僅為一首七絕，而如此推敲，其編纂唐百家詩選，而不校讎，任由「群牧司吏人定之」，草率編纂詩集，何人可能信之耶！按：四庫全書提要對百家詩選考證綦詳，並錄有荊公原序及南宋孝宗乾道年倪仲傳（傳）之序等，茲摘錄於下：

四庫全書提要：唐百家詩選二十卷。舊本題宋王安石編，其去取絕不可解。自宋以來，疑之者不一，曲爲解者，亦不一然，大抵指爲安石。惟晁公武讀書志云：「唐百家詩選二十卷，皇朝宋敏求次道編。次道爲三司判官，嘗取其家所藏唐人一百八家詩選，擇其佳者，凡一千二百四十六首爲一編。王介甫觀之，因再有所去取，且題云：『欲觀唐詩者，觀此足矣。』世遂以爲介甫所纂，其說與諸家特異。」按讀書志作於南宋之初，去安石未遠，又晁氏自元祐以來，舊家文獻緒論，相承其言，必當自有。邵博聞見後錄引晁說之之言；謂王荊公與宋次道同爲群牧司判官，次道家多唐人詩集，荊公盡即其本，擇善者籤帖其上，令吏抄之。吏厭書字多輒移所取長詩籤，置所不取小詩上，荊公性忽略，不復更視。今世所謂唐百家詩選曰：荊公定者，乃群牧司吏人定也。其說與公武，又異然說之，果有此說，不應公武反不知。……」

自序：荊公唐百家詩選原序：余與宋次道同爲三司判官時，次道出其家藏唐詩百餘編，諉余擇其精者。次道因名曰：百家詩選。廢日力於此，良可悔也。雖然欲知唐詩者，觀此足矣。

倪序：音有妙而難賞，曲有高而寡和，古今通然而惑乎，唐百家詩選之淪沒於世也。予自弱冠肄業於香山先生門，嘗得是詩於先生家藏之秘，竊愛其拔唐詩之尤，清古典麗，正而不冶，凡有詩鳴於唐驚人語者，悉羅於選中。心惟口誦，幾欲裂去夏課而學焉。先生知之，一日索而鑰諸罚，越至於今，不復過目者有年矣。頃有親戚游宦南昌，因得之於臨川以歸，首以出示，發卷數過，不啻遺珠之喜，惜其道遠難致，且字畫滅滅，近世士大夫嗜此詩者，往往不能無恨。故鏤板以新，其傳庶幾。丞相荊國公銓擇之，意有所授於後人也。雅德君子儻於三冬，餘暇玩索。唐世作者，用心則發，而爲篇章。殆見游刃餘地，運斤成風矣。乾道乙丑四月望日倪仲傳序。（序中香山先生不詳。）

邵博及周煇二位所言：長詩、小詩等。與百家詩選所錄之詩，絕不相符。所錄各首百字以上者，爲數極多，然律詩、絕句爲數反少，至於五絕更少之又少。如卷二、卷三錄刊高適作品共七十二首：二百字以上爲七首，一百字以上爲三十四首，一百字以下爲十七首，七律僅十四首。卷十二：楊巨源共四十六首：上劉侍中一首爲三百餘字，而七律僅一首。卷十四：李涉共三十七首：寄河陽從事楊潛及寄唐知言等兩首，均在三百字以上，餘皆爲百字左右。卷十五：盧仝共十四首，其中「月蝕詩」一首，竟長達一千七百餘字。而在百字以上者，佔全書十有七八。爲證邵博等所言荒謬不實，特將五絕予以計覈之，僅爲二十首而已，（卷一、七、九、十、十五、十九等各二首，卷二、十五各一首，卷四、六各三首，）其數微，可言點輟而已。況所錄短詩，超然意境，並且妙趣橫生，試錄一首以證之：

出山忘掩山門路，釣竿插在枯桑樹。當時只有鳥窺窬，更亦無人得知處。家僮若失釣魚竿，定是猿猴把將去。

此首爲盧仝所作（卷十四），如此豈如邵博等所言耳。復錄五絕、七絕及樂府等，數首以證所言之妄言也。

強欲登高去，無人送酒來。遙憐故園菊，應傍戰場開。（未收長安，作者：岑參，卷四）

舊國迷江樹，他鄉近海門。移家南渡久，童稚解方言。（感懷，作者：皇甫冉，卷九）

行多有病住無糧，萬里還鄉未到鄉。蓬鬢哀吟古城下，不堪秋風入金瘡。（言病軍人，作者：盧綸，卷八）

垂老何時見弟兄，背燈悲泣到天明。不知短髮能多少，一滴秋霖白一莖。（秋雨憶家，作者：韓偓，卷廾）

朝牧牛，牧牛下江曲。夜牧牛，牧牛村口谷。荷蓑出林春雨細，蘆管臥吹沙草綠。亂插蓬蒿箭滿腰，不怕猛虎欺黃犢。（牧童歌，樂府，作者李涉，卷十四）

蓋編纂書集，見仁見智，各有主見，猶以編輯前人作品，其取捨標準，自有不同。荊公編纂「唐百家詩選」旨在於擷取唐代罕見珍品，留之後世。非如盛唐李、杜作品俯拾皆是，未予收集，豈可論其非也。清代王士禎於其「香祖筆記」中，對荊公未將唐初名家沈佺期等作品列入，竟起疵議之。王氏自詡詩文造詣殊深，並著有漁洋詩話等，夜郎自大，躊躇滿志，令後人莞爾也。王氏並言之：「宋代嚴羽之滄浪與予前論暗合，若符節益信予所見非謬，然予實不記憶滄浪先生有此論也。」此言非也，實乃鈔襲嚴羽之滄浪詩話，僅略加修改數字而已。王氏自刑部尚書罷革後，復撰「分甘餘話」一冊，再次言及唐百家詩選，而考異則有所評。茲均分錄於后，以供參考：

滄浪詩話：王荊公百家詩選，蓋本于唐人英靈間氣集。其初明皇、德宗、薛稷、劉希夷、韋述之詩，無少增損，次序亦同。孟浩然止，增其數儲光義。後方是荊公自去取前卷，讀之盡佳。非其選擇之精，蓋盛唐人詩無不可觀者。至於大歷以後，其去取深不滿人意。況唐人如沈、宋、王、楊、盧、駱、陳拾遺、張燕公、張曲江、賈至、王維、獨孤及韋應物、孫逖、祖詠、劉愼虛、綦毋潛、劉長卿、李長吉諸公，皆大名家。李、杜、韓、柳四家有其集故不載，而此集無之。荊公當時所選，當據宋次道所有耳，其序乃言：觀唐詩者，觀此足矣，豈不誣哉！今人，但以荊公所選，斂衽而莫敢議，可歎也。（僅一卷於詩證節內。）

香祖筆記：嚴滄浪云：王荊公百家詩選，本於唐人英靈間氣集。其初明皇、德宗、薛稷、劉希夷、韋述之流，無少增損，次序亦同。儲光義而下，方是荊公自去取於大歷以後，其去取深不滿人意。況如沈、宋、王、楊、盧、駱、陳拾遺、張燕公、張曲江、王右丞、賈至、韋應物、孫逖、劉愼虛、綦毋潛、劉長卿，李賀諸公皆大名家，而集皆無之。其序乃言，觀唐詩者，觀此足矣，豈不誣哉。今人，但以荊公所選，斂衽而莫敢議，可歎也。與予前論暗合，若符節益信予所見非謬，然予實不記憶滄浪先生有此論也。（卷六）

分甘餘話：諸說皆言王介甫與宋次道同爲三司判官時，次道出其家藏唐詩百餘編，俾介甫選其佳者，介甫使吏鈔錄。吏倦於書寫，每遇長篇輒削去，今所傳本，乃群牧吏所刪也。余觀新刻百家詩選，又不盡然。如刪長篇，則王建一人入選者凡三卷，樂府長篇悉載，何未刊削。王右丞、韋蘇州十數大家，何以絕句亦不存一字。余謂介甫一生好惡拂人之性，是選亦然，庶幾持平之論耳。（卷二）

考略：或曰：介甫使吏鈔錄，吏倦於書寫，每遇長篇輒削去之。夫以選訂大事，吏敢於削去，而介甫不知，次道亦不之察，世有如是冒昧可欺之次道介甫哉？……介甫一生好惡拂人之性，此選亦然。今余按其書，考其序言，其曰次道出其家藏唐詩百餘編，即此百四家是也。曰委余擇其精者，謂據此百四家中而擇其精者耳，故次道因名曰百家詩選，而不曰全唐詩選也。百家詩何以選，曰唐詩人若沈宋王楊盧駱李杜諸大家，既家有其書，其佳者固不勝選而亦不必選。（卷八）

按：香祖筆記所言及：沈（沈佺期）、宋（宋之問）、王（王勃）、楊（楊炯）、盧（盧照鄰）、駱（駱賓王）、陳拾遺（陳子昂，武后朝任右拾遺）、張燕公（張說，封燕國公）、張曲江（張九齡，曲江人）、王右丞（王維，官至尚書右丞）。（賈至：史籍無資料），以上均為唐代名家。王士禎論言，頗難予苟同，荊公編選主旨，乃欲將罕見珍品留於後世，並非錦上添花也。如唐玄宗、德宗之詩，良劣姑且不論，後世業已少見之。然王士禎未能瞭解荊公風骨，僅知諂諛高官貴爵成名之士，對於沈佺期等名家作品而集中皆收集之，則深表不滿。對唐玄宗、德宗與薛稷等，同列為「一般流俗」，卻對康熙皇帝則高呼「萬歲老佛爺」，復對其所為言論不敢公然面世，而假「嚴滄波」之名，言與之為暗合，竊人之美，飾己之長，文鈔公也。可恥！況嚴羽、王士禎二人所疵議荊公自序云：「觀唐詩者，觀此足矣。」按荊公自序並非如此？其云：「雖然欲知唐詩者，觀此足矣。」嚴王二人，竟將荊公原文未能深切瞭解，荊公所言「雖然」二字竟棄置不言，「知」改爲「觀」，斷章取義，無聊至極也。（百家詩選等序言錄自四庫全書文淵閣繕本。）

【臨川全集】

臨川全集：臨川全集爲一部集著，係荊公生平撰著各類文字彙集編成之。計分有詩（古詩、律詩、絕句等），詞、歌及各類文章等等。詩詞部份以詩爲大宗，詞僅數闋點輟而已，以桂枝香一闋爲（金陵懷古）最佳，然李清照之曲辯未有佳評，言可令人絕倒。歌（樂府）以胡笳十八拍爲最佳，以十八首七言古詩風格組成之，類似古樂府涼州歌風格，歐陽修並有和之也。

全集以文章爲首，猶以彙集生平所撰擬各項公文書牘爲主，共分；奏狀、劄子、內制、外制、表、論議、書、啓、記序、祭文、哀辭、碑銘、墓誌、雜著等，合計一百卷。臨川全集一書學術價值足可以與歐陽修全集媲美，且有凌駕其上，而史實價值足可高於學術價值也。無論奏狀、劄子、內制、外制各項，均以記載自嘉祐年起至熙寧年代，宋代朝廷施政措施，官位陞遷，諸項無不包羅之。如內制冊文；朝享仁宗皇帝之冊文（卷四十五）。詔書；韓琦加恩制（卷四十七）。外制；翰林學士除三司使制（卷四十九）。起居舍人直秘閣同修起注司馬光知制誥制、起居舍人直秘閣同修起居注司馬光改天章閣侍制制（卷四十九）。仁宗年間朝廷諸多重要詔令、誥制，皆出自荊公於知制誥時之手筆。而其文字簡潔歷練非他人可項背也。今人可以習之矣。

散文著述，共有「論議」共十卷，自六十二卷至七十一卷。爲荊公短篇學術著述，議論頗廣，見解頗深。五經、諸子、書啓等學術等均有深論之，未如蘇軾等之散文也。論議總以治國治世爲主，以儒學兼帶法家意味。一言以蔽之，在求北宋振興除弊而圖強也。例如：郊議論所云：「天人之不相異，非知神之所爲，其孰能與此，此禮也。孔子何以獨稱周公，曰：嚴父配天者，以得天爲盛，天自民視聽者也。所謂得天，得民而已矣。自生民以來，能繼父之志；能述父之事，而得四海歡心，以事其父，未盛於周公也。」（卷六十二）又如：議茶法一篇，則論及民生，以利民爲首也。（卷七十）

【周官新義】

周官新義：周官新義爲荊公之眞正有系統學術著作，據蔡條之鐵圍山筆談云：荊公親筆原稿存於當時北宋之府庫，爲傲世鉅著也。周官者，乃六經三禮中之周禮也。新義者，爲荊公依其學術見解而對周禮重行闡釋也。若簡言之：周官即周禮也，亦名周官經。西漢成帝時於魯壁出書，劉歆將周官十六篇整理後，並改名爲周禮。（荀悅著：前漢記卷二十五，成帝卷二；宣帝時爲少府后倉最爲明禮，而沛人戴聖、戴德傳其業，由是有后倉大小戴之學其禮。古經五十六篇，出於魯壁猶未能備，歆以十六篇爲周禮。王莽時歆奏以爲禮經，置博士。）漢志有周官經六篇分爲：天官、地官、春官、夏官、秋官、冬官等。後人疑爲劉歆所僞作，於河間獻王得周官一書後，惟獨闕冬官一篇取考工記補之，乃證實非劉歆所僞作也。宋代葉適之「習學記言」獨又對荊公詆詖矣，哀哉！茲錄於下：

學習記言：周官獨藏於成周，孔子未之言，晚始出秦漢之際，故學者疑信不一，好之甚者，以為周公所自為，此固妄耳。其極盡小大；天與人等，道與事等，教與法等，粗與細等，文與質等。無疏無密，無始無卒。其簡不失，其繁不溢。則雖不必周公所自為，而非周公者亦不能為也。……（自成周至平王東遷洛邑一節與周禮無關。略之）然則孔子豈以有其書，而不能起其治，故不言耶。不然；則所謂「周監於二代，郁郁乎文哉，吾從周。」豈即此書也。嗚呼！劉歆、蘇綽、王安石固此書之腥穢，而鄭玄以下又其糠秕爾。

周禮本名周官，係為周代官制，苟以今之名詞解釋，則為周代朝廷組織法。其為規定官等、編制、職掌等等。在遂實務執行，非所謂道與教也。其詆詖劉歆、蘇綽、荊公等，復又批評鄭玄，又何苦為之哉？

皮錫瑞之三禮通論云：「周官與周時制度多不符，非周公之書可知。孔子所謂吾學周禮，亦非周官之書也。」如是葉氏之論議又如何解釋之。周禮經漢大司農鄭玄作注，唐太學博士賈公彥作疏。然賈氏云：「各官制起自帝堯、帝嚳之制。如堯典云：『伯禹作司空』等語。」惟鄭氏之注，賈氏之疏均似嫌簡略，闡釋未予精闢，後人讀之，難窺堂奧。周官一書除荊公著新義外，尚有清代孫貽讓著有「周禮正義」一部，共計八十六卷，與荊公所論相符也。

周官新議最受疵議者，莫過於泉府。荊公因著泉府，而倍受元祐黨人攻訐青苗法也。因之於欽宗乃至南宋高宗、理宗時，削王爵、罷配享之禍也。然漢書食貨教既有泉府記載，漢時既有泉府之政，規章綦詳，而元祐黨人獨媾禍予荆公矣！茲錄於后：

食貨志第四下：太公爲周立九府圜法（顏師古曰：周官大府、玉府、內府、外府、泉府、天府、職內、職金、職幣皆掌財幣之官，故云九府，圜謂均而通也。）黃金方寸而重一斤，錢圜函方輕重以銖，布帛廣二尺二寸爲幅，長四丈爲匹，故貨寶於金、利於刀、流於泉、布於布、束於帛，太公退之又行之於齊。（卷二十四下）

中共大文豪郭沫若氏於王安石講演又云：「王安石的時代，距現在約一千年，……但他可以說是復興漢學之先驅，他著有書經新義、詩經新義、周官新義等篇。神宗時曾公布此書爲天下必讀之書，前二種已不存在，周官新義在廣東粵雅堂有殘篇輯錄。（歷史人物講稿）

郭氏所云，尙有「書經新義、詩經新義」，李心傳繫年要錄亦曾言及三經新義，然書經、詩經新義二書，爲王雱及呂惠卿所撰，非荆公所著也。（詳第二章）至於周官新義，臺灣商務印書館於民國四十五年四月初版後，亦未再版，此版完整，依原書以考工記補所闕冬官篇，特註之。

【字說】

字說：字說爲荆公創作之著述。字說凡二十卷，自承天地之義理，與易經爲輔車表裡。元祐元年荆公謝世，元祐黨人當政，新法逐一罷革。並假言「字說」一書，穿鑿附會，流於佛老，蠱惑後世，而予禁止閱讀，至南宋紹興時，高宗焚書劈版禁絕之。特將荆公字說自序錄於后：

自序：文者：奇偶剛柔雜比以相承，如天地之文，故謂之文。字者：始於一二而生，生至無窮。

如母之字子，故謂之字。其聲之抑揚開塞合散出入，其形之衡從曲直邪正上下內外左右，皆有義，皆本於自然，非人私智所能爲也。與夫伏義八卦，文王六十四，異用而同制，相待而成易。先王以爲不可忽，而患天下後世失其法。故三歲一同，同之者，一道德也。秦燒詩書殺學士，而於是時始變古而爲隸，蓋天之喪斯文也。不然，則秦何力之能爲。余讀許愼説文，而於書之意時有所悟。因序錄其説二十卷以與門人，所推經義附之。惜乎！先王之文缺已久，愼所記不具，又多舛，而以余之淺陋考之，且有所不合。雖然，庸詎非天之將興斯文也，而以余贊其始，故其教學必自此始，能知此者，則於道德之意已十九矣。（臨川全集卷八十四）

字說依荊公自序而言：「先王之文缺已久，愼所記不具，又多舛。」實爲荊公對歷來文字解說，似嫌不足之感，故而撰之。然許愼之說文解字是時已爲散佚，唐時李陽冰曾勘定說文解字爲二十卷，爲詳許氏原本之補述耳。五代徐鉉所校訂說文解字（俗稱大徐本，亦今之流行本），其弟徐鍇說文繫傳（俗稱小徐本），皆爲補正文字之六書解說耳。如今之字典部首，「咸、哉」等字不在戈部，而列口部之謂也。荊公之字說主旨，乃爲闡釋文字六書之涵義，無他也，何有佛、老之穿鑿附會之言歟？清代段玉裁之說文解字注，亦復爲解說文字之原義而已矣！

大文豪郭沫若氏又云：「王安石研究學問的方法，與程、陸等不同，他注意到文字學，著字說二十卷。就是根據許愼的說文而作，此書被後人毀掉，其解字方法有四，即形、聲、義、位，與現在研究方法差不多的。（同前）

字說一書，紹興初年即被禁絕，而不傳於後世，後代自不能知其詳也。元祐以後舉凡撰著涉及文字，皆以詆詖荊公也。猶以蘇軾爲最，又如岳珂之桯史亦有記載之，且牽涉蘇軾黃岡之貶，無稽之談耶！特將各家筆記錄於后。茲請共評之：

後山談叢：（宋·陳師道撰）王荊公爲相，喜說字始，遂以成俗。劉貢父戲曰：三鹿爲麤，麤不及牛。三牛爲犇，犇不及鹿。謂宜三牛爲麤，三鹿爲犇。苟難於遽改，令各權發遣，於是解縱繩墨，不次用人，往往自小官暴據要地，以資淺皆號發遣云，故並譏之。（卷二）

聞見後錄：（宋·邵博撰）王荊公喜字說，至以成俗。劉貢父戲之曰：三鹿爲麤，鹿不及牛。三牛爲犇，牛不及鹿。謂宜三牛爲麤，三鹿爲犇。若難予遽改，欲令各權發遣，荊公解縱繩墨，不次用人，往往自小官暴據要地，以資淺皆號權發遣，故并譏之。……（卷三十）

桯史：（宋·岳珂撰）王荊公在熙寧中，作字說行之天下。東坡在館，一日因見而及之曰：丞相賾（按：賾即嘖也，衆口爭辯也。）微窅窮制作，某不敢知，獨恐每每牽附學者承風。有不勝其鑿者，姑以犇麤二字言之，牛之體壯於鹿，鹿之行速於牛。今積三爲字，而其義皆反之，何也？荊公無以答，迄不爲變。黨伐之論，於是浸開黃岡之貶，蓋不特坐詩禍也。（卷二）

猗察寮雜記：（宋·李翌撰）介甫字說，往往出於小說佛書。且如天；一而大，蓋出春秋說辭，天之爲言塡也，居高理下，含爲太一。見法苑諸林。如星字；物生於下，精成次列。晉天文志，張衡論也。鴝鵒勾其足而欲；見酉陽雜俎，鴝鵒觸其足，往往而墮地，人掩之，以爲媚藥。年

字大一成年；書正義孔炎曰，年取禾穀一熟也。（卷上）

欒城遺言：（宋・蘇籀撰）公（指蘇轍）云：王介甫解佛經三昧之語，用字說示關西僧法秀。秀曰：相公文章村和尚不會，介甫悻然。又問如何？秀曰：梵語三昧，此云；正、定、相，用華語解之誤也。公謂坐客曰：字說穿鑿儒書亦如佛書矣。（僅一卷）

密齋筆記：（宋・謝伯采撰）新刊荊公字說二十四卷，前無引序，後無題跋。獨雷抗爲之注，天下公論昭然明矣。休乃平心定氣而言曰：此許愼說文解字也，雷抗即徐鍇之傳釋也。但以之解六經，導後學，則穿鑿之論蠭起，豈大儒所爲。（卷一）

丹鉛續錄：（明・楊愼撰）王荊公好解字說，而不本說文妄自杜撰。劉貢父曰：易之觀卦，即是老鸛。詩之小雅，即是老鴉。荊公不覺欣然，久乃悟其戲。又問東坡，何以從九。東坡曰：鳲鳩在桑，其子七兮。連娘帶爺，恰不九個。又自言：波水之皮也。坡公笑曰：然則滑是水之骨也。（卷十，楊氏之丹鉛錄共有餘錄、續錄、總錄三篇。總錄爲其門生所整理，三篇之中，重複刊之甚多，本節於總錄卷十五重複刊之。）

按：蘇軾號東坡，如是蘇軾則爲士之皮而非蘇學士也。

古今說海：（明・陸楫撰）東坡聞荊公字說新成，戲曰：以竹鞭馬爲篤，以竹鞭犬，有何可笑。又曰：鳩從九從鳥，亦有證據。詩云：鳲鳩在桑，其子七兮，和爹和娘，恰是九個。（卷一百十二）

按：篤字。玉篇注：馬行頓遲也。（卷下　第三百五十七部）段註說文解字：馬行頓遲也，頓如頓首，以頭觸地。假借古篤字爲竺字，以皆竹聲也，竺厚也，篤行而竺廢矣（第十篇上）又笑字。上竹下夭爲形聲字也，哭字方爲雙口下犬也。蘇軾玩世不恭，恣意詆詖荊公，而陸楫一代碩儒，誠不識字耶！豈可人云亦云耳？荒唐！

字說一書於元祐年間禁絕之，續通鑑云：「紹聖元年十月丁亥，國子司業龔原奏：王安石在先朝時，嘗進所撰字說二十二卷，乞差人就其家繕寫定本，降付國子監雕印，以便學者傳習。詔可。學校舉子之文，靡然從之。」（卷八十四）南渡之後，歷經兵燹，江山已改，人事全非，高宗避免靖康之辱，留於後世，由秦檜盡焚稗記私史，元祐黨人假此，連同神宗實錄朱墨本及熙寧日錄，以及字說一併焚燬禁絕之。字說一書業已禁絕千年，閱讀原書已不復見矣。既無原書可據，依據可疑，所撰筆記如非道聽途說。則是杜撰捏造也。

陳師道之後山談叢一書，經四庫全書提要考證亦云：有贋之嫌。陳氏性情耿介，其答秦少游書云：「故先王謹其始而爲之防，而爲士者世守焉。師道於公前有貴賤之嫌，後無生平之舊，公雖可見，禮可去乎？」（宋朝名臣言行錄後集卷十四陳師道傳）耿介之士，似不致有此詆詖之論也。至於邵博之聞見後錄所載一節，顯有抄襲後山談叢之嫌。抄襲技巧太不高明，幾乎一字不改，苟若後山談叢確爲僞作，邵博之嫌列爲首名矣。

字說一書業已於紹興時禁絕，岳珂、蘇籀、謝伯采等皆爲孝宗、寧宗時人。荒謬之處，何庸贅述之。

再言：楊愼之丹鉛續錄及陸楫之古今說海等，其二人事隔約五百年之久，何能如此知其詳耶！笑話！荒唐！

蓋「麤、犇」二字，自古亦有之。麤字依段玉裁說文解字注云：「麤：行超速也。鹿善驚躍，故爲三鹿，引伸之爲鹵莽之稱。篇韻云：不精也、大也、疏也，皆今義也。今人概用粗，粗行而麤廢矣。」犇字於說文解字中未檢獲。六朝梁代大學士黃門侍郎顧野王所撰「玉篇」云：「麤字：疏也、大也、不精也。」麤字其部首自成一部，不屬鹿部，例如塵字則屬麤部，上麤下土，今用之塵字則爲簡體俗字也「犇字：牛驚也。」漢書昭帝紀：「犇命擊益州。」注：「古奔字」等解釋。嗟夫！麤、犇二字古來有之，並非爲荊公所自創，字說一書今已絕版，荊公如何闡釋，不敢臆斷。文字本爲記事之符號，源自上古，而後編成六書，文字之注釋無不引用前人。漢代許愼之說文解字，亦係引用太史籀之籀文，以及李斯之小篆及三蒼而撰著之。徐鉉、徐鍇昆仲二人爲之傳著整理，清代段玉裁依大徐本爲之注解，此豈可皆穿鑿附會歟？何者爲大儒？何者爲小儒？然袁文之甕牖閒評、馬永卿之嬾眞子等，對荊公字說則另有一番闡釋。陸游之老學庵筆記則言，當時撰述字說者尙多矣。茲錄於后：

甕牖閒評：（宋・袁文撰）字說，于種字韻中入穜字，云：物生必蒙故從童。草木亦或種之，然必穜而生之者，禾也，故從禾。王介甫亦以穜爲種字焉。藝苑雌黃云：穜植之穜，其字從童，之用切。種稑之種，其字從重，直容切。蓋與此意同矣。（卷四）

按：穜字，稻也，先種而後熟。稑字，稻也，後種而先熟。種字，植也。按袁氏解釋頗有疑問，此二字皆六書中之形聲字也，有名詞與動詞之別也。

嬾眞子：（宋．馬永卿撰）荊公字說解妙字云，爲少爲女爲無妄，少女即不以外傷內者也，人多以言爲質，殊不此乃郭象語也。莊子云：綽約若處子。注云：處子不以外傷內，公之言蓋出此。（卷五）

老學庵筆記：（宋．陸游撰）字說盛行時，有唐博士耜、韓博士兼皆作字說解數十卷，太學諸生作字說音訓十卷，又有劉全美作字說偏旁音釋一卷，字說備檢一卷，又以類相從爲字會二十卷，故相吳元中試辟雍程文盡用字說特免省，門下侍郎薛肇明作詩奏御，亦用字說中語。予少時，見族伯彥遠和霄字韻詩云：雖貧未肯氣如霄，人莫能曉，或叩問之，答曰：此出字說，霄字云，凡氣升此而消焉，其奧如此。鄉中前輩胡浚明尤酷好字說，嘗因浴出大喜曰：吾適在浴室中有所悟，字說直字云，在隱可使十目視者直，吾力學三十年，今乃能造此地。近時此學已廢。予平生惟見王瞻叔參政篤好不衰，每相見必談字說，至莫不雜他語，雖病擁被指盡誦說不少輟。其次子晁子止侍郎亦好之。

南宋紹興年間元祐黨人對荊公學術仍有疵議，文丑借此作進身之階，悲夫！茲錄繫年要錄三節於后：

要錄：紹興五年三月庚子，兵部侍郎王居正獻辯學四十二篇，居正嘗入見，請以舊所論著：王安石父子平昔之言，不合於道者爲獻，上許之。居正乃釐爲七卷，其一曰：蔑視君親，虧損恩義，凡所褒貶，悉害名數。其二曰：非聖人滅天道，詆誣孔孟，宗尚佛老。其三曰：深懲言者，恐上有聞。其四曰：託儒爲姦，以行私意；變亂經旨，厚誣天下。其五曰：隨意互說，反覆皆違。其六曰：排斥先儒經術，自任務爲新奇，不恤義理。其七曰：三經字說，自相牴牾，集而成之，謂之辯學。詔送秘書省，崇觀間王安石學，益盛內外，校官非三經義、字說，不登几案。居正獨非之至，是因事請對進言，曰：臣聞陛下深惡安石之學久矣，不識聖心灼見，其弊安在？敢請。上曰：安石之學，雜以伯道，取商鞅富國強兵，今日之禍，徒知蔡京、王黼之罪，而不知天下之亂生於安石。居正對曰：禍亂之源，誠如上訓。安石所學，得罪於萬世者不止此。因爲上陳，安石訓釋經義，無父無君一二事。上作色曰：是，豈不害民教。孟子所謂邪說者，正謂是矣。（卷八十七）

要錄：紹興五年五月丙戌，……方王安石得志，託大有爲之說；大有爲之說者，孟子之言也，豈不美哉。當時元勳舊德，皆以祖宗舊法不可變改，安石斥爲俗流。其所謂俗流者，皆賢才也，使神祖照之。於司馬光辭樞密副使之時，而退王安石，罷新法，則尚有崇觀之亂乎？……（蔡京部份略之）（卷八十九）

要錄：紹興二十六年六月乙酉，秘書省正字兼實錄院檢官葉謙亨面對言，陛下留意場屋之制，規矩一新。然臣猶有慮者，學術粹駁繫於主司，去取之間，向者朝論專尚程頤之學，有立說稍異者，皆不在選。前日大臣陰佑王安石而取其說，稍涉程學者一切擯棄。夫理之所在，惟其是而已。取其合於孔孟者可以爲學矣，又何拘乎？願詔有司，精擇而博取，不拘一家之說，使學者無偏曲之弊，則學術正而人才出矣。上曰：趙鼎主程頤，秦檜尚安石，誠有偏曲，卿所言極當，於是降旨下。（卷一七三）

誠如三節所云：南宋時黨禍尚未根絕，高宗而將黨錮翫於掌間，趙鼎、秦檜皆爲重臣，二人各有所偏，高宗久已洞悉，何待葉謙亨明言之歟？如此乃主程學廢王學，以杜秦檜之口，借刀之計，秦檜所怨者葉氏而非高宗，荊公之冤，高宗實難辭其咎也。朱熹續倡程學延至清末民初耳。

五、歐公情誼

【本傳汙衊】

宋仁宗慶歷壬午（二年），荊公於二十二歲高中進士（第四名）。時值英年，豪氣干雲。

宋史本傳云：安石少好讀書，一過目終身不忘。其屬文動筆如飛，初不經意，既成，見者皆服其精妙。友生曾鞏攜以示歐陽修，修爲之延譽，擢進士上第。

本傳復又一派胡言，汙衊詆詖，自始既已爲之，豈可不予辨正。荊公經曾鞏之引薦與歐陽修（以下稱文忠公）乃爲事實，若言係文忠公之延譽，而登進士，此言荒唐至極。考略業經辨正之。茲錄於后：

考略：曾鞏於仁宗慶歷元年上歐陽修第一書，次年再上第二書，及歐公送曾鞏秀才序，皆無一語及安石，而子固（曾鞏字）遂歸臨川矣。今曰介甫由歐公延譽擢第，是置子固稱道介甫於歐公，與歐公傾服介甫之書，而二公相見之歲月，全未之考也。本傳一開卷乖謬如此，則由元人修史，皆雜采毀者之言爲之。……」（卷二）

考略之言，義正辭嚴，荊公於慶歷二年進士及第何言爲文忠公之延譽，時間事實皆非吻合，故曲意言之爲文忠公延譽而擢第耳？豈止乖謬，而是詆詖，如此豈不是唐代門閥「溫卷」之故事耶！考略之論，尚未詳盡（按：曾鞏上文忠公之書，均刊於曾氏所著元豐類稿卷十五、十六。）

荊公入文忠公之門，曾鞏之引薦本無疑問。曾鞏之元豐類稿，與荊公第一書中，俱言文忠公對荊公文章之評論及器重，而予轉告之。茲將元豐類稿錄於后，以證剴切眞誠之誼，並無延譽之事也。

元豐類稿：（與王介甫第一書）鞏啓：近託彥弼黃九各奉書，當致矣。鞏至金陵後，自宣化渡江來滁，上見歐陽先生，住且二十日，今從泗上，出及舟船侍從以西。歐公悉見足下之文，愛歎誦寫不勝其勤！間以王回王向文示之，亦以書來言，此人文字可驚世無所有，蓋古之學者，有或氣力不足動人，使如此文字不先耀於世，吾徒可恥也。其重之如此；又嘗編文林者，悉時人之文佳者，此文與足下文多編入。奚至此，論人事甚衆，恨不與足下講評之，其恨無量，雖歐公亦然也。歐公甚欲一見足下，能作一來計否？胸中事萬萬非面不可道。鞏此行至春，方應得至京師也。時乞寓書慰區區疾病，如黃九見時，未知竟何如也。心中有與足下論者，相雖未相見之心，潛有同者矣！歐公更欲足下開廓其文，勿用造語及模擬前人，請相度示。及歐公云：孟韓文雖高不必似之也，取其自然耳，餘俟到京，作書去不宣，鞏再拜。（卷十六）

此節考略考證曾鞏第一書爲慶歷元年，恐有疑問？文忠公於慶歷五年爲范仲淹等辯白，上朋黨論而貶至滁州，（見宋史卷三百十九歐陽修本傳及其年譜。）續通鑑亦云：劉元瑜言：范仲淹以非罪貶，既復天章閣制，宜在左右。尹洙、余靖、歐陽修皆坐朋黨斥逐，此小人惡直醜正也（卷四十七）。慶歷八年改知揚州，然荊公於慶歷二年既登進士，而曾鞏至滁見文中公時，則爲慶歷五年以後，如是荊公及第之時，文忠公與荊公二位尙未謀面矣！何延譽擢第之有乎？據續通鑑刊載：文忠公於慶歷初年始露頭角，躋身京師，亦無延譽擢第之力也。茲分列於后：

續通鑑：康定元年六月辛亥，復權武成節度判官歐陽修爲館閣校勘。（卷四十二）

又：慶歷元年五月戊午，孫沔薦田況、歐陽修、張方平、曾公亮、蔡襄、王素可任諫官。（卷四十三）

又：慶曆元年二月癸未，……集賢校理歐陽修爲太常丞，並知諫院。（卷四十五）

又：慶歷三年六月戊辰，集賢校理歐陽修爲太常丞，並知諫院。（卷四十五）

綜上果如考略所言：本傳一開卷乖謬如此。蓋文忠公於康定元年（慶曆前一年），文忠公尙爲武成軍節度判官。慶歷元年始薦任諫官，三年爲太常丞，五年即外貶滁州，於滁州時方與曾鞏論及荊公，此時尙未與荊公謀面，僅傾慕而已，何延譽之有乎？荊公於二年已高中進士榜矣。本傳詆詖之言，不攻自破，污衊荊公又一例也（錄自文忠公年譜）。

嗣後文忠公與荊公情誼日篤，文忠公雖於嘉祐二年之舉薦館職，均爲荊公所婉拒。荊公先後上書文忠公四次，言詞極爲恭謹，依此可證文忠公對荊公之器重及奬掖情事。茲將文忠公劄子及荊公書函摘錄於下：

文忠公薦王安石、呂公著劄子：……見殿中丞王安石德行文學爲衆所推，守道安貧，剛而不屈。……安石久更吏事，兼有時才，曾召試館職，固辭不就。……（呂公著部份不錄）（歐陽修全集卷四 奏議集）

荊公致文忠公書：

書一：今日造門，幸得接餘論，以坐有客，不得畢所欲言。某所以不願試職者，向時則有婚嫁葬送之故，勢必不能久處京師，所圖甫畢。……翰林雖嘗被旨與某試，然某之到京師，非諸公所當知。以今之體，須某自言，或有司以報，乃當施行前命耳。萬一理當施行，遽而罷之，於公義亦似未有害。某私計爲得，竊計明公當不惜此，區區之意，不可以盡，唯仁明憐察而聽從之。

書二：某以不肖，願趨於先生長者之門久矣。初以疵賤不能自通，閣下親屈勢位之尊，忘名德之可以加入，而樂與之爲善。顧某不肖私門多故，又奔走職事，不得繼請左右。及此蒙恩出守一州。愈當遠去門牆，不聞議論之餘，私心眷眷，何可以處。道途邅迴，數月始至敝邑，以事之紛擾，未得具啓，以敘區區嚮往之意。過蒙獎引，追贈詩書，言高旨遠，足以爲學者師法。惟褒被過分，非先進大人所宜施於後進之不肖，豈所謂誘之欲其至於是乎。雖然，懼終不能以上副也。輒勉強所乏，以酬盛德之貺。非敢言詩也。惟赦其僭越，幸甚。

書三：……吏事亦尚紛冗，故修啓不蚤，伏惟幸察。閣下以道德爲天下所望，方今之勢，雖未得遠引，以從雅懷之所尚，惟摅所蘊以救時敝，則出處之間，無適不宜，此自明哲所及者，承餘論及之。因試薦其區區，某到郡侍親，幸且順適。但以不才而臨今日之民，宜得罪於君子，固有日矣。

書四：某以疵賤之身，聞門願見，非一日積，幸以職事二年京師，以求議論之補。蒙恩不棄，知遇特深。違離未久，感戀殊甚。然以私門多故，未嘗得進一書，以謝左右。伏蒙恩憐再賜手書，推獎存撫，甚非後進所當得於先生大人之門。以愧以恐，何可以言也。秋冷。伏惟動止萬福，惟爲時自重，以副四方瞻望之意。（以上四書，刊於臨川全集卷七十四）

文忠公之以荊公器重獎掖，訶護倍至。荊公之以文忠公則恭謹秉禮，師承事之。尤以第一書云，不願試館職一事。足證第一次見面時，荊公已中進士有年矣。

宋史本傳又云：歐陽修乞致仕，馮京請留之。安石曰：修附麗韓琦，以琦爲社稷臣，如此人在一郡則壞一郡，在朝廷則壞朝廷，留之何用，乃聽之。

此節係依長編所錄，然長編既於熙寧四年中，所記韓琦兩項史實，顯不相同，而生矛盾。至於文忠公對荊公之知遇頗爲深厚，兩度引薦之，荊公當不致如此刻薄寡情耳？長編既言：荊公爲韓琦知大名府，奏請神宗加恩一事，對韓琦不爲不厚矣。而對文忠公則言，其附麗於韓琦，如是；韓琦爲官行事是正是邪，如何言之？豈非自相牴牾耳！且據長編云：神宗爲濮議一事，對文忠公存有忿懥，久欲殺之，內侍孫思恭爲之緩頰而得免。本傳所言顯與長編史實有謬矣，令人難予置信之（因宋史編纂取材於長編）！茲將長編二節錄於后：

長編：熙寧四年二月戊寅，淮南節度使守司徒兼侍中韓琦，改永興軍節度使再任判大名府，初王安石論韓琦再任當加恩。上曰：恐韓琦不肯受。安石曰：大名近制，不當加恩，然韓琦兩朝顧命大臣，若欲留之再任，不可不加恩。琦卒辭永興軍節度使，不拜。（卷二百二十）

長編：熙寧四年六月甲子，觀文殿學士兵部尚書知蔡州歐陽修，爲太子少師觀文殿學士致仕，修以老病，數上章乞骸骨。馮京固請留之，上不許。王安石曰：修附麗韓琦，以韓琦社稷臣，尤惡綱紀立風俗變。上曰：修爲言事官，獨能言事。安石曰：以其後所爲考其前日用心，則恐與近日言事官用心未有異。王珪曰：修若去位，衆必藉以爲說。上曰：罔爲道以干百姓之譽，衆說何足恤，修頃知青州殊不佳。安石曰：如此人與一州壞一州，留在朝廷，則附流俗壞朝廷，必令留之何所用。上以爲然。（卷二百二十四）

此節係於治平四年三月，神宗即位之初，濮議之爭，疾文忠公者，合力而攻擊之。先有監察御史劉庠劾文忠公入福寧殿，外著衰衣內著紫衣之不當，神宗命改之。復有御史中丞彭思永、御史裡行蔣之奇等，劾文忠公有帷箔之穢，神宗欲誅之。以詔天章閣侍制孫思恭，孫思恭竭力爲之解脫，而貶至亳州。（詳長編卷二百九，冗長非關本文，略之。）

考略另云：治平三年正月，詔（安懿王）以塋爲園，即園立廟。而黜御史范純仁、呂大防，又黜諫官傅堯俞、趙鼎、趙瞻，又以黜呂誨等，詔內外則皆以濮議故也。四年正月英宗崩，神宗即位，二月以帷箔之私，污歐陽修者，蔣之奇也。而蔣之奇所從來，則得之攻濮議之彭思永也。同月歐陽修乞根究蔣之奇彈疏，三月歐陽修知亳州。（卷十三）

文忠公年譜云：治平四年二月御史彭思永、蔣之奇以飛語汙公，上察其誣，斥之。公力求去，三月除觀文殿學士，轉刑部尚書知亳州。熙寧元年，是歲連上表乞致仕，不允。八月轉兵部尚書，改知青州，充京東東路安撫使。四年六月告老，以觀文殿學士太子少師致仕。五年七月謝世，享年六十六。文忠公年邁體衰，乃爲不爭之事也。告老致仕，歷代之常規也，何足持異論之。且荊公四年春拜相，文忠公以表賀之矣。況荊公於仁宗慶歷二年進士及第，文忠公於六年即予上表引薦知鄞縣。依東軒筆錄之言：荊公爲文忠公致仕而深表惋惜之矣！荊公絕非忘恩負義之人，爲取信於世人，並證宋史本傳之揑造不實詆詖之詞，茲特將文忠公賀啓及東軒筆錄一并錄於后：

文忠公賀啓：伏察榮膺帝制，顯正臺司。伏維慶慰，伏以史館相公誠明稟粹，精祲窮微。高步儒林，著三朝甚重之望；晚登文陛，當乘非常之知。論道黃扉，沃心黼扆。果被往諧之命；遂膺爰立之求。左右謀謨，方切倚衛之任；搢紳中外，益崇巖石之瞻。竊顧病衰，恪居官守；莫陪班謁，徒壓馳誠。春序布和，政機惟密。伏惟上爲邦國，精調寢興。欣抃之誠，敘陳罔既。

（文忠公全集卷四，表奏書啓四六集）

東軒筆錄：歐陽文忠公自歷官至兩府，凡有建明於上前，其詞意堅確，持守不變，且勇於敢爲。王荊公嘗歎其可任大事，及荊公輔政，多所更張，而同列少與合者，是時歐陽公以觀文殿學士知蔡州，荊公乃進之，爲宣徽使判太原府，許朝覲。在引之執政，以同新天下之政。而歐陽公懲濮邸之事，深畏多言，遂力辭恩命，繼以請老而去，荊公深歎惜之。（卷九）

苟若荊公果言：「如此人與一州壞一州」之言，乃欲觸使文忠公從速致仕耳！文忠公自治平四年，罷觀文殿學士轉刑部尙書知亳州，次（熙寧元年）轉兵部尙書改知青州，二年乞改知壽州不許，三年七月改知蔡州。文忠公已年逾花甲，四年之間，驛馬之勞，箇中辛酸，不言而喻矣；老運乖舛，宦海生波，心灰意冷之！且濮邸之禍，誠如東軒筆錄之云：深畏多言，力辭恩命。故五年七月即與世長辭矣，「文忠公」封號乃於熙寧七年八月而謚之。生前亦未如呂夷簡、韓琦等封公受爵，可知暮年官運之窨耳！反顧文忠公於嘉祐年間顯赫一時，風采八面。仁宗對其言聽計從，恩寵倍至。如嘉祐四年三月侍仁宗幸後院，遂宴大清閣。閏八月轉戶部侍郎參知政事，晉封開國公，加食邑五百戶。七年十二月仁宗幸寶文閣，親書飛白，分贈群臣。贈文忠公雙幅大書歲字，下有御押，加鈐御寶。而神宗親言公於青州政績不佳，馮京請留，神宗不許，此豈可揑造荊公對文忠公而進讒言矣！（錄自文忠公年譜）

另南宋洪邁之容齋四筆亦作此言，茲錄於后：

容齋四筆：歐陽公自亳州除兵部尙書知青州，辛免至四。云：「恩典超優，遷轉頗數。臣近自去春由吏部侍郎轉左丞，未逾兩月，又超轉三資，除刑部尙書，今纔歲餘，又超轉兩資，尙書六曹，一歲之間，超轉其五。」累降詔不從所請。此是熙寧元年未改官制時，今人多不能曉。蓋昔者左右丞在尙書下，所謂左丞超三資除刑書者，謂歷工、禮至刑也。下云又超兩資者，謂

歷户部乃至兵部也。其上惟有吏部，故言尚書六曹，超轉其五云。（卷九）

按：濮議，仁宗無嗣，嘉祐七年立濮王子宗實爲太子，贈名頊（或曰曙）。八年仁宗晏駕，即位爲英宗，次年改元爲治平。治平二年四月詔議崇奉濮安懿王典禮，臺官尊濮王爲親，三年正月慈聖皇太后下書，英宗可以稱親，尊濮安懿王爲皇，夫人爲后。韓琦上疏云：太后手書，稱親一事可行，尊皇尊后事，乞辭免。以塋爲園，即園立廟，令王子孫奉祠等事（文忠公附議韓琦）。蓋濮園之議謂之濮議。呂誨、呂大防、范純仁、司馬光則持異議，乃起濮議之禍。濮議之爭，攻文忠公最劇者，則爲呂誨也，而南宋邵博竭力爲辯解之。茲將邵博之聞見後錄及續通鑑刊載濮議各節錄於后：（濮議另述於第八章）

聞見後錄：呂獻可（誨）以追尊濮園事擊歐陽公，如曰：具官某首開邪議，妄引經證，以枉道悅人主，以近利負先帝者，凡十四章。具載獻可奏議中，司馬文正作序，乃首載歐陽公諫臣論，以爲誠言。文正之意，以獻可能盡歐陽公所書諫臣之事，使歐陽公無得以怨歟？抑以歐陽公但能言之，獻可實可能行之也。不然；獻可排歐陽公爲邪，反以歐陽公之論序，獻可之奏以爲誠言可乎？歐陽公晚著濮議一書，專與獻可諸公辨，獨歸過獻可爲甚矣！（卷十六）

續通鑑：治平二年六月，初，議崇奉濮安懿王典禮，翰林學士王珪等相顧莫敢先。天章閣侍制司馬光獨奮筆立議，議成，珪即敕吏以光手稿爲案。（卷六十三）

又：於是王珪等議：「濮王於仁宗爲兄，於皇帝宜稱皇伯而不名，如楚王、涇王故事。」時議者或欲稱皇伯考，天章閣侍制呂公著曰：「眞宗以太祖爲皇伯考，非可加以濮王。」

又：執政意朝士必有迎合者，而臺諫皆是王珪等，議論洶洶，未及上。太后聞之，內出手書切責韓琦等，以不當稱皇考。而琦奏：「太后以珪等議稱皇伯爲無稽，且欲緩其事，須太后意解。」甲寅，降詔罷尚書省集議，令有司博求典故，務合禮經以聞。（以上三節皆卷六十二）

又：治平三年正月癸未，先是工部員外郎兼侍御史知雜事呂誨與侍御史范純仁、監察御史裡行呂大防合奏曰：「伏見參知政事歐陽修，首開邪議，以枉道悅人主，以近利負先帝，將陷陛下過舉之譏。」龍圖閣直學士司馬光，亦上疏請罷追崇之議，皆不報。誨等論列不已，而中書亦以劄子自辯。帝意嚮中書，然未下詔也。執政乃相與密議，欲令皇太后下手書，尊濮安懿王爲皇，夫人爲后，皇帝稱親。又令帝下詔謙讓，不受尊號，但稱親。即園立廟，以示非帝意，且欲爲異日推崇之漸。

又：同年正月丁丑，中書奏事，帝又遣中使召韓琦同議，即降敕稱：「準皇太后手書，濮安懿王、譙國太夫人王氏、襄國太夫人韓氏、仙游君任氏，可令皇帝稱親，仍尊濮安懿王爲濮安懿皇，譙國、襄國、仙游並稱后。」又降敕，稱帝手詔：「朕面奉皇太后慈旨，已降手書如前。朕以方承大統，懼德不勝，稱親之禮，謹遵慈訓，追崇之典，豈易克當！且欲以塋爲園，即園之廟，俾王子孫奉祠事，皇太后諒茲誠懇，即賜允從。」又詔：「濮安懿王子瀛州防禦使岐國公宗樸，候服闋除節度觀察留後，改封濮國公，主奉濮王祭祀。」

又：同年正月庚辰，呂誨又奏：「臣等本以歐陽修首啓邪議，詿誤聖心，韓琦等以違附會不早辨，累具彈奏，乞行朝典。」近睹皇太后手書，追崇之典，並用哀、桓衰世故事，乃與政府元議相符。……

又：同年正月壬午，詔罷尚書省集議濮安懿王典禮，中書進呈呂誨等所申奏狀，帝問執政當如何？韓琦對曰：「臣等忠邪，陛下所知。」歐陽修曰：「御史以爲理難並立，若以臣等爲有罪，即當留御史，若以臣等爲無罪，則取聖旨。」帝猶豫久之，乃令出御史；既而曰：「不宜責之太重。」於是誨罷御史知雜事，以工部員外郎知蘄州；范純仁以侍御史通判安州；呂大防落監察御史裡行，以太常博士知休寧縣。……司馬光言：「竊聞呂誨、范純仁、呂大防，因言濮王典禮事盡被責降，中外聞之，無不駭愕。臣觀此三人，忠亮剛正，憂公忘家，求諸群臣，罕見其比。……」呂公著言：「呂誨等以論事過當，並從責降，聞命之始，物論騰沸，皆云陛下自即位以來，納善從諫之風，未形於天下；今誨等又全臺被黜，竊恐義士鉗口，忠臣解體。……」

（以上皆卷六十四）

【祭文敬悼】

文忠公謝世，祭文頗夥，荊公共襄盛舉，亦撰祭文一篇。據茅坤於其所撰「王荊公文鈔」祭文題下註云：「歐陽公祭文，當以此爲第一。（卷十六）荊公所撰祭文，文簡意賅，不諂不譎；體裁平實，言詞親切。誄詞衷懇，情愫出自眞誠；惋悼謹肅，恭敬出自肺腑。文承左史遺風也。風不見疾，寒意卻可凜人；水平如鏡，波濤爲之洶湧；胸存浩氣，熱情沸騰，僅未仰空而長嘯哉。

荆公祭文忠公之祭文共三百七十五言，於文忠公生平之重點而敘述之，並可以祭文而證宋史本傳之妄也。茲將全文錄於后：

夫事有人力之可致，猶不可期。況乎天地之溟漠，又安可得而推。惟公有聞於當時，死有傳於後世，苟能如此足矣，而亦又何悲。如公器質之深厚，智識之高遠，而輔學術之精微，故充於文章，見於議論。豪傑俊偉，怪巧瑰琦。其積於中者，浩如江河之停蓄；其發於外者，爛如日星之光輝。其清音幽韻，淒如飄風急雨之驟至；其雄辭閎辯，快如輕車駿馬之奔馳。世之學者，無問乎識與不識，而讀其文，則其人可知。嗚呼！自公仕宦四十年，上下往復，感世路之崎嶇。雖屯邅困躓，竄斥流離，而終不可掩者。以其公議之是非，既壓復起，遂顯于世。果敢之氣，剛正之節，至晚而不衰。方仁宗皇帝臨朝之末年，顧念後事，謂如公者，可寄以社稷之安危。及夫發謀決策，從容指顧，立定大計，謂千載而一時，功名成就，不居而去。其出處進退，又庶乎英魄靈氣，不隨異物腐散，而長在乎箕山之側與潁水之湄。然天下無賢不肖，且猶爲泣涕而歔欷。而況朝士大夫平昔從游，又予心之所嚮慕而瞻依。嗚呼！盛衰興廢之理，自古如此，而臨風想望不能忘情者，念公之不可復見而其誰與歸。

歐陽修全集附錄中，所載祭文共有七篇。除荊公一篇外，尙有韓琦、范鎭、曾鞏、蘇軾(兩篇)、蘇轍等。曾鞏所撰祭文爲四言古詩一首，共四百三十六言，係正規祭文格式。至於蘇軾所撰祭文兩篇，文辭俱佳，惜含有應酬之嫌。讀之，令人有缺乏眞情實義之感。蘇軾所撰兩篇，文辭雖佳，似缺師生之情，尤以次篇結尾「不辱其門」之語，純爲表彰元祐黨人或其自身耶！再言蘇轍所撰祭文，亦爲四言古詩一首，計有五百七十六字。文辭較爲艱澀，佶屈聱牙，讀不順口，似有賣弄其造詣之嫌。蘇氏昆仲均出於文忠公門下，而其昆仲所撰之祭文，對師生情誼有欠誠摯，字裡行間頗有疵議荊公之意，憾矣！

【文字唱和】

文忠公與荊公情誼甚篤，純係君子之交，間有文字唱和。荊公撰明妃曲一闋，挑起文忠公之文思，則以和之。

明妃曲：我本漢家子，早入深宮裡。遠嫁單于國，憔悴無復理。穹廬爲室旃爲牆，胡塵暗天道路長。去住彼此無消息，明明漢月空相識。死生難有卻回身，不忍回看舊寫眞。玉顏不是黃金少，愛把丹青畫錯人。朝爲漢宮妃，暮爲胡地妾。獨留青塚向黃昏，顏色如花命如葉。（臨川全集卷三十六　集句）

文忠公對此闋明妃曲極爲欣賞，特予和之。和一闋意猶未盡，再和一闋之。二公之作，相埒伯仲。足證二位造詣之深情誼更深之也。茲錄二闋於下：

明妃曲和王介甫：胡人以鞍馬爲家，射獵爲俗。泉甘草美無常處，鳥驚獸駭爭馳逐。誰將漢女嫁胡兒，風沙無情貌如玉。身行不遇中國人，馬上自作思歸曲。推手爲琵卻手琶，胡人共聽亦咨嗟。玉顏流落死天涯，琵琶卻傳來漢家。漢宮爭按新聲譜，遺恨已深聲更苦。纖纖玉手生洞房，學是琵琶不下堂。不識黃雲出塞路，豈知此聲能斷腸。

再和明妃曲：漢宮有佳人，天子初未識。一朝隨漢使，遠嫁單于國。絕色天下無，一失再難得。雖能殺畫工，於事竟何益。耳目所及尚如此，萬里安能制夷狄。漢計誠已拙，女色自難誇。明妃去時淚，灑向枝上花。狂風日暮起，飄泊落誰家。紅顏勝人多薄命，莫怨春風當自嗟。（二閿均於歐陽修全集卷一　居士集一）

荊公寫明妃曲，原爲集句，僅爲消遣時光之作。不意挑起文忠公之雅興，再和兩曲，此本爲雅士之神交而已。竟爲元祐黨人而作污衊荊公之口實耳，何其無恥耶！范沖奏予高宗，荊公之明妃曲有腐蝕人心之語，繫年要錄特予錄之。而後邵博之聞見後錄，以及趙與時之賓退錄皆揑造之。猶以賓退錄之言，荊公苟若尚在人世，將有殺身之禍耶！茲錄於后：

要錄：紹興四年八月戊寅，……安石心術不正，爲害最大，已壞了天下人心術將不可變，臣初未以爲然，其後乃知安石順其利慾之心，使人迷其常性，久而不自知。且如詩人多作明妃曲，以失身爲無窮之恨，至於安石爲明妃曲，則曰：「漢恩自淺胡自深，人生樂在相知心。」（卷七十九）

聞見後錄：王荊公非歐陽公取馮道。按：馮道身事五主，果不加誅，何以爲史。荊公明妃曲云：漢恩自淺，單于自深，人生樂在相知心，宜其取馮道也。（卷十）

賓退錄：范沖實對高宗云：詩人多作明妃曲，以失身沙漠爲無窮之恨。獨王安石曰：「漢恩自淺胡自深，人生樂在相知心。」然劉豫之僭非其罪，君恩淺而外交深也。今之背君父之恩，投拜而爲盜賊者，皆合於王安石之意，此所謂壞天下人心者也。臨江徐思叔（得之）亦嘗病荊公此語，謂有衛津、李陵之風，乃反其意而爲之，遂得詩於時。其詞云：「妾生豈願爲胡婦，失信寧當累明主。已傷畫史忍欺君，莫使君王更欺虜。琵琶卻解將心語，一曲纔終恨何數。朦朧胡霧染宮花，淚眼橫波時自雨。專房莫倚黃金賂，多少專房棄如土。寧從別去得深嚬，一步思君一回顧。胡山不隔思歸路，只把琵琶寫辛苦。君不見、有言不食古，高辛生女無嫌嫁盤瓠。」

（卷二）（此節第二章已詳述之。）

梁任公言：宋史荒謬之處，則以他史和之，使之不得不信也。范沖言之在先，而邵、趙二人和之於後，如此則成鐵案矣！而荊公明妃曲中並無「漢恩自淺胡自深，人生樂在相知心。」二句之。亦未見荊公對文忠公，有論及「馮道」之言。遍尋其他書籍中，亦未見有如此或類似之語，不識二氏錄自何版也。復讀徐氏之明妃詩，詞中造意與荊公、文忠公大致雷同，並未有相反之意耳，亦不識二氏之獨特見解歟？更不識荊公之明妃曲不妥之處耳？

【知遇之情】

文忠公才學蓋世，更惜才華，故對荊公倍加器重及獎掖。特作七律一首以贈之。

翰林風月三千首，吏部文章二百年。
老去自憐心尚在，後來誰與子爭先。

朱門歌舞爭新態，綠綺塵埃試拂絃。
常恨聞名不相識，相逢樽酒盍留連。（歐陽修全集卷二　居士外集一）

文忠公器重荊公，而以此首七律予以激勵獎掖之作。「後來誰與子爭先」誠然耳。上句「老去自憐心尚在」，感歎之言，何言他意也。然因此首七律面世，釀成自元祐年起乃至南宋末年止，諸多紛爭是非。就此首七律興風作浪，復將荊公一首七絕「殘菊」雜入其中，妄言文忠公與荊公二位於學術認知有所差異及矛盾，頗具煽動之意，惡意攻訐荊公。誤導後世，文忠公與荊公，因文字而交惡，乃有隔閡與恩怨之意，元祐黨人其居心叵測，不爲不奸險矣。既荊公清譽，文忠公並遭池魚之殃也。首起於哲宗紹聖進士葉夢得於避暑錄話卷上所記，「翰林風月三千首，吏部文章二百年」，然卻未提及荊公之七絕「殘菊」之句。僅言及「他日儻能窺孟子，此身安敢望韓公」等。至於徽宗政和進士朱翌之猗覺寮雜記中亦記有之，尚引用唐代大中進士孫樵之言證之。而後高宗時吳曾之能改齋漫錄，將荊公之七絕「殘菊」詩而引入疵論之。再以後乃愈論愈遠矣，愈論愈烈矣。葉夢得之避暑錄話雖有此事刊載，其云非如猗覺寮雜記等之言也。茲分錄於下：

避暑錄話：王荊公初未識歐陽文忠公，曾子固力薦之，公願得游其門，而荊公終不肯自通。至和初，遂有「翰林風月三千首，吏部文章二百年。」之句。然荊公猶以爲非知己也。故酬之曰：「他日儻能窺孟子，此身安敢望韓公。」自期以孟子處，公以爲韓愈，公亦不以爲歉。及在政府薦爲相者，三人同一劄子，呂司空晦叔、司馬溫公與王荊公也。呂申公本嫉公爲范文正黨，滁州之謫實爲力。溫公議濮廟不同力排公，而佐呂獻可。荊公又以經術自任，而不從公。然公于晦叔則忘其嫌隙，于溫公則忘其議論，于荊公則忘其學術，不如是安能眞見三人爲宰相耶！世不高公能薦人，而服其能知人。苟一毫有蔽于中，亦不能知也。（卷上）

猗覺寮雜記：（宋・朱翌撰）歐陽永叔贈介甫云：翰林風月三千首，吏部文章二百年。介甫答云：他日若能窺孟子，終身安敢望韓公。議者謂介甫怒永叔以退之相比，介甫不知二百事，乃南史謝朓吏部也。沈約見其詩云：二百年來無此詩，以介甫爲誤。以余考之，歐公必不以謝比介甫，介甫不應誤以謝爲韓也。孫樵與高錫望書云：唐朝以來，索士二百年間，作者數十輩，獨高韓吏部，歐公用此耳。介甫未嘗誤認事也。（見孫樵集。卷上　亦稱孫可之全集）

能改齋漫錄：（宋・吳曾撰）蔡絛之西清詩話記：荊公有「黃菊飄零滿地金」之句，而文忠公非之，荊公以文忠公不讀楚辭之過也。以余觀之，夕餐秋菊之落英，非零落之落，落者始也。故築室始成謂之落成。爾雅曰：俶落權輿始也。（卷二）

雞肋篇：（宋・莊季裕撰　其本名綽）歐陽文忠公有贈介甫詩云：翰林風月三千首，吏部文章二百年。老去自憐心尚在，後來誰與子爭先。王答云：他日若能窺孟子，終身何敢望韓公。余少時聞人謂吏部乃隱侯，非文公也。翰林詩無三千，亦非太白。後見沈約傳雖嘗爲吏部郎乃稱謝朓云，二百年來無此詩，謂由建安至宋元嘉二百三十餘年，擧其全數耳。自嘉祐上至唐元和餘二百五十年，去元嘉則遠矣，則吏部蓋指韓矣。鄭谷有題太白集詩云：何事文星與酒星，一時分付李先生。高吟大醉三千首，留著人間伴月明。永叔所引但用沈二百年之語，加以退之，以對翰林三千首耳，詩年之數安在，如書馬數馬乎？（卷上）

者舊續聞：（宋・陳鵠撰）歐陽公與王荊公詩曰：翰林風月三千首，吏部文章二百年。荊公答曰。他日若能窺孟子，終身安敢望韓公。歐公笑曰：介甫錯認某意，所用事乃謝朓爲吏部尚書。沈約與之書云，二百年來無此作也。若韓文公迨今何止二百年耶。前後名公詩話至今博洽之士，莫不以歐公之言爲信，而荊公之詩爲誤，不知荊公所用之事，乃見孫樵上韓退之吏部書，二百年來無此文也。歐公知其一而不知其二，故介甫嘗曰，歐公坐讀書未博耳。雖然荊公亦有強辯處，嘗有詩云：「黃昏風雨滿園林，殘菊飄零滿地金」。歐公見而戲之曰：「秋英不比春花落，傳語詩人仔細吟」。荊公聞之曰：永叔獨不見楚辭：夕餐秋菊之落英耶！殊不知楚辭雖有落英之語，特寓意朝夕二字，言陰陽之精蕊，動以春靜自潤澤爾。所謂落英者，非飄零滿地之謂也。夫百卉皆彫落，獨菊花枝上枯，雖童孺莫不知之。荊公作事動輒引經爲證，故新法之行，亦取合於周官之書，其大概類此爾。（卷一）

野客叢書：（宋・王楙撰）士有不遇，則託文見志。往往反物理以言，以見造化之不可測也。屈原離騷曰：「朝飲木蘭之墜露兮，夕餐秋菊之落英。」原蓋借此以自諭，謂木蘭仰上而生，本無墜露，而有墜露。秋菊就枝而殞，本無落英，而有落英。物理之變則然。吾憔悴放浪於楚澤之間，固其宜也。異時賈誼過湘作賦，弔屈原有莫邪爲鈍之語。張平子思玄賦，有珍蕭艾於重罚兮，謂蕙芷之不香。此意正與二公同，皆所以自傷也。古人託物之意，大率如此。本朝王荊公用殘菊飄零事蓋祖此意。歐公以詩譏之，荊公聞之以爲歐公不學之過。後人遂謂歐公之誤，而不知歐公意。蓋有在歐公博學一世，楚辭之事，顯然耳目之所接者，豈不知之。其所以爲是言者，蓋深譏荊公用落英事耳。以謂荊公得時行道，自三代以下，未見其比落英，反理之諭，似不應用。故曰：秋英不比春花落，爲報詩人仔細看。蓋欲荊公自觀物理而反之於正耳。

（卷一）

甕牖閒評：（宋・袁文撰）歐陽文忠公評王介甫詩云：秋花不比春花落，憑仗詩人仔細吟。是固然也。然秋花獨菊不落，其他如木犀芙蓉之類者，則秋花豈盡不落耶。（卷七）

按：荊公殘菊詩云：「黃昏風雨打園林，殘菊飄零滿地金。攧得一枝猶好在，可憐公子惜花心。」

（臨川全集卷三十四）

至於王楙之野客叢書對離騷「落英」二句，諭爲屈原之借此明志也。頗有見地，惟其後段詆詖荊公似有差譌，此乃不脫元祐黨人之窠臼也。

六、誹謗文字

新法創制，守舊之輩，迭加抗爭，見事不逮，紛紛求去，失意之徒，其心何甘歟？滿腹憤懣，報之荊公。揑造事實，蓄意詆毀，以訛傳訛，積非成是，混淆史實，蒙蔽後世，無所不用其極。後世無知，承其口涎，拾其牙慧，相互鈔襲，一唱百和，相互印證。熙寧日錄被焚，事無對證，迫後世不得不信耳。哀哉！

宋代陳師道之後山叢談、王暐之道山清話、陸游之老學庵筆記，以及明代何良俊之何語氏林、陸深之儼山外集等等無中生有，一脈相承。茲將上述各項文字錄於后：

後山叢談：子曾子（曾鞏）初見神宗，上問曰：卿與王安石布衣之舊，安石如何？對曰：安石文學行義不減楊雄，然吝，所以不及古人。曰：安石輕富貴，非吝也。對曰：非此之謂也，安石於有爲吝於改過。上頷之。（卷二）

何氏語林：曾子固與王荊公友善，後神宗以問子固云：卿與王安石相知最早，安石果如何？子固曰：安石文章行誼不減楊雄，以吝故不及。神宗遽曰：安石輕富貴似不吝也。子固曰：臣所

謂吝者，以安石勇於有爲，吝於改過耳。神宗領之。（卷十八）

道山清話：唐子方爲人剛直，既參大政，與介甫議事每不協，嘗與介甫議殺人傷者，許首服以律案問免死。爭於裕陵（神宗）之前，介甫強辯，上主其議，子方不勝憤懣。對上前謂介甫曰：安石行乖學僻，其實不曉，今與之造化之柄，其誤天下蒼生必矣。上以先朝遺臣，驟加登用，亦不之罪。既而子方疽背而死，方病革，車駕幸其第，以臨問之。子方已昏不知人，忽聞上至，開目而言曰：願陛下早覺悟，可惜祖宗社稷，教安石壞之。上首肯之。（僅一卷）

陳師道之後山叢談，有贋作之嫌（前段已述），姑不待言之矣。神宗倚重荊公，視同股肱，豈可輕言訊及當朝宰相；曾鞏自滄州右遷回京，曾鞏何能又詆諞當朝宰相歟？況尚有鄉誼之情，情理不合，何容置信之耶！

至於道山清話一書，經四庫全書提要考證云：道山清話一卷，不著撰人名氏。說郛摘其數條，刻之題曰：宋王暐案書，末有暐跋語。………成書於徽宗時，中頗詆王安石之姦。於伊川程子及劉摯亦不甚滿。惟記蘇、黃、晁、張交際議論特詳，其爲蜀黨中人，均可見。文中所提及唐子方之事，（即唐介，前文已述，不贅。）

老學庵筆記：王荆公作相，裁損宗室恩數，於是宗子相率馬首陳狀，訴云：均是宗廟子孫，且告相公，看祖宗面。荆公厲聲曰：祖宗親盡，亦須祧遷，何況賢輩。於是散去。（卷二）

何氏語林：王荆公作相，裁減宗室恩數，宗子相率馬首陳狀之，均是宋朝子孫，那得不見子孫

面。荆公厲聲曰：祖宗親盡，亦須祧遷，何況賢輩。於是皆散去。（卷五）

儼山外集：王荆公作相，裁減宗室恩數，於是宗子相率馬首陳狀訴云：均是宋朝子孫，且告相公看祖宗面。荆公厲聲曰：祖宗親盡，亦須祧遷，何況賢輩。於是皆散去。（卷二十七　本節註明錄自老學庵筆記。然一另有一說，亦錄於后。）

儼山外集：王安石在熙寧間，裁減三室恩數，三學宗子鬨聚都下。俟安石入朝，擁馬以訴。安石徐下馬從容言曰：祖宗功德，服盡而祧，何況賢輩。於是宗子皆散，雖荆公一時應變之才，然其言不可廢也。（卷一）

陸游撰述此節未識取材何處？北宋稗史未見有此撰記，頗有疑問之矣。其祖本爲荆公門人，徽宗時不順蔡京，而被妄列元祐黨人碑也。

明代陸深將陸游所撰，記於儼山外集卷二十七中，而卷一中卻又另撰述一節。裁損宗室恩數情況一致，而荆公之語態則截然不同矣。不識二節取材又何處歟？

裁損宗室恩數，首倡者爲章獻劉后，眞宗晏駕後劉后即以國家多難，裁減皇親外戚恩數，宋王銍之默記業有記載（卷上）。其次則爲蘇轍而非荆公，蘇轍上神宗書言，論及裁損宗室一案。共六百五十言，可見宗室恩數之重，朝廷難於負荷，荆公有否裁損宗室恩數，尙未可知也。陸深復於刊儼山外集卷二十八，並加跋志云：「斯亦天下之公議也，固當不以人廢。」茲將上皇帝書摘錄於下：

蘇轍上皇帝書：……臣聞三代之間，公族有以親未絕而列於庶人者，兩漢之法。帝之子爲王，王之庶子猶有爲侯者，自侯以降，則庶子無復爵土。蓋有去而爲民者，有自爲民而復仕於朝，至唐亦然。……然臣觀朝廷之議，未嘗敢有及此何也？以宗室之親，而布之於四方，懼其啓姦人之心，而生意外之變也。臣切以爲不然。……（欒城集　卷二十一）

再論明代何良俊之何氏語林，其所記荊公之事蹟，皆以抄襲南宋元祐黨人之揑造文字，冒充己撰，拾人牙慧，沾沾自喜，眞恬不知恥也。苟依明史卷二八七（文徵明傳後附，）言及何某生平，其雖苦學仍不及其弟，其弟良傳已高中進士，而其久困場屋，後歲貢方入國學矣。

宋代周清煇之清波雜志言及荊公令媛七夫人之事，事實眞假，亟待考證，而何氏亦照鈔不誤，可恥。

清波雜志：蔡卞之妻王夫人，頗知書，能詩詞。蔡每有國事先謀之於床第，然後宣之於廟堂。時執政相語曰：吾輩每日奉行者，皆其咳唾之餘也。蔡拜右相，家宴張樂，伶人揚言曰：右丞今日大拜，都是夫人裙帶。譏其官職，自妻而致，中外傳以爲笑。（卷三）

何氏語林：蔡卞妻七夫人是荊公女，頗知書，能詩詞。蔡某每有國事先謀之床第，然後宣於堂廟。時執政相語曰：吾輩每日奉行者，皆咳唾之餘也。蔡拜右相，家宴張樂，伶人揚言曰：右丞今日大拜，都在夫人裙帶，中外傳以爲笑。（卷二十八）

以上誹謗文字，尙不足令人驚駭，諸項所作攻訐之文字，似有若無，似是而非。瑣瑣碎碎，無足輕重，未必使人深信之，有識之士則一笑置之也。

「辨姦論」爲詆詖荊公最厲之文，此輩僅爲小巫而已。揑造文字始祖應屬「邵伯溫」也，邵某於其所撰「聞見錄」中卷十二，揑造「辨姦論」一篇，並假借蘇洵之名，而攻訐荊公，適因蘇洵二子軾與轍均抗拒新法，敵視荊公。復又蘇氏昆仲（蜀黨）與洛黨（程頤）不睦，乃假以蘇洵之名贗撰之，邵某居心叵測，於文前加有敘引，文後加有跋論，誠可言之天衣無縫，因而矇蔽後世千年矣！毫無破綻可言也。清代康熙年吳楚材編輯古文觀止時，讀而不察，仍列入卷四之中，遺禍之深。不言而喻矣！（姚鼐之古文辭類纂未予編入）如此即可詆詖荊公，復又可陷蘇洵父子於不義，誠一石兩鳥也，邵伯溫誠世之姦慝矣。茲將邵某所撰之辨姦論摘錄於后：

辨姦論：事有必至，理有固然；惟天下之靜者，乃能見微而知著。月暈而風，礎潤而雨，人人知之。人事之推移，理勢之相因，其疏闊而難知，變化而不可測者，孰與天地陰陽之事？而賢者有不知，其故何也？好惡亂其中，而利害奪其外也。昔者山巨源見王衍曰：「誤天下蒼生者，必此人也。」郭汾陽見盧杞曰：「此人得志，吾子孫無遺類矣。」自今而言之，其理固有可見者。以吾觀之，王衍之爲人，容貌言語，固有以欺世而盜名者；然不忮不求，與物浮沈，使晉無惠帝，僅得中主，雖衍百千，何從而亂天下乎？盧杞之姦，固足以敗國；然而不學無文，容貌不足以動人，言語不足以眩世，非德宗之鄙暗，亦何從而用之？由是言之：二公之料二子，亦容有未必然也。

今有人，口誦孔老之言，身履夷齊之行，收召好名之士，不得志之人；相與造作言語，私立名字，以爲顏淵孟軻復出；而陰賊險狠，與人異趣；是王衍、盧杞合而爲一人也，其禍豈可勝言哉！夫面垢不忘洗，衣垢不忘澣，此人之至情也。今也不然，衣臣虜之衣，食犬彘之食，囚首喪面，而談詩書，此豈其情也哉？凡事之不近人情者，鮮不爲大姦慝，豎刁、易牙、開方是也。以蓋之名，而濟其未形之患，雖有願治之主，好賢之相，猶將舉而用之。則其爲天下之患，必然而無疑者，非特二子之比也。孫子曰：「善用兵者，無赫赫之功。」使斯人而不用也，則吾言爲過，而斯人有不遇之歎，孰知禍之至於此哉？不然，天下將被其禍，而吾獲知言之名，悲夫。

前敘：眉山蘇明允（洵字，又號老泉）先生嘉祐初，遊京師時，王荊公始盛，黨與傾一時，歐陽文忠公亦善之，先生文忠公客也，文忠公勸先生見荊公，荊公亦願交先生。先生曰：吾知其人矣，是不近人情者，鮮不爲天下患，作辨姦論一篇，爲荊公發也。（聞見錄卷十二）

邵某贗作，最先見於清代康熙進士李紱之「穆堂初稿」，於讀「辨姦論論後」一篇文中，切實指其贗作，除辨姦論一文外，尙有「張方平爲蘇洵所作墓誌銘」及「蘇軾謝張方平書」等二篇，皆爲邵某所贗作之。特將三文會串，相互印證，令後世之人則深信不疑矣。李紱爲求證其僞，多方蒐集求證，蒐得「明嘉靖壬申年太原張鏜翻印澧南王公家藏之孤本」。書名「蘇明允嘉祐集」，僅十五卷。與當時市間之二十卷老泉集頗有不同，除卷數差五卷外，最重要是書中卻短少「辨姦論」此篇文章也。

復經蔡上翔氏（元鳳）殫畢生精力，編纂荊公年譜考略，於自序中言：經考證亦無辨姦論一文之事。乾隆時編纂四庫全書，詳細考證蘇洵撰著而採用嘉祐集，嘉祐集現編入四庫全書集部之中。因此可斷言辨姦論一文確非蘇洵所撰之。李紱再蒐集張方平生平著述（張字安道，南京人，薦舉茂才），其撰著「樂全集」中，未見代撰「蘇洵墓誌銘」一文。蘇東坡全集中亦未見「謝張方平一書」，如是辨姦論一文則爲邵伯溫贋作更無疑矣。（茲將二書鈔錄本章之后。）

辨姦論一文，業經考證確認爲邵伯溫贋作之。至於「老泉集」一書，亦不無疑問？是否既爲蘇洵之嘉祐集，抑還爲他人僞纂？是否亦既邵伯溫所僞纂，不無可疑之點。明代張萱之疑耀對蘇洵以及老泉集等，皆有論議。其所論雖非老泉集之眞僞，然足令世人疑之。茲錄於后：

疑耀：……余嘗疑之，蘇老泉爲布衣時未知名。有雅安太守劉大簡，字簡夫者，深器之。以書上韓魏公、歐陽文公、張忠定公薦之語甚切，至東坡潁濱文章天下，獨無一語及簡夫。老泉集中，亦止有與簡夫辭辟試一書耳！而與簡夫請納拜書，及老泉所作簡夫墓銘，今皆不載，豈編集時有意去之耶？古人謂感恩易，知己難。……（卷二　賈誼蘇洵薄德，賈誼部分略之）

苟如疑耀之論，蘇洵薄德姑且不談，然老泉集該載文章未載，贋作文章卻載反之。如此，老泉集應是他人僞纂，抑或後人重編，皆屬疑問？而爲何復有嘉祐集存於世乎？此中疑竇惟盼者博證之矣！

蓋蘇洵於嘉祐年初攜二子軾與轍入京，蘇軾於嘉祐元年舉進士，於治平三年蘇洵謝世，共十年之久。而荊公於嘉祐五年五月至八年八月在京任知制誥，僅三年而已（依王荊公年譜計算）。此三年中，歐陽文中公曾兩度出使契丹，在京時日不多（依歐陽文忠公年譜計算）。蘇洵何能知其如此之詳耶！

荊公在京之時，屢屢求外放，不求館職，蘇洵又何能言其姦矣！邵某所言，荊公與蘇洵相聚於歐陽文忠公處爲嘉祐初年，嘉祐年號共有八年，「初年」應在嘉祐四年以前，蘇洵何能與荊公相聚之有？元年荊公任舒州群牧判官，二年三年知常州，四年提點江東刑獄，於五年中荊公始進汴京，況何有姦邪落於蘇洵之口耶。邵某之謊言不攻自破矣！

荊公與邵某並無瓜葛可言，邵某因與司馬光等於洛陽相處十六年之久，而又與程頤昆仲情宜甚密，其爲忠元祐黨人而撰此辨姦論，損人不利己也。邵某復再跋曰，更將其破綻曝露無遺。與司馬光等之狼狽，均顯現於字裡行間矣。茲錄於后：

> 跋曰：……歎十餘年，荊公始得位，爲姦無不如先生言者。呂獻可（呂誨字）中丞公，於熙寧初荊公拜知政參事日，力言其奸。每指荊公曰：亂天下者，必此人也。又曰：天下本無事，庸人自擾之耳。司馬溫公初以爲不然，至荊公虐民亂政，溫公乃深言於上不從，不拜樞密副使以去。又貽荊公三書（此三書全文錄於第十二章），甚苦冀荊公之或從也，荊公不從乃絕之。溫公悵然曰：呂獻可之先見，余不及也。若曰：明允先生其知荊公又在獻可之前十年矣。豈溫公不見辨姦也，獨張文定公（張方平）表先生墓誌具載之。

跋又云：「獨張文定公表先生墓誌具載之。」墓表云：「先生曰：吾知其人矣，是不近人情者，鮮不爲天下患。安石之母死，士大夫皆弔，先生獨不往，……」如是；蘇洵豈是一代碩儒乎？禮義何在？荊公母喪，士大夫皆可弔，明允獨其不可弔乎？何故也。是耶非耶！何信之有耶！邵伯溫陷蘇洵之不義，又多一例也。嗟夫！後跋又云：「溫公悵然曰：呂獻可（誨）之先見，余不及也。若曰：明允先生其知荊公又在獻可之前十年矣。」至於呂誨上章參劾荊公爲熙寧二年，蘇洵於治平三年謝世，三年之後何可再論及蘇洵耶！豈非又一大謊言耳？何可信之矣！

辨姦論一文，貽禍匪淺，既詬荊公，復傷蘇洵，更暗諷神宗，辨姦論中云：「……使晉無惠帝，……非德宗鄙暗，……雖有原治之主，好賢之相，猶將舉而用之。」蘇洵於治平三年業已謝世，未涉新法，本與元祐黨人無涉。史書評曰：神宗發奮興國，勵治圖強，惟操之過急，廢逐元老，擯斥諫士，遂使天下囂然。欲取寧夏，滅西羌皆不成矣。再依宋史言，神宗登基之初，即任荊公創立新法。改制圖強，新法創立之主導者則爲神宗而非荊公。廢逐元老，擯斥諫士之責，應科之於神宗，元祐黨人豈可怨恨荊公歟？邵某已貽禍後世匪淺，其子猶恐不足，復於聞見後錄相繼倡和之。

聞見後錄：英宗實錄：蘇洵卒，其子蘇軾辭贈銀絹，求贈官，故贈洵爲光祿寺丞。與歐陽公之誌，天子聞而哀之時，賜光祿寺丞不同，或云：實錄荊公書也。又書：洵機衡論策，文甚美，然大抵兵謀權利機變之言也。蓋明允時荊公名已盛，明允獨不見，作辨姦論以刺之，故荊公不樂云。（卷十四）

蘇洵於治平三年謝世。而荊公嘉祐八年八月母喪丁憂回江寧，先三年即已離京，而與蘇洵何有瓜葛之言哉。又何須作辨姦論刺之，荊公何不樂之有矣。況本傳亦言：「以母憂去，終英宗世不起」等云。聞見後錄所云：蘇洵上歐陽文忠公之「權書論衡」一文，亦非所云「機衡論策」也。上書時日應在嘉祐初年蘇洵初至京師之時，此時荊公尚在江南，未必能見此文，又何能論及「兵謀權利機變」之言哉？

辨姦論自元祐之後，吠影吠聲，同聲和之，不知幾何人也。如葉夢得之避暑錄話，方勺泊宅記，朱熹五朝名臣言行錄（蘇洵傳內），胡仔苕溪漁隱叢話後集等，相互抄襲，彼此印證，迫使後人不得不信荊公之奸耶！方勺之泊宅記所載更玄，反是葉夢得之避暑錄話，雖對辨姦論一文記載不實，對荊公之儀容生活則有平實記錄之，爲其可取之處也。至於辨姦論所指荊公囚首喪面一節，極盡誣衊，荊公本爲面色黧黑，而非污垢也。仁宗時龍圖閣直學士知開封府包拯面色黝黑，豈亦是囚首喪面歟？宋代沈括之夢溪筆談對荊公面色記載明確，且吳國夫人文學造詣極深，並擅長短句，且有潔癖何可容荊公衣囚虜之衣，食犬彘之食歟？宋朱彧之萍州可談刊之二節綦詳，而葉夢得之避暑錄話，胡仔之苕溪漁隱叢話特刊載之。豈可令當朝宰相而囚首喪面乎？茲將避暑錄話等分錄於后：

元祐黨人攻訐荊公文字，亦屬不該。然至南宋，愈變愈劇，難予信之矣。如荊公衣領爬蚤、鬍鬚有虱、面帶污垢等等無稽論述，豈可信乎？此皆元祐黨人故意揑造事實而誹謗荊公也。明清文人，剽竊元祐黨人文字，慆慆得意，竊竊自喜，編訂成卷，留於後世，荒唐！

> 避暑錄話：嘉祐初來京師，一時推其文章，王荊公爲知制誥，方談經術，獨不嘉之，屢詆于眾，以故明允惡荊公甚于仇讎。會張安道(張方平)亦爲荊公所排，二人素相善。明允作辨姦一篇，密獻安道，以荊公比王衍、盧杞，而不以示歐文忠，荊公後微聞之，因不樂子瞻兄弟，兩家之

隙，遂不可解。辨姦久不出，元豐間子由從安道辟南京，請爲明允墓表特全載之。蘇氏亦不入石，比年少傳于世。荆公性固簡率，而謂之食狗彘之食。囚首喪面者，亦不至是也。（卷上）

萍州可談：王荆公妻越國吳夫人性好潔成疾，公任眞率，每不相合。自江寧乞骸歸私第，有官籐牀吳假用未還，吏來索，左右未敢言，公一旦跣而登牀，偃仰良久，吳望見，即令歸還。（卷二）

萍州可談：荆公吳夫人有潔疾，其意不獨恐汚已，亦恐汚人，長女之出省之于江寧。夫人欣然裂其綺帛製衣，將贈其甥，皆珍異也。忽有貓臥衣笥中，夫人即叱婢揭衣置浴室下，終不肯與人，竟腐敗無敢收者。（卷二）

葉氏所言瑕疵頗多，蘇洵攜二子至京師應是至和元年或二年，非爲嘉祐初年，蘇軾昆仲嘉祐元年高中進士。其次則荆公對蘇軾及蘇轍二人奇善，荆公稱蘇軾爲「人之龍也」，而擢拔小臣以蘇轍爲第一位，何言不樂其兄弟二人矣。考略另云：蘇軾由黃州過金陵時，拜謁荆公，相見甚歡，留連累日，並有唱和。而蘇軾累予詆詖荆公，而非荆公不樂於蘇軾昆仲也，茲將考略所刊錄於后：

考略：蘇子瞻由黃州過金陵，是時王益柔守江寧，子瞻與之同遊蔣山。因得並謁荆公，留連累日，唱和甚多。若如葉夢得所説辨姦來由，則子瞻與荆公實有宿怨，而至是又曷爲親往見之耶！

且其詩曰：「騎驢渺渺入荒陂，想見先生未病時。」是時公病初癒。（卷二十三）

再言，荆公在京爲知制誥於嘉祐五年五月以後，與邵伯溫之聞見錄所言：「歎十餘年」又不符矣。

蘇洵謝世距嘉祐五年僅六年而已。且葉、邵二人同爲元祐年間同時代之人彼此都無法相吻合，令後人何能信之也。張方平一節業經清代李紱考證爲虛構不實，無庸解釋之。茲將沈括之夢溪筆談、方勺之泊宅記、胡仔之漁隱叢話等錄於后：

夢溪筆談：王荊公病喘藥，用紫團山人參，不可得時。薛師政自河東還，適有之，贈公數兩，不受。有人勸公曰：公之疾非此藥不可治，疾可憂藥不足辭。公曰：平生無紫團參亦活到今日，竟不受。公面黧黑，門人憂之，以問醫，醫曰：此垢汙非疾也。進澡豆令公滌面，公曰：天生黑於予，澡豆其如予何？（卷九）

苕溪漁隱叢話：荊公妻，吳國夫人亦能文，嘗有小詞，約諸親遊西池。有：「待得明年重把酒，攜手，那知無雨又無風。」皆灑脫可喜之句。（上集卷六十）

至於方勺、胡仔等所言及「辨姦論」所作鈔襲之言，茲一并錄於后：

泊宅記：公（指歐陽修）在翰苑常飯客，客去獨老泉少留，謂公曰：適坐有囚首喪面者何人？公曰：王介甫也。文士之行，子不聞之乎。洵曰：以某觀之，此人異時必亂天下，使其得志立朝，雖聰明之主亦將爲其誑惑，內翰何爲與之游乎。洵退，於是作辨姦論行於世。是時介甫方作館職，而明允猶布衣也。（卷上）

苕溪漁隱叢話：龜山（楊時），謂老蘇爲荊公所薄，余觀張安道作老蘇墓表，老蘇亦自鄙荊公蓋道不同，不相爲謀，宜其矛盾如此。墓表云：嘉祐初，王安石名始盛，黨友傾一時，其命相制曰：生民以來，數人而已，造作言語，至以爲幾于聖人。歐陽修亦與之善，勸先生與之游，而安石亦願交先生。先生曰：吾知其人矣，是不近人情者，鮮不爲天下患！安石之母死，士大夫皆弔之，先生獨不往，作辨姦論一篇，當時見之者，多不謂然？曰：嘻其太甚矣！先生既歿，三年之後，而安石用事，其信乃信。（下集卷二十七）

方勺所言歐陽文忠公之飯客時間，應爲嘉祐五年至八年間，荊公任知制誥之時，此點較邵伯溫之聞見錄所言「數十餘年」之語，年代有差。然與聞見錄及避暑錄話等，則又不相符矣。至於漁隱叢話所言，又與泊宅記等所言不吻，誠各說各話，胡仔所言乃是依張方平墓表爲據，如：「蘇洵不弔荊公母喪」之言，照鈔不誤。此墓表本爲贋作，胡仔何不察耳？反而信之！哀哉！

泊宅記經四庫全書提要考證云：「……元祐中蘇軾刺杭州，值省試，嘗以勺名薦送，勺遂游於軾之門。……勺既爲軾弟子，於王安石、張商英輩皆有不滿之詞。宗澤爲其鄉里，而徽宗時功名未盛，故勺頗譏其好殺，是非未必盡然。……」方勺撰此則筆記，明顯拾「聞見錄」牙慧，且又畫蛇添足，擅增飯局一節，以示見多識廣，卻反巧成拙，貽笑大方。

苟若辨姦論所云：「衣臣虜之衣，食犬彘之食；囚首喪面，而談詩書。」荊公不修邊幅，而司馬光定必衣鮮馬肥，容光煥發，然其對其奴婢何其刻薄歟？宋代龔昱之樂菴語錄亦云，茲錄於后：

樂菴語錄：司馬溫公清修寡欲，家無曳綺之妾，而婢僕之禁甚嚴。一日有客自輪盤隙中，窺見一婢蓬首垢面，形狀乞瘦如鬼，不覺驚歎，乃知前輩持家嚴，內外之分如此。（卷五）

另邵伯溫於聞見錄撰云：荊公與司馬光不睦，誣荊公胸襟狹窄，反言司馬光謙虛寬厚不實之論，然樂菴語錄亦作此言，惟較舒緩，亦不盡然。茲摘錄於下：

聞見錄：……伯溫竊謂：荊公聞溫公入相，則曰：司馬十二作相矣。蓋二公素相善，荊公以行新法作相，溫公以不行新法辭樞密使，反復辯論三書而後絕，荊公知溫公長者不修怨也。王荊公薨，溫公在病中告聞之簡，呂申公曰：介甫無他，但執拗耳，贈卹之典宜厚大哉。溫公之盛德不可及矣。（卷十二）

樂菴語錄：有門人侍坐（指司馬光），因論熙豐間事，極口詆毀王介甫，至不以人類待之。先生徐謂之曰：荊公長處甚多，亦不易得。方其執政時，豈有意壞亂天下，第所見不到處，故溫公曰：介甫無他，但執拗耳。（卷五）

南宋吳曾之能改齋漫錄云：荊公與司馬光二位郊賚之事而爭之，神宗乃以親自主持，孰是孰非亦足佐證聞見錄所言，皆有扭曲事實之嫌。茲摘錄於下：

能改齋漫錄：熙寧元年，兩府辭郊賜。（荊公以爲兩府郊賚不多，主張不減。司馬光言國用窘竭，主減。文長略之）荊公曰：窘乏非今日之急，得善理財者，何患不富。文正公曰（司馬光卒後謚文正公）：善理財者不過浚民之膏血耳。神宗令，且爲不允，詔會荊公當直，遂以荊公之意。（卷十三，宋史三三六司馬光傳中亦刊）

荊公與司馬光二位爭執之事，並非治國大計，僅爲郊賚經費裁減與否，政事本可各紓己見，無可厚非，荊公所言未必不當，國家窘乏豈在於此，可另闢財源爲之。司馬光何口出此惡毒語句，「不過浚民膏血」，此豈乃碩儒所爲也，如此與潑婦罵街何有異之。

至於呂誨劾荊公之疏文暨續通鑑所述錄於后：

呂誨參劾荊公全文：

臣切以大姦似忠，大詐似信，惟其用舍繫時之休否也。至如少正卯之才，言僞而辯，行僞而堅，順非而澤，強記而博，非宣父聖明，孰能去之。唐盧杞，天下謂之姦邪，惟德宗不知，終成大患，所以言知人之難，堯舜猶其病諸。陛下即位之初，起王安石就知江寧府，未幾召爲學士，縉紳皆慶陛下之明，擢有文之得以適其用也。及進二臺席，僉論未允，衡石之下，果不能欺其重輕也。古人曰：廟堂之上，非草茅所當言，正謂是也。臣伏睹參知政事王安石，外示樸野，中藏巧詐，驕蹇慢上，陰賊害物，斯眾所共知者；臣略疏十事，皆目睹之實跡，冀上寤於宸監，一言近誣，萬死無避。安石向在嘉祐中，判糾察刑獄司，因開封府爭鵪鶉公事舉駁不當，御史臺累移文催促謝恩，倨傲不恭。相次仁宗皇帝上仙，未幾安石丁憂，其事遂已。安石服滿，託病堅臥，累詔不起，終英宗朝不臣，就如有疾，陛下即位，亦合赴闕一見，稍存人臣之禮。及就除江寧府，於私安便，然後從命，慢上無禮，其事一也。安石任小官，每一轉遷，遜避不已。自知江寧府除翰林學士，不聞固辭。先帝臨朝，則有山林獨往之思；陛下即位，乃有金鑾侍從之樂。何慢於前而恭於後，見利忘義，豈乎其心，好名欲進，其事二也。人主延對經術之士，講解先王之道，設侍講侍讀常員，執經在前，乃進說，非傳道也。安石居是職，遂請坐而講說，將屈萬乘之重，自取師氏之尊。眞不識上下之儀，君臣之分，況明道德以輔益聰明者乎。但要君取名而已，其事三也。安石自居政府，事無大小，與同列異議，或因奏對留身進說，多乞御批自中而下，以塞同列沮論，是則掠美於己，非則斂怨於君，用情罔公，其事四也。安石自糾察司舉駁多不中理，與法官爭論刑名不一，常懷忿隙。昨許遵誤斷謀殺公事，力爲主張，妻謀殺夫，用按問欲舉減等科罪，挾情壞法，以私報怨。兩制定奪，但聞朋附，二府看詳，亦皆畏避。徇私報怨，其事五也。安石初入翰林，未聞進一士之善，首率同列，稱弟安國之才，朝廷與狀元恩例，猶謂之薄。主試者定文卷不優，其人遂罹中傷，小惠必報，纖讎必復。及居政府，纔及半年，賣弄威福，無所不至。自是畏之者勉意俯從，附之者自鬻希進，奔走門下，惟恐其後。背公私黨，今已盛矣。怙勢招權，其事六也。宰相不視事旬日，差除自專，逐近臣補外，皆不附己者，妄言盡出聖衷。若然不應是安石報怨之人。丞相不書敕，本朝故事，未之聞也。意示作威，聳動朝著。然今政府，同例依違，宰相避忌，遂專恣而何施不可。專威害政，其事七也。凡奏對御座之前，惟肆強辯，向與唐介爭論謀殺刑名，遂致喧譁，衆非安石而是介，介忠勤之人，務守大體，不能以口舌勝，不勝憤懣，發疽而死。自是同列，尤甚畏憚。雖丞相亦退縮不敢較其是非，任性轅轢同列，其事八也。陛下方稽法唐堯，敦睦九族，奉親愛弟以風天下。而小人章辟光獻言，俾岐王遷居於外，離間之罪，固不容誅。上尋有旨送中書，欲正其罪，安石堅拒不從，仍進危言以惑聖聽，意在離間，遂成其事。朋姦之跡甚明，其事九也。今邦國經費，要會在於三司，安石居政府，與知樞密者同制置三司條例，兵與財兼領之，其掌握輕重可知矣。又舉三人者勾當，八人者巡行諸路，雖名之曰商榷財利，其實動搖於天下也。臣未見其利，先見其害，其事十也。臣指陳猥瑣，煩黷高明。誠恐陛下悅其才辨，久而倚毗，情僞不得知，邪正無復辨。大姦得路，則賢者漸去，亂由是生。臣究安石之跡，固無遠略，惟務改作，立異於人。徒文言而飾非，將罔上而欺下，臣切憂之，誤天下蒼生，必斯人矣。伏望陛下圖治之宜，當稽於眾。方天災屢見，人情未和，惟在澄清，不宜撓濁。如安石久居堂廟，必無安靜之理。臣所以瀝懇而言，不虞橫禍，期感動於聰明，庶辨別於眞僞。況陛下志在剛決，察於隱伏，當質於士論，然後知臣言之中否。然訐大臣之罪，不敢苟逭，孤危苦寄，職分難安。當復露章，請避怨敵。（錄自考略卷十四）

續通鑑：熙寧二年六月，誨之將有言，司馬光自邇英趨資善堂，與誨相逢，光密問：「今日請對，欲言何事？」誨曰：「袖中彈文，乃新參也。」光愕然曰：「眾謂得人，奈何論之？」誨曰：「君實亦爲是言邪？安石雖有時名，然好執偏見，不通物情，輕信姦回，喜人佞己，聽其言則美，施於用則疏。若在侍從，猶或可容，置之輔宰，天下必受其禍。」光曰：「今未有顯跡，盍待他日。」誨曰：「上新嗣位，富於春秋，所與朝夕謀議者，二三大臣而已，苟非其人，將敗國事。此乃腹心之疾，治之惟恐不逮，顧可緩邪！」章上，誨被黜而安石益橫，光於是服

誨之先見，自以爲不及也。（卷六十六）

此節長編未有撰述，顯然續通鑑鈔自於聞見錄卷十二也。長編於拾補卷四，僅刊呂誨劾荊公之疏文而已。劾文論調空泛無物，一味虛詞詭語，陳腔爛調，翻算往事，何如邵伯溫所揑造有先見之明歟？何人置信之。且辨姦論中雜有劾文中之字句，如：誤天下蒼生，必斯人矣。按：呂誨於治平三年正月參劾歐陽修等濮議案而待罪，其尚不知其過矣（見長編二百七，續通鑑亦刊之，本書第五章已述）。復又故態復萌，而罷黜鄧州，應是罪有應得之。故考略對劾荊公之文又評之云：中間摭入十事，皆衆週知者，安得言有先見之明也。茲將考略及梁任公之王安石評傳。茲簡錄於后：

考略：安石文章風節，天下稱賢，及相神宗行新法，而舉朝譁然攻之，其斥爲奸邪而先見於奏章者，呂誨也。世傳司馬溫公言：「呂獻可之先見，范景仁之勇決，吾不如也。」果是溫公之言歟？考熙寧元年四月，詔王安石越次入對。二年二月，參知政事，六月，呂誨以論王安石罷知鄧州。是由越次入對，至是裁逾年期，中間摭入十事，內則皆衆所共知者，安在其爲有先見之明也。……（卷十四　後爲評語甚長略之）

評傳：呂誨何人，即治平間因濮議劾韓琦、歐陽修，請戮修以謝祖宗者也。修所著濮議，於其言語、狀貌、心術，刻畫無餘蘊矣。修所謂揚君之惡以彰己善，猶不可，況誣君以惡而買虛名哉！當時臺諫，大率如此，而誨其代表也。……（第十六章　後爲評語甚長略之）

至於劾文第三事云：「人主延對經術之士，講解先王之道，設侍講侍讀常員，執經在前，乃進說，非傳道也。安石居是職，遂請坐而講說，將屈萬乘之重，自取師氏之尊。……」此事與史實不符，據長編所刊，荊公于神宗之前皆立而講說之。茲錄長編於后：

> 長編：熙寧元年四月庚申，翰林學士兼侍讀呂公著，兼侍講王安石等言：竊尋故事，侍講者皆賜坐。自乾興（眞宗）後講者始立，而侍者皆坐聽。……同知禮院胡宗愈言：臣等竊謂臣侍君側，古今之常，或賜之坐，蓋出優禮。祖宗以講說之臣，多賜坐者，以其敷暢經藝所以明先王之道，道所存禮則加異。太祖開寶中，李穆、王昭素於朝召對便殿，賜令坐講。……上以問曾公亮，但稱，臣侍仁宗書筵，亦立。後安石因講賜留，上面諭曰：卿當講日可坐，安石不敢，遂已。（拾補卷三）

至於劾文第九事云：「小人章辟光獻言，俾岐王遷居外，離間之置，固不容誅。上尋有旨送中書，欲正其罪，安石堅拒不從，仍進危言，以惑聖聽，意在離間，遂成其事。朋姦之跡甚明，其事九也。」考略評之曰：「皆衆共知者。」事實並非全然，而係黨錮之爭，而捏造事實也。苟爲荊公或呂惠卿教唆章辟爲之，何不自爲之矣？據司馬光之涑水記聞則另有所記，又故意捏造情節而假禍於荊公，考略另作合理之釋矣。茲均錄於后：

> 涑水記聞：介甫初參大政，章辟光上言，岐王嘉王不宜居禁中，請使出居於外。太后怒與上言，辟光離間兄弟，宜加誅竄。辟光揚言，王參政、呂惠卿來教我上此書，今朝廷若深罪我，我終不置此二人。惠卿懼以告介甫，上欲竄辟光于嶺南，介甫力營救，止降監當而已。呂獻可攻介

甫，引辟光之言，以聞於上，獻可坐罷中丞知鄧州。蘇子容（頌）當草制，曾魯公（公亮）召諭之曰：辟光治平四年上書，當是時介甫猶在金陵，惠卿監杭州酒，安得而教之。故其制詞云：當小人交構之言，肆罔上無根之語。制出，士大夫頗以子容制詞爲非。子容以魯公之言告，乃知治平四年辟光所上言他事，非言岐嘉者，子容深悔之。嘗謂人曰：介甫雖黜逐我，我怨之不若魯公之深也。（卷十五）

按：蘇頌之罷黜共三人，計蘇頌、宋敏求：呂大臨等三舍人因諫官事而罷黜。（見宋卷三百四十一蘇頌本傳）

考略：其九曰：自古亂亡之國，起於宮闈者蓋多故矣。而惟兄弟尤甚，是故親親則諸父昆弟不怨，以至尊其位，重其祿，同其好惡，聖賢所著爲經者，何其甚詳而有禮也。前代以兄弟生亂，見於春秋眾矣。故後世諸王分封，必使出居於外，以爲與其地近而偪，不若疏遠而可長保無虞也。岐嘉二王爲神宗同母兄弟，親愛莫加焉。熙寧初立，著作佐郎章辟光以遷居外邸爲請，則與陰邪小人私行離間者異矣。神宗欲罪辟光，亦親親之道宜然。安石獨違眾議不欲以深罪罪辟光，要亦大臣謀國防微杜漸之意也。且岐嘉二王本賢王，熙寧以來，岐王屢請居外，章上輒卻，是岐王以禮自處也。元豐八年，神宗不豫，先是岐嘉二王日問起居，及既降制延安郡王傭爲皇太子，即令毋輒入。夫宣仁皇太后母子至親，神宗二十年友愛，至是何嫌何疑，然若如此者，是又宣仁之以禮處二王也。……（卷十四）

按：哲宗未即位前爲延平郡王，名煦。考略：延平郡王傭爲皇太子，其「傭」字非哲宗之名，恐刊校之誤也。

章辟光上疏諫岐嘉二王居外，宣仁高后大怒，令神宗誅竄，如是則示神宗以重手足之情，且其已以爲舐犢情深，神宗與岐嘉二王皆爲所出，爲人母者，理當如此也。事非盡然，神宗於元豐八年晏駕，以治國之大計，理當由岐嘉二王成年之人，任擇一位繼承皇位。而宣仁高后竟立神宗朱妃之子，延安郡王爲帝（哲宗）。哲宗尚在稚齡，於是宣仁高后垂箔聽政，牝雞司晨，母后操權也。誅竄章辟光，僅爲惺惺作態耳，故蘇轍詈言其爲老姦也。

南宋雖亡，後人受稗史蠱惑，閱而不察，隨聲附和鼓噪之。南宋洪咨夔（寧宗嘉定進士）作七律一首，繼而元代韋居安於其梅澗詩話中大舞筆墨耶！

梅澗詩話：荊公行青苗免役法，引用一等小人，天下爲害，卒召六十年靖康。洪平齋（洪咨夔之平齋詩集）有詩云：「君臣一德盛熙寧，厭故趨新用六經。但怪盡圖來鄭俠，何期奏議出唐坰。掌中大地山河舞，舌底中原草木腥。養成禍胎身始去，依然鍾阜向人青。」此詩五十六字史論。近人李石山振龍題荊公定林庵一聯云：「誰來此地成南渡，所謂伊人在此山」。（卷上）

《附：贋作張方平撰蘇洵墓表》

仁宗皇帝嘉祐中，僕領益郡，念蜀異日常有高賢奇士，今獨乏耶！或曰勿謂蜀無人，蜀有人焉，眉山處士蘇洵其人也（是何文法）。請問蘇君之爲人？曰：蘇君隱居以求其志，行義以達其道，然非爲亢者也。爲乎緼而未施，行而未成，我不求諸人而人莫我知也，故今年四十餘不仕。公不禮士，士莫至，公有思見之意，宜來，久之蘇君果至，即之穆如也。聽其言，知見博物洽聞矣。既而得其所著權書衡論閱之，如大雲之出於山，忽布四方，倏散無餘；如大川之滔滔東注於海，源也委也，其無間斷也。因論蘇君：左邱明國語，司馬遷善敘事，賈誼之明王道，君兼之矣。遠方不足成君名，盍遊京師乎。因以書先之於翰林歐陽永叔，君然僕言，至京師，永叔一見大稱歎，以爲未始見夫人也。目爲孫卿子，獻其書於朝，自是名動天下，士爭傳誦其文，時文爲之一變，稱爲老蘇。

時相韓公琦聞其名，而厚待之，嘗與論天下事，亦以爲賈誼不能過也。然知其才而不能用，初作昭陵，禮廢闕，琦爲大禮，使事從其厚，調發趣辦，州縣騷然。先生以書諫韓琦且再三，至引華元不臣以責之。琦爲變色，然顧大義爲稍省其過甚者，及先生歿，韓亦頗自咎恨。以詩哭之曰：知賢不早用，愧莫先於余者也（又添一重公案）。先生亮直寡合，有倦遊之意，獨與其子居，非道義不談，至於名理勝會，自有孔顏之樂（熙寧以前無此學術），一廛一區，侃侃如也。

又數年，召試紫微閣不至，乃除試祕書省校書郎。俾就太常修纂建隆以來禮書，以爲霸州文安縣主簿，使食其祿，集成太常因革禮一百卷，書成奏未報而以疾卒。享年五十有八，實治平三年四月，英宗聞而傷之，命有司具舟，載其喪歸葬於蜀，明年八月壬辰，葬於眉州彭山縣安鎮鄉可龍里，朝野之士，爲誄者百一十有三人。

先生字明允，考序，大理寺評事，累贈職方員外郎，以節義自重，蜀人貴之。生二子澹渙，教訓甚至，各成名官，先生其季也，已冠猶不知書，職方沒，始讀書，不一二年，出諸老先生之右，一日覽其文，作而曰：吾今之學猶未知之學也已，取舊文稿悉焚之。杜門絕賓友，繙詩書經傳諸子百家之書，貫穿古今，由此著述根柢深矣。質直忠信，與人交共憂患，死則收卹其子孫，不喜飲酒，未嘗戲狎，常談陋今而高古，若先生者非古之人歟，謂今莫如古者，斯焉取斯。

嘉祐初，王安石名始盛，黨友傾一時，其命相制曰：生民來，數人而已，造作語言，至以爲幾於聖人（小人作僞醜惡盡露矣）。歐陽修亦已善之，勸先生與之遊。而安石亦願交先生。先生曰：吾知其人矣，是不近人情者，鮮不爲天下患。安石之母死，士大夫皆弔，先生獨不往，作辨姦論一篇，當時見者多不爲然。曰：噫其甚矣！先生既歿三年，而安石用事，其言乃信。

夫惟有國者之患，嘗由辨之不早。子言之，知風之自，見動之微，非天下之至精其孰能至於此哉。嘗試評之，定天下之臧否，一人而已。所著文集二十卷，謚法三卷，易傳三卷。初京將遊京師，過益州與僕別，且見其軾轍及其文卷，曰二子將從鄉舉，可哉。僕披其卷曰：從鄉舉，乘騏驥而馳閭巷也。六科所以擢英俊，君二子從此選，猶不足以騁其逸力爾。君曰：姑爲後圖，遂以就舉。一上皆登進士，再舉制策，並入高等，今皆爲國士。

仁宗時海內乂安，朝廷謹持憲度，取士有常格，故羔雁不至，有巖谷奉嘗特召，已爲異禮，屬之論撰，臺諫之慚也。而君不待，惜乎其嗇於命也。其事業不得舉而措諸天下，獨新禮百篇，今爲太常施用。若夫鄉黨之行，家世之詳，則有別傳存焉。今舉始卒之大概以表其墓，惟其有之，是以言之不忭云。（括弧內爲蔡上翔先生所評。）

考略：蘇明允得歐陽修、曾子固誌其墓，可以立名千古矣。而安道復爲之表，與子瞻謝書，若專辨姦而作，豈明允一生大事爲歐曾文所未備者，果無有重於此哉？嗚呼！吾於明允墓表，尤不免重爲安道惜哉。

考安道本傳稱其少穎絕倫，凡書皆一閱不再讀，宋綬蔡齊以爲天下奇才，子瞻序其文集，亦謂詩文清遠雄麗，讀者可以想見其人，亦烏有此表。補緝舊語，辭不成句，亂雜無章，尚可與言文事哉？所最可怪者，無如攙入命相制詞。

明允卒於治平三年，至熙寧三年，安石始同平章事，是時安道同朝，安得錯謬至此，而六七百年來，未有斥其非者？唯穆堂李氏一及之，及閱名臣言行錄，亦采入蘇洵傳云。

嘉祐初，安石名始盛，黨友傾一時，中間删去命相制曰二十四字，而即繼之曰歐陽修亦善之，夫删之則似既知其妄矣。既知之若於是人作僞日拙，已自陷於萬不能解免者，而删者顧爲之代覆其惡，吾誠不能爲造謗者解矣！吾尤不能爲代覆其惡者解矣！中間意不接，辭不成句，不可勝摘，識者詳之。

《附：贋作蘇軾謝張太保撰先人墓表書》

軾頓首再拜，伏蒙再示先人墓表，特載辨姦論一篇，恭覽涕泗，不知所云。

竊惟先人早歲汩沒，晚乃有聞。雖當時學者知師尊之，然於其言語文章，猶不能盡，而況其中有不可形者乎。所謂知之盡而信其然者，唯公一人，雖若不幸，然知我者希，正老氏之所貴，辨姦之始作也。自軾與舍弟皆有噫其甚矣之諫，不論他人惟明公一見以爲與我意合，公固已論之先朝，載之史冊，今雖容有不知，後世決不可沒。而先人之言，非公表而出之。則人未必信，信不信何足深計，然使斯人用區區小數以欺天下，天下莫覺莫知，恐後人必有秦無人之歎，此墓表所以作，而軾之所流涕再拜而謝也。

黃叔度淡然無作，郭林宗一言，至今以爲顏子。林宗於人才大小畢取，所賢非一人，而叔度之賢，無一見於外者，而後世猶信，徒林宗之重也。今公之重不減林宗，所賢惟先人，而其心跡粗若可見，其信於後世必矣。多言何足爲謝，聊發一二不宣。軾再拜。

考略：夫先人有潛德幽光，得賢人君子爲之表揚，而爲子孫者至於感激流涕以謝，固其宜也。若明允之於介甫。生前既無一日過從之雅，即謂介甫素不悅其所學，與非毀其文章，亦未嘗有事權以塞其登進之路。則子瞻之於介甫，尤非有不共戴天之讎也，曷爲一則曰涕泗，再則曰流涕，乃專在於辨姦。由君子觀之，是豈仁人孝子所爲，且將視子瞻爲何如人哉？辨姦爲一人私書，初傳於世，亦詭秘莫測，而論之先朝，載之史冊，是何所據而云然。

明允卒後四年，而安石當國，新法始行，舉國讙譁，豈其人果皆由讀辨姦而然，而曰非明允表而出之，恐後人有秦無人之歎，是又何説也。明允、安道、子瞻皆長於文，而兼有善行者也。自辨姦、墓表、謝書、薦書紛紛競出，鄙俚醜惡，使三君與行俱喪，吾之辨之，不獨爲介甫惜，而猶惜三君子長爲千古受穢不小矣。末載郭林宗、黃度叔尤支離無當，悉存之，以見其人無知而不妄也。

（張方平所撰墓表、蘇軾答謝書及考略評語，均轉錄自考略卷十。）

七、荊公素養

十年高臥此東峰，山出無端釁已叢。洛蜀黨成終誤國，熙豐法敝豈緣公。爭墩已賦三山石，記里猶傳九曜宮。漫向春風尋舊澤，史書功過亦濛濛。

臨川李來泰（字石臺，順治進士，此詩乃記荊公隱退後歸金陵於鍾山半山所築草廬而誌。）爲和蘇劍浦臨川十詠之一，並跋云：「半山學問經濟，檢非宋代諸賢所可及，新法功過自不相掩，溫公考亭已辨之。當日毀謗之言，後人附會不白，尤可浩歎！因爲拈出，意在闡幽。康熙元年壬寅十月二十四日附識。」

此詩業爲後人所竄改之，特將其意義陡變如下，其云：

十年高臥此東峰，出處無端釁已叢。洛蜀黨成疑誤國，熙豐法敝竟緣公。爭墩已賦三山石，記里猶傳九曜宮。漫向春風尋舊宅，生平功過史書中。

沈氏詩選評曰：「由言利而變法，由變法而紹述，由紹述而召亂，則宋家南渡，荊公有以致之也。臨川人每多諱言，作者自存直道。」

考略：乾隆己酉，予遇臨川李君於南昌旅次。曰：近見某氏詩選錄李石臺所作荊公故宅詩一首，既將原詩改易數字，又大肆譏評，予甚憤焉。予因取李氏集覆閱之，不知某氏何惡於臨川人，謂於荊公多所諱言，又何所愛於石臺，改其詩為能存直道，詩言：「洛蜀黨成終誤國，熙豐法敝豈言公。」竊謂元祐紹述黨禍，此二語實為千古定案；今改終為疑，改豈為竟，遂不得不改史書功過亦濛濛，生平功過史書中。（卷首二）

按：李君為穆堂李紱之姪。沈氏不詳祈博者指正之。

夫改他人之詩，得先審其原意若何？苟為好奇。抑或增強原詩之效應，當自可為之也。然若改他人所作之和詩，而後改其原韻，豈不使作和詩者，荒腔走板，何謂和之有乎？實屬不應為之矣。況又故意誹謗者，此豈獨言之為文丑，且有損陰德，此乃元祐黨人之故技也，未識沿至清代依然如故，王士禎之流也。故考略云：「夫改人之詩以毀人，又改人和詩以易原韻，何斯人之不憚煩也。」次者：尚有扭曲事態，誹謗荊公之文字，如趙令畤之侯鯖錄等，茲錄於后：

侯鯖錄：王介甫詭詐不通，外除自金陵過楊州。劉原父（敞）作守，以州禮邀之，遂留。方營妓列庭下，介甫作色，不肯就坐，原父辯論久之，遂去營妓。顧介甫曰：燒車與船，延之上座。（卷二）

侯鯖錄：東坡在徐州，參寥自錢訪之，坡席上令妓求詩。參寥口占一絕云：多謝尊前窈窕娘，好將幽夢惱襄王。禪心已作沾泥絮，不逐東風上下狂。（卷三　參寥釋於本章之後）

侯鯖錄：錢唐一官妓，性善媚惑人，號曰九尾野狐。東坡先生適是邦闕守，權攝九尾野狐者，一日下狀解籍遂判云：「五日京兆判斷，九尾野狐，從良任便。」復有一娼，亦援此例。遂判云：「敦名南之化，此意誠可佳。空冀北之群，所請宜不允。」（卷八）

侯鯖錄：黃魯直云：爛蒸后州羊羹，沃以杏酪食之以化，不用箸抹。南京麵，作槐葉，以襄邑熟豬肉炊。共城香稻，用吳人鱠，松江之鱸既飽。以康王谷簾泉，烹曾坑鬥品，少焉。臥北窗下，使人誦東坡前、後赤壁賦，亦足少快。（卷八）

苟如上記，元祐黨人蘇軾等之行端，則不可稱爲詭歟？而荊公律己甚嚴，澹泊自守，卻不爲元祐黨人之尊敬，揑造事實以爲攻訐之口實。反顧元祐黨人行端奢靡，浪費公帑，視爲當然，北宋政治靡費，官吏皆沈湎聲色，朝政任令廢弛，焉能免予靖康之恥乎？荊公罷相後，神宗予以賞賜，趙某復又揑造事實詆誣之，何天理之有歟？而北宋葉夢得之石林燕話對此事相反之記載。茲分別摘錄於后：

侯鯖錄：元豐末，有以王介甫罷相歸金陵後，資用不足，達裕陵（神宗）睿聽者，上即遣使以黃金二百兩就賜之。介甫初喜，意召己，既知賜金不悅，即不受，舉送蔣山修寺，爲朝廷祈福，裕陵聞之不喜。……（卷三）

石林燕話：王荊公在金陵，神宗嘗遣內侍凌文炳傳宣問。因賜金二百，荊公望闕拜受，跪已語文炳曰：安石閒居無所用。即庭下發封，顧使臣曰，送蔣山置田，祝延聖壽。……（卷十）

葉氏與趙某皆爲元祐黨人，二位之言孰可信孰不可信乎？荊公清廉，罷相歸來，竟然資用不足，亙古少有之。神宗所賜巨金，荊公特捐贈寺廟為朝廷祈福，為神宗延壽。荊公忠誠廉潔，亙古官宦果皆如此，則萬世太平哉。四庫全書考證云：「……趙令畤，燕王德昭玄孫，元祐中僉潁川，公事坐與蘇軾交，通罰金，入黨籍。……令畤雖因蘇軾入黨，而後附內侍譚稹以進，頗違清譽。……令畤所遊處皆元祐勝流，耳濡目染，見聞自異諸所紀錄。……」依四庫全書考證云：趙某為反覆為常之小人也。其與葉夢得所撰石林燕話之記載，適得其反。石林燕話特提出押款人為內侍淩文炳，其可信度自高，亦證趙某蓄意誹謗也。魏泰之東軒筆錄，專以攻訐荊公為樂事，惟於其筆錄中仍記載荊公罷相後之清貧恬靜生活，怡然自樂，安度晚年。荊公在朝之日，仁民之外，澤被六畜，克勤克儉，朱熹之朱子語類特記之。茲一併錄於后：

東軒筆錄：王荊公再罷政，以使相判金陵，到任即納節讓平章事，懇請賜允改左僕射，未幾又求宮觀累表得會靈觀使，築第於南門外七里，去蔣山亦七里，平日乘一驢，從數童遊諸山寺。欲入城，則乘小舫泛潮溝以行，蓋未嘗乘馬與肩輿也。所居之地，四無人家，其宅僅蔽風雨，又不設垣牆，望之若逆旅之舍。有勸設垣，輒不答。元豐被疾，奏捨此宅為寺，有旨賜名報寧。既而荊公疾愈，稅城中屋以居，竟不復造屋。（卷十二）

朱子語類：南渡以前，士大夫皆不用轎，如王荊公、伊川皆云：朝士皆乘馬，或有老病，朝廷賜令乘轎，猶力辭後受。自南渡後，而今為人無不乘轎矣。（卷一二八）

荊公歸林戢翼，怡然自得，其填之詞，菩薩蠻、漁家傲等闋，閒雲野鶴，其樂融融。茲錄漁家傲兩闕於后：

鐙火已收正月半，山南山北花撩亂，聞説洊亭新水漫。騎款段，穿雲入鳥尋遊伴。　卻拂僧床褰素幔，千巖萬壑春風暖，一弄松聲悲急管。吹夢斷。西看窗日猶嫌短。（第一闕）

平岸小橋千嶂抱，柔藍一水縈花草，茅屋數間窗窈窕。塵不到，時時自有春風掃。　午枕覺來聞語鳥，欹眠似聽朝雞早，忽憶故人今總老。貪夢好，茫然忘卻邯鄲道。（第二闕）（臨川全集　卷三十七）

試看元祐黨人之作爲，優劣何如邪？足可比較之。茲分錄於后：

能改齋漫錄：（宋．吳曾撰）涼風響高樹，清露墜明河。誰謂夏夜短，已覺秋意多。豔膚麗華燭，皓齒揚清歌。臨觴不作意，奈此粲者何。翰林侍讀學士劉敞原父在永興軍作此詩也。葉少蘊（本名夢得）避暑錄話載之。且云：恨原父此病未除也。予後讀國史，原父本傳載原永興惑官妓，得驚瞀病，乃知此詩故不徒作也。（卷十一　避暑話錄中未檢獲此節。）

過庭錄：（宋．范公偁撰）劉貢父（攽）知長安妓茶嬌，以色慧稱。貢父惑之，事傳一時。貢父被召造朝，茶遠送之。貢父爲夜宴痛飲，有別詩曰：畫堂銀燭徹宵明，白玉佳人唱渭城。唱盡一杯須起舞，關山風月不勝情。至闕永叔直出道院，去城四十里迓貢父，貢父適病酒未起。貢父曰：自長安路中親識留飲，頗爲病酒。永叔戲之曰：非獨酒能病人，茶亦能病人多矣。（僅一卷）

墨莊漫錄：（宋・張邦基撰）徐州有營妓「馬盼」者，甚慧麗，東坡守徐日其喜之。盼能學公書，得其彷彿。公嘗書黃樓賦未畢，盼竊效公書「山川開合」四字，公見之大喜，略爲潤色不復之。今碑中四字，則之書也。（卷二）

觀林詩話：（宋・吳聿撰）東坡在湖州，甲寅年與楊元素、張子野、陳令舉由苕霅泛舟至吳興，東坡、家尚出琵琶，并沈冲宅犀玉共三面胡琴，又州妓一姓周一姓邵，呼爲二南。子野賦六客辭，後子野、令舉、孝叔化去。惟東坡與元素公擇在爾。元素作詩寄坡云：「仙舟淤蕩雲溪風，三奏琵琶一艦紅。門望喜傳新政異，夢魂猶憶舊歡同。二南籍裡知誰在，六客堂中已半空。細問人間爲宰相，爭如願往水晶宮」。（僅一卷　按：天池問盧杞願往水晶宮，願爲人間宰相。對曰：願爲人間宰相，遂不得仙，今吳興有水晶宮之稱。）

庚溪詩話：（宋・陳巖肖撰）東坡謫居齊安時，以文筆游戲三昧，齊安樂籍李宜者，色藝不下他妓，他妓因筵席中，有得詩曲者，宜以語訥，不能有所請，人皆咎之。坡將移臨安，於飲餞處，宜哀鳴力請，坡半酣笑謂之曰「東坡居士文名久，何事無言及李宜。恰似西川杜工部，海棠雖好不吟詩」。（卷下）

春渚記聞：（宋・何薳撰）先生在黃日，每有燕集，醉墨淋漓，不惜與人。至於營妓供侍，扇書帶畫，亦時有之。有李琪者，小慧頗知書扎，坡亦每顧之喜，終未嘗獲公之賜。至公移汝郡將祖行，酒酣奉觴再拜，取領巾乞書，公顧視之久，令琪磨硯墨濃，取筆大書云：「東坡七歲黃州住，何事無言及李琪」。即擲筆袖手與客笑談，坐客相謂語，似凡易文不終篇，何也？至將撤具，琪復拜請，坡大笑曰：幾忘。出場繼書云：「恰似西川杜工部，海棠雖好不留詩」。一座擊節盡醉而散。（卷六）

按：宋周煇所撰清波雜志卷五中亦有此節，文字略有不同。「東坡在黃岡，每用官奴侑觴，群妓持紙乞歌詞，不違其意而予之。有李琦者，獨未蒙賜。一日有請，坡乘醉書：東坡五載黃州住，何事無言贈李琦。後句未續，移時乃以：卻似城南杜工部，海棠雖好不吟詩。足以獎飾，乃出諸人右，其人自此身價增重，殆類似子美詩中黃四娘。」以上三節，其人名亦有不同，爲「李宜、李琪、李琦」等。此乃互相抄襲，不避雷同也。蘇軾尚有風流韻事，張邦基之墨莊漫錄刊之。續錄之於后：

墨莊漫錄：東坡在杭州，一日遊西湖，坐孤山竹閣前，臨湖亭上時，二客皆有服預焉。久之，湖心有一綵舟漸近亭前，靚妝數人中有一人尤麗。方鼓箏年且三十餘，風韻嫻雅，綽有態度，二客競目送之，曲未終翩然而逝。公戲作長短句云：「鳳凰山下雨初晴，水風清，晚霞明。一朵芙蓉、開過尚盈盈。何處飛來雙白鷺，如有意，慕娉婷。忽聞海上弄哀箏，苦含情，遣誰聽。煙斂雲收、依約是湘靈。欲待曲終尋問誰，人不瞞，數峰青。」（卷一）

按：以上漫錄所刊此闋長短句，詞牌名之爲「江城子」。東坡樂府卷一刊之，并註二客之一爲張先（子野）。清代御製詞譜卷二亦刊之。

泊宅記：秦觀，字少游。嘗眷蔡州一妓陶心者。作浣溪紗詞，詞中二句：「缺月向人舒窈窕，三星當户照綢繆。」缺月三星蓋「心」字，愛其善狀物故書之。

按：缺月、三星此二句爲蘇軾之浣溪紗，非秦觀之詞。其原詞：「風捲珠簾自上鉤。蕭蕭亂葉報新秋。獨攜纖手上高樓。　缺月向人舒窈窕，三星當戶照綢繆。香生霧縠見纖柔。」（東坡樂府卷三）。秦詞據四庫全書提要註，爲「一鉤殘月帶三星。」據全宋詞唐圭璋先生考證，秦觀詞中未有此闋浣溪紗。如此：眷戀陶心係秦觀，抑或蘇軾，惟仰問青天矣。

蓋唐宋時代文人，無不迷戀女色。唐代恐以元稹爲最，宋代代則以蘇軾爲首。如劉敞昆仲、蘇軾等沈湎女色，荒蕪公務，蠹食公帑，魚肉子民，則不謂之「詭詐」。反之，潔身自愛，從不二色之荊公則言之爲「詭詐」。庚溪詩話對蘇軾野狎夜遊不以爲過，而對荊公戢翼歸林，所作消遣之詩，反有疵議，誠不識天理何在耶！茲錄於后：

庚溪詩話：王荊公介甫辭相位，退居金陵。日遊鍾山，脫去世故，平生不以勢利爲務，當時少有及之者。然其詩云：「穰侯老擅關中事，長恐諸侯客子來。我亦暮年專一壑，每逢車馬便驚猜。」既以丘壑存心，則外物去來，任之可也，何驚猜之有？是知此老胸中尚蔕芥也。如陶淵明則不然；曰：「結廬在人境，而無車馬喧。問君何能爾，心遠地自偏。」然則寄心於遠，則雖在人境，而車馬亦不能喧之。心有蔕芥，則雖擅一壑，而逢車馬，亦不免驚猜也。（卷下）

此實吹毛求疵也，荊公此詩所用爲「佳」字韻，此韻可用字頗少之，若爲協韻，又有何不可，又有何蔕芥可言之矣！遺憾！邵伯溫之聞見錄無一字不在詆詖荊公，惟其奉承司馬光不二色時，順帶一筆言荊公亦不二色也。美言荊公爲此篇中，絕無僅有之。特錄於后：

聞見錄：王荊公知制誥，吳夫人爲買妾，荊公見之曰：何物女子。曰：夫人令執事。安石曰：汝誰氏。曰：妾之夫爲軍部大將，米運失舟，家資盡沒猶不足，又賣妾以償。公愀然曰：夫人用錢幾何得汝。曰：九十萬。公呼其夫，令其夫婦如初，盡以錢賜之。……（司馬光部份略之。）

荊公、溫公不好聲色，不愛官職，不殖貨利。（卷十一）

聞見錄所言居心叵測，未必是善意，試問？荊公何來九十萬錢歟？揑造之言，應予存疑之也。

按：南宋趙善燎（宋太宗七世孫）所撰自警編卷二中亦載之，與聞見錄是照鈔不誤，朱熹之宋朝名臣言行錄王安石傳中亦照鈔之。一字不差，略之。

司馬光不愛女色，未必如是。據何氏語林轉錄東部事略云：曾予置妾，其子司馬康則爲庶出之。至於官職一節，因其抗拒神宗新法，不拜樞密使，而避之洛陽。不愛官職未必是其本意也。後於元祐年間宣仁高后垂簾聽政時，復出爲相，盡革新法，不愛官職豈可信耶！惟不殖貨利一節，實難苟同。司馬光退居洛陽後，闢獨樂園一座，頗爲華麗壯觀。葉夢得之避暑錄話記之甚詳，邵伯溫之聞見錄卷十八略提之，其他尙有亦記之矣。玆分摘錄於后：

何氏語林：司馬溫公未有子，淸河郡君爲置一妾。一日盛飾入書室中，公略不顧，妾思所以動之取一帙。問曰中丞此是何書？公拱手正色答曰：是尙書。妾逡巡而退。（卷三）（按：司馬康宋史有傳，卷三三六。並未言及庶出之。）

避暑錄話：司馬溫公作獨樂園，朝夕燕息其間，已而游嵩山疊石溪，而樂之。復買地于旁，以爲別館，然每至不過數日復歸，不能常有。故其詩有：「暫來還似客，歸去不成家」之句。今余既家於此，客至留連，未嘗不愛賞，顧戀不能去。而余浩然，自以爲主，有公之適，而無公之恨，豈不快哉。（卷上）

貴耳集：（宋．張端義撰）獨樂園司馬公居洛時建。東坡詩曰：青山在屋上，流水在屋下，中有五畝園，花竹秀而野。……（卷上）

按：此詩存于東坡集卷八，共一百三十言。蘇轍欒城集卷七中亦作一首，共一百九十六言。詩云：子嗟邱中親藝痲，邵平東陵親種瓜。公今歸去事農圃，亦種洛陽千本花。……

事實類苑：（宋．江少虞編）……蘇子瞻爲公獨樂園詩曰：先生獨何事，四海望陶冶。兒童誦君實，走卒知司馬。……按：此四句亦在前詩中。（卷八）

少室山房筆叢：（明．胡應麟撰）司馬溫公獨樂園之讀書堂，文史萬餘卷，率公晨夕所繙閱者，雖累數十年皆完好，若未觸手，嘗謂其子公休曰：賈豎藏貨貝，儒家惟此耳。（卷四）

孟子曰：獨樂樂，與人樂樂，孰樂。實不知司馬光於園中其樂何如？宋人（未署名）特繪獨樂園圖一幀，頗爲華麗壯觀，園內設有七景。此幅現仍存於臺北外雙溪故宮博物院內。（故宮博物院於七十六年十月出刊「園林特展圖錄」第十四頁刊之，并於該刊前序說明綦詳。）至於邵伯溫之聞見錄卷十八，所言頗爲含糊不清，一筆帶過，無非爲司馬光掩飾而已。

荊公尊崇儒學，尙禮行義，事親至孝，母喪於江寧丁憂四年有餘。王應麟之困學記聞云：「荊公曰：古之善事親者，非事親之謂也，事其心而已。」（卷十）正如論語卷二爲政篇云：子游問孝：子曰：「今之孝者，是謂能養，至於犬馬，皆能有養，不敬何以別乎？」荊公持家樸實不奢，克勤克儉。處世擇善固執，守正不阿。待人恭謙秉禮，中庸之道。尙有各家筆記記之，茲錄於后：

獨醒雜誌：（宋・曾敏行撰）王荊公在相位，子婦之親蕭氏子至京師，因謁公，公約之飯。翌日蕭氏子盛服而往，意謂公必盛饌，日過午覺饑甚，而不敢離去。又久之方命坐，果蔬皆不具，其人心怪之。酒三行，初供胡餅兩枚，次供彘臠數四，頃刻供飯，傍置菜羹而已。蕭氏子頗驕縱，不復下著，惟啖胡餅中間少許，留其四邊，公自取食之。其人愧甚，退而人言，公在相位，自奉類不過如此耳。（卷二）

聞見錄：司馬溫公嘗言：昔與王介甫同爲群牧司判官，包孝肅爲使時號清嚴。一日群牧司牡丹盛開，包公置酒賞之。公舉酒相勸，某素不喜酒，亦強飲，介甫終席不飲，包公不能強。某以此知其不屈。（卷十）（何氏語林卷十八亦鈔襲此節，一字不差，特註之。）

荊公事親至孝，自奉儉約，行端表正，德建名立，後世無可疵讀之。包孝肅爲龍圖閣直學士之尊，而荊公尙爲郡牧判官之卑，仍守正不阿，不善飲酒則不強飲之。誠一代哲人耶！荊公誇稱蘇軾爲人之龍也，蘇軾則不然，處處詆詖之。茲將各家筆記摘錄於下：

墨莊漫錄：王安石爲相，日奏事殿中，忽覺偏頭痛不可忍，遽上奏，請歸治疾。裕陵令且在中書偃臥，已而小黃門持一小金杯藥少許賜之云：左痛即灌右鼻，右即反之，左右俱痛並灌之。即時痛愈，明日入謝。上曰：禁中自太祖始，有此數十方，不傳人間，此其一也，因并賜此方之。蘇軾自黃州歸金陵，安石傳此方，用之如神。……（卷五）

何氏語林：荊公在蔣山，以近製示蘇子瞻，中有騷云：「積李兮縞夜，崇桃兮炫書」。子瞻曰：自屈宋沒後，曠千餘年無復離騷句法，今乃見之。荊公曰：非子瞻見諛，某自負亦如此。（卷九）

何氏語林：王荊公在鍾山，有客自黃州來。公曰：東坡近日有何妙語。客曰：東坡宿於臨高亭，醉夢而起，作成都聖像藏記千餘言，點定才一兩字，有寫本，適在客中。公遣人取至時，月出東南，林影在地。公展讀於風簷，喜見眉鬚曰：子瞻人中龍也。然有一字未穩。客請之。公曰：日勝日負，不若如人善博，日勝日貧耳！東坡聞之，拊手大笑，以公爲知言。（卷九）

何氏語林：蘇子瞻渡江至儀眞，和荊公遊蔣山詩，後寄示荊公，公亟取讀至「峰多巧障日，江遠欲浮天」。公撫几歎曰：老夫一生作詩，無此二句。（卷九）

何氏語林：蘇子瞻奉祠西太乙，見荊公舊題六言詩曰：楊柳鳴蜩綠暗，荷花落日紅酣。三十六陂春水，白頭相見江南。註之良久曰：此老野狐精也。（卷九）

孟子曰：「天下有達尊三，爵一、齒一、德一。朝廷莫如爵，鄉黨莫如齒，輔世長民莫如德。」（公孫丑篇下）荊公不論官位、年尊、道範皆高於蘇軾，蘇軾何其如是不敬長者矣。荊公譽蘇軾爲「人中龍也」，而蘇軾反詈荊公是「野狐精也」。由此觀之，人非智慧，而是道德。人非文章，而是氣度。荊公古今哲人也。其配享孔廟，實受之無愧耶！亦理所當然也。蘇軾於司馬光行狀一文中，約九千四百餘字竟過半而詆詖荊公，清代蔡上翔氏於荊公年譜考略中歎曰：無論古今無此體，即子瞻安得如此之文。梁任公亦歎為謗文耶！然蘇軾何止於此耶！其於范鎭墓誌銘中，依舊詆詖荊公不誤。云：「王安石為政始變更法令，改常平為青苗法。公（范鎭）上疏曰：常平之法，始於漢之盛時，視穀貴賤發斂，以便民末，最為近古，不可改。而青苗行於唐之衰亂，不足法。且陛下疾富民之多取而少取之，此正百步與五十步之間耳。今有二人坐市貿，一人下其値以相傾奪，則人皆知惡之，其可以朝廷而行市道之所惡乎？」又云：「公又舉孔文仲為賢良，文仲對策，極論新法之害，安石怒，罷文仲歸故官。」又云：「最後指安石以喜怒賞罰事，安石大怒，自草制極口詆公，落翰林學士，以本官致仕。」（按：致仕一節並非如此；熙寧三年十月范鎭上疏劾荊公，神宗退回劾本，復上疏云：臣言不行，無顏復立於朝，請致仕。）（東坡集卷三十九）。宋史范鎭本傳以此墓誌銘依樣葫蘆，照鈔不誤耳（宋史卷三三七）。

荊公擅予擢拔新進，蘇轍高中進士後，首被拔擢於條例司為檢詳文字，卻以蘇轍為始，而轍受其兄軾之左右反對新法處處掣肘，故示違抗，自請外放為推官。轍後撰龍川略志卷一中云：「每事無不與新法為忤」。孟子曰：自反而縮；自反而不縮。豈又可怨天尤人歟？北宋君王幸遵太祖之命，不殺士大夫，否則人頭早已落地也。

南渡後，高宗縱容元祐黨人，以致元祐黨人之餘黨百餘年來肆意攻訐荊公，雖有正義之士爲荊公仗義直言，亦未能有其效應。陸九淵爲荊公所撰「荊國王文公祠堂記」。言之極爲剴切，後人讀之否？後人信之否！元代劉壎於其隱居通議對象山先生所作荊公祠堂記一文，稱贊極佳（四庫全書提要云：……其論理學以悟爲宗，尊陸九淵爲正傳，而後引朱子以合之。至謂朱子後與道士白玉蟾游好，知讀書爲徒勞。等云）。茲分摘錄於下：

荊國公祠堂記：（前略）昭陵之日，使還獻書，指陳時事，剖悉弊端，枝葉扶疏，往往切當。公疇昔之學問，熙寧之事業，舉不遁乎，使還之書。而排公者，或謂容悅，或謂迎合，或謂變其所守，或謂乖其所學，是尚得爲知公者乎。英邁特往，不屑於流俗聲色利達之習。介然無毫毛得以入於其心，潔白之操，寒於冰霜，公之質也。掃俗學之凡陋，振弊法之因循，道術必爲孔孟，勳績必爲伊周，公之志也。不期人之知，而聲光燁奕，一時鉅公名賢，爲之左次，公之得此，豈偶然乎哉。用逢其時，君不世出，學焉而後臣之，無愧成湯高宗，公之得君，可謂專矣。新法之議，舉朝讙譁，行之未幾，天下恟恟，公方秉執周禮，精白言之，自信所學，確乎不疑。君子力爭，繼之以去。小人投機，密贊其決。忠樸屏伏，僉狡得志，曾不爲悟，公之敝也。熙寧排公者，大抵極詆訾之言，而不折之以至理，平者未一二，而激者居八九，上不足取信於裕陵，下不足以解公之敝。反以固其意成其事，新法之罪，諸君子固分之矣。元祐大臣，一切更張，豈所謂無偏無黨者哉。所貴乎者玉，瑕瑜不相掩也。古之信使，直書其事，是非善

惡，靡不畢見。勸懲鑑戒，後世所賴。抑揚損益，以附己好惡，用失情實，小人得以藉口而激怒，豈所望於君子哉。（後略）

隱居通議：象山先生作王荊公祠堂記，筆力宏妙。自謂斷百餘年未了底公案。吾言此一大題目，非先生不敢言，非先生不能言也。……（卷十七）

陸象山之言，實已搔到癢處，神宗確有漢武之志，力圖振興，荊公欲效伊尹之願，起蔽振興，創始新法。奈何滿朝老臣事事掣肘，壯志難酬，繼之求去。宣仁高后罷革新法，豈可謂無偏無黨者哉？董狐史筆，後世已不復見，焉能直書善惡矣！可知於陸象山先生在世之日，南宋稗官野史已在詆訾荊公，爲不爭之事實。惜乎。象山先生尙未能見，元祐餘黨編纂宋史攻訐荊公之偏也。清代顏元氏所撰宋史評傳，亦指出宋史編纂不實之非也。蔡上翔氏於荊公年譜考略之自序中，更有公平之撰述。玆分摘錄於后：

宋史評曰：荊公廉潔高尙，浩然有古人正己以正天下之意。及既出也，慨然欲堯舜三代其君，所行法如農田保甲保馬雇役方田水利，更戍置弓箭手於兩河，皆屢良法後多踵行。即當時至元祐間，范純仁、李清臣、彭汝勵等亦訟其法以爲不可盡變。惟青苗均輸市易行之不善，易滋弊竇，然人亦曾考當日之時勢乎。太宗北征中流矢，二歲創發而卒。神宗言之，惓然流涕。夏本叛臣而稱帝，此皆臣子所不可與共戴天者也。宋歲輸遼夏金一百二十五萬五千兩，其他慶弔聘問賂遺近幸又倍，宋何以爲國。求其容我爲君，宋何以爲名，又臣子不可一日之安者也。而宋欲舉兵，則兵不足，欲足兵，餉又不足，荊公爲此，豈得已哉。……宋人苟安已久，聞北風而戰栗，於是牆堵而進，與荊公爲難。極垢之曰奸曰邪，並不與之商榷可否，或更有大計焉。惟務使其一事不行，立見驅除而後已，而乃獨責公以執拗可乎。且公之施爲，亦彰彰有效。……荊公大計，而史半削之，幸韓琦誤以爲罪狀遂傳耳，則其削者何限。宋史於二十五史中，最稱蕪穢。四庫全書提要亦云之：……而荊公自著之日錄，以及紹聖間朱墨本實錄，悉從燬滅，無從可考。宋史據一面之詞，以成信讞，而沉冤永世莫白矣。凡史中醜詆荊公之語，以他書證之，其誣衊之跡確然可見者十之六七。近儒李氏紱蔡氏上翔辨證甚博。（請參閱第三章）考略：及夫元祐諸臣秉政，不惟新法盡變，而黨禍蔓延，尤以范呂諸人初修神宗實錄，其時邵氏聞見錄，司馬溫公瑣語涑水記聞，魏道輔東軒筆錄，已紛紛盡出，則皆陰挾翰墨以饜其忿好之私者爲之也。又繼以范沖朱墨史，李仁甫長論，凡公所致，慨於往者不能訟當否，生者不得論曲直，若重爲後世惜者，而不料公以一身當之。必使天下之惡皆歸，至謂宋之亡由安石，豈不過甚已哉。宋自南渡至元，中間二百餘年，肆爲詆毀者，已不勝其繁矣。……又其前若蘇子瞻作溫公行狀，至九千四百餘言，而詆安石者居其半，無論古無此體，即子瞻安得有如是之文。後則明有唐應得者著史纂左編，傳安石至二萬六千五百餘言，而無一美言一善行，是尚可言史事乎哉。……

蔡氏斥宋代蘇軾、范祖禹父子等人，其間尚有政治恩怨可言，南渡後二百年間元祐黨人，肆意攻訐，實爲黨錮之禍作祟，何怪之有。惟元明清三代儒生無鑑別是非之明。隨聲附和，可恥之極。豈止蔡氏所言唐應得之徒，清初一代碩儒王夫之所撰「宋論」一書，其中於神宗、哲宗等篇，專以詆毀荊公爲能事，何有一句美言，一件善行，其自以爲不世鉅著。一代碩儒，無是非之分，鑑別之明，人云亦云，豈不令後人爲之惋惜矣。蔡氏於荊公年譜考略後載靖康初，楊時論「蔡京疏」。原文後有南宋無名氏跋於後云：

荊公之時，國家全盛，熙河之捷，擴地數千里，開國百年以來所未有者。南渡以後，元祐諸賢之子孫，及蘇程之門人故吏，發憤於黨禁之禍。以攻蔡京爲未足。乃以敗亂之由，推原於荊公，皆妄說也。其實徽欽之時，禍由於蔡京。蔡京之用，由於溫公。而龜山（楊時）之進，又由於蔡京，波瀾相推，全與荊公無涉。至於龜山在徽宗時，不攻蔡京，而攻荊公，則感京之恩，畏京之勢，而欺荊公爲已死者爲易與。故舍時政而追往事耳。（後略）（詳王安石評傳第一章緒論。）

宋朝名臣言行錄楊時傳載：「欽宗即位，爲諫議大夫因爭配享事，爲孫仲益所攻，孫言：楊某曩與蔡京諸子遊，今眾議攻京，而楊某曰：愼毋攻居安（京長子蔡攸），龜山遂罷。（外錄卷八）

荊公二次罷相返回江寧府，恬靜怡然，往者已矣，來者不求。宋代稗史記其軼事頗多，以證荊公高風亮節耳。談苑另記一節，似嫌荒誕，然亦可言之荊公樂天知命，順其自然也。茲將宋人所記數則錄於后：

談苑：（宋・孔平仲）王介甫有江寧夾口詩云：「茅屋滄洲一酒旗，午煙孤起隔林炊。江清日

暖蘆花轉，恰似春風柳絮時。」人或題之於壁，續其後云：「江南村裡老翁子，不解吟他富貴詩。」荊公聞之，但笑而已。（卷二）

按：談苑所記乃爲譏諷荊公，而荊公一笑置之，足證荊公氣度之大也。

事實類苑：王丞相初得請於金陵，出東府寓定力院，自題於僧壁云：「溪北溪南水暗通，隔溪聞得夕陽春。當時諸葛成何事，只合終身作臥龍。（卷四）

墨莊漫錄：荊公退居鍾山，常獨遊山寺，有人擁數卒，按膝據牀而坐，驕氣滿容，謾罵左右，爲之辟易。公問爲誰，僧云：押綱張殿侍也。公索筆題一詩於扉云：「口銜天憲手持鈞，己是龍墀第一人。回首三千大千界，此身猶是一微塵。（卷四）

按：辟易，驚退也。見史記項羽紀。至於第三句大千界之「千」字，應是仄聲。原鈔本是否有誤，未得他校對，惟祈博者正之。

潁川語小：（宋・陳叔方）荊公辭相位居鍾山，惟乘驢。或勸其令人肩輿，公正色曰：自古王公雖不道，未嘗敢以人代畜，今無貴賤盡肩輿矣，而武臣軍師亦用之，何也？（卷下）

萍州可談：葉濤好奕棋，介甫作詩切責之，終不肯。奕者多廢事，不論貴賤嗜之，率皆失業。故唐人目棋枰爲木野狐，言其媚惑人如狐也。（卷二　按：葉濤爲荊公之門人。）

萍州可談：王荊公退居金陵，結茅鍾山下，策杖入村落，有老氓張姓最熟稔。公每步至其門，即呼張公，張應聲呼相公，一日公忽大咍曰：我作相公許時，止與汝一字不相同耳！（卷三）

甲申聞見：（宋・王鞏）王荊公領觀使歸金陵，居鍾山下，出即乘驢。予嘗謁之，即退見其乘之而出，一卒牽之而行，問其指使，相公何其指使。曰：若牽卒在前聽牽卒，若牽在後即聽驢矣。或相公欲止即止，或坐松石之下，或田野耕鑿之家，或入寺；隨行未嘗無書，或乘而誦之，或憩而誦之。仍以囊盛餅十數枚，相公食罷，即遺牽卒，牽卒之餘，即飼驢矣。或田間人持飯飲獻者，亦爲食之。蓋初定所或數步而歸，蓋近於無心者也。（一錄補遺）

高齋漫錄：（宋・曾慥）王和父守金陵。荊公退居半山，每出跨驢從二村僕，一日入城，忽遇和父之出，公亟入編户家避之。老姥自言病痁求藥，公隨行偶有藥，取以遺之，姥酬麻線一縷云：相公可將歸人事相婆也。公笑而受之。（僅一卷　按：痁爲久患無藥根治之瘧疾。）

談苑：王荊公初拜僕射，握婿蔡卞手曰：吾止於此乎。昔年作舉人時，夢升一廳事，人指其榜有「僕射廳」字，曰：他日君當爲此官，今夢驗矣。官制行換爲特進，元祐初加司空，卞幸其夢之不驗也。公讓不拜，半年方報。再讓又數月方報，此告下，公薨八日矣。竟終於特進焉，卞爲予言如此。（卷二）

孫公談圃：（宋・孫升口述，劉延世撰）紹聖初，復用元豐舊人，呂吉甫起知金陵，公（孫升）謫歸州，過之勞燕甚厚。日謁清涼寺，問曾上荊公墳否？公言不曾到，但妻母墳近一省之。蓋是時士大夫上荊公冢者，無虛日，呂因是問之。（卷下）

荊公自修克己，治家謹嚴，長子雱若非英年早逝，定有跨竈之雄。然對子女，亦然舐犢情深。長女遠適知蓬萊縣君吳安持，魚雁往返，親情至深。考略記之綦詳，茲轉錄之：

西風不入小窗紗，秋氣應憐我憶家。極目江南千里恨，依前和淚看黃花。（長女所作）

孫陵西曲岸烏紗，知汝淒涼正憶家。人世豈能無聚散，亦逢佳節且吹花。（荊公次韻，並自註：南朝九日臺在孫陵曲街傍，去吾園只數百步。）

秋燈一點映籠紗，好讀楞嚴莫念家。能了諸緣如夢事，世間惟有妙蓮花。（荊公再韻）

荊公次韻二首，一首爲安慰，一首爲化解，用心良苦矣。尙有寄予長女長詩，及回江寧後寄予次女蔡卞之妻長詩等，親情洋溢其間。如：「嗟汝歸兮路豈難，望超然之白雲，臨清流而長歎！」等句令人讀之鼻酸。魏泰詩話云：「近世婦人多能詩，往往有臻古人者，王荊公家最衆。張奎妻長安縣君，荊公之妹也。著者：「草草杯盤供語笑，昏昏燈火話平生。」吳安持蓬萊縣君，荊公之女也。劉天保妻荊公之姪也。……荊公妻吳國夫人能文、能詩，嘗有小詞。……皆脫灑可喜也。」（轉摘錄自考略卷二十二）

釋：

昭陵．亦稱永昭陵，宋仁宗陵墓，位於河南鞏縣西南，宋史卷十二仁宗紀，嘉祐八年十月甲午日葬之，於仁宗後世諱稱「昭陵」。

裕陵．亦稱永裕陵，宋神宗陵墓，位於河南鞏縣西南，宋史卷十六神宗紀，元豐八年十月乙酉日葬之，後諱稱稱神宗為「裕陵」。

八、元祐黨爭

晏子問黨：晏子見子華子曰：日者，嬰得見於公，公惡，大群臣之有黨也。曰：子將何方以弭之，嬰無以應也。吾子幸教以所不逮，虛心以承。子華子曰：嘻！君之及此言也，齊其殆矣乎！游士之所以不立於君之朝，以黨敗之也。……（晉程本著華子卷下）

國政之興，在於大公無私，和衷共濟也。苟若黨派林立，彼此傾軋，結怨尋讎，則禍之速至，朝政之敗也。歷史明確記載，黨錮之禍，肇始於漢（實不止於此）。東漢末年演之最劇，乃至東漢傾覆，三國鼎立，魏晉如是。以至唐代，牛僧儒與李德裕之爭更烈，令狐淘繼之，李德裕敗被貶竟死於崖州，而唐遂衰而滅。箇中玄奧爲何？一言以蔽之，權利作祟也。而宋亦復如是耶！茲分述於后：

【北宋黨爭】

《真宗時代》

北宋立國，自眞宗天禧末年，劉后攬權，釀成黨禍，不絕如縷，寇準與丁謂率先肇起黨禍。起因寇準爲樞密使，曹利用副之，準素輕利用，每議不合，準則曰：君武夫也。利用則銜之。再丁謂因爲準拂鬚之故，遭準譏諷，亦恨至深遂合力排準。復因劉后宗族橫行於蜀，奪民鹽井，眞宗因后故，欲赦其罪，準必繩之於法，而失后意矣。

眞宗多疾，準嘗獨奏：「……願太子監國，擇方正大臣輔之，丁謂佞人，不足以輔少主。」帝然之。詔翰林學士楊億草表，欲億以代謂之。而準酒後失言，謂等愈懼，合力譖準，請罷政事。翰林學士錢惟演見謂權盛，而麗附之。惟演曰：「寇準朋黨盛，王曙爲其婿，東宮賓客，註不畏懼，朝廷三分二分皆附準矣。」準遂罷相。

後眞宗疾劇，嘗臥枕周懷政之股，與之謀欲立太子監國，奉帝爲太上皇，傳位太子，復準相，廢劉后等項。合謀於其弟周懷信，及客省使楊崇勳等，楊崇勳告變於丁謂，謂謀於曹利用，次日斬周懷政，貶準於道州。未幾丁謂亦貶雷州，（以上眞宗天禧四年六、七月之事。）

以上摘自宋史寇準傳（卷二八一）丁謂傳（卷二八三）曹利用、楊崇勳傳（卷二九零）及通鑑長編。

《仁宗時代》（臺諫之爭）

長編：明道二年十一月甲寅，初郭皇后之立，非上意，寖見疏。后挾章獻勢頗驕，後宮爲章獻禁過，希得進。及章獻崩，上稍自縱，宮人尚氏、楊氏驟有寵，后性妒屢與忿爭，尚氏嘗於上前出不遜言侵后，后不勝忿，起批其頰，上救之，后誤批上頸，上大怒有意廢后。內侍閻文應，白上出爪痕示執政近臣與謀之，呂夷簡以前罷相故怨后，而范諷方與夷簡相結，諷乘間言后之九年無子，當廢。夷簡贊其言，上意未決，外人籍籍，頗有聞者。史后諫范仲淹因對，極陳其不可，宜早息此議。……臺諫章疏果不得入，仲淹即與權御史中丞孔道輔率知諫院孫祖德、侍御史蔣堂、郭勸、楊偕、馬絳、殿中侍御史段少連、左正言宋郊、右正言劉渙詣垂拱殿門伏奏，皇后不當廢。……而夷簡即奏臺諫伏閤請對非太平美事，乃議逐道輔等。至待漏院，詔道輔出知泰州、仲淹知睦州，敕隨至。又遣使押道輔及仲淹亟出城。……（卷一一三　司馬光之涑水記聞卷五、朱熹之五朝名臣言行錄孔道輔傳、宋史卷二四二郭皇后傳、宋史卷三一四范仲淹本傳，皆有記載，惟減略）

范敗而被貶，孔道輔、韓琦、杜衍、富弼皆罷，夷簡猶對仲淹不放，必欲置之於死地。宋代孔平仲之談苑記之甚詳，茲錄於后：

談苑：呂申公（夷簡）作相，宋鄭公（庠，英宗時封鄭國公）參知政事，呂素不悅范希文（仲淹字），一日希文答元昊書，錄本奏呈，呂在中書自語曰：豈有邊將與叛臣通書。又云：奏本如此，又不知眞所與書中何所言也。以此激宋，宋明日上殿果入劄子，論希文交通叛臣，既而中書將上呂公讀訖。仁宗沉吟久之，遍顧大臣，無有對者。仁宗曰：范仲淹莫不至此。呂公徐應曰：擅答書，不得無罪，然謂之有它心，則非也。宋公色沮無辭。（卷一）

慶曆三年，……初范仲淹貶饒州時，歐陽修與尹洙、余靖等見范仲淹被逐，曰黨人已有成朋黨，乃作朋黨論以進。後范仲淹再貶睦州，歐陽修上疏云：正士在朝，群邪所忌；謀臣不用，敵國之福也。

范仲淹、韓琦、杜衍、富弼四人一旦罷去，而使群邪相賀於內，四夷相賀於外，非朝廷之福也。邪黨忌歐陽修日益，假其甥獄而貶滁州（宋史卷三一九歐陽修本傳）。至於呂夷簡怨忌郭后一事，乃因章獻劉后謝世時，夷簡上疏陳事，郭后語上云：夷簡獨不附太后，且多機巧善變耳，夷簡乃罷相。致深怨郭后故倡議廢之。朋黨之禍，日烈一日矣。（宋史三一一呂夷簡本傳）茲摘附歐陽修之朋黨論於后：

朋黨論：（歐陽修撰）臣聞朋黨之說，自古有之，惟幸人君辨其君子、小人而已。大凡君子與君子，以同道爲朋；小人與小人，以同利爲朋，此自然之理也。然臣謂小人無朋，惟君子則有之，其故何哉？小人所好者，利祿也；所貪者，貨財也。當其同利之時，暫相黨引以爲朋者，僞也；及其見利而爭先，或利盡而交疏，甚者反相賊害。雖其兄弟親戚，不能相保，故臣謂小人無朋，其暫爲朋者，僞也！君子則不然，所守者道義，所行者忠信，所惜者名節。以之修耳，則同道而相益；以之事國，則同心而共濟。始終如一，此君子之朋也。故爲人君者，但退小人之僞朋，用君子之眞朋，則天下治矣！（以舉歷代史實例證，略之。）（歐陽修全集卷一）

《英宗時代》（濮議之爭）

仁宗無子，立濮安懿王之子「曙」爲太子，嘉祐八年三月仁宗不豫，繼位爲英宗，次年改元爲治平。治平二年，詔議率奉濮王典禮，初，翰林學士王珪等相顧莫敢先，天章閣侍制司馬光獨奮筆立議，議成，珪即以光手稿爲案。司馬光議爲皇伯，以示與仁宗無二尊，三夫人改封大國。蓋韓琦、曾公亮、歐陽修則否，改稱皇伯則無典據；進封大國則禮又無加爵之道，因之久議不決之。（摘錄續通鑑

卷六十三　歐陽修被貶請參閱本書第五章。）濮議之爭，梁任公之王安石評傳及朱熹之朱子語類皆有評論，茲錄於后：

王安石評傳：濮議者何，仁宗崩，無子，以兄濮安懿王之子爲後，是爲英宗。英宗治平二年，議追尊濮王典禮。廷臣分黨相鬨，洶洶若待大敵，朋黨之禍，於茲極烈。臺諫至相率請斬韓琦歐陽以謝先帝，馴至因公事以詆及私德，遂有誣歐陽修以帷薄隱慝之事。而當時被攻者，如韓歐之徒，固後世所稱君子人者也。其以濮議攻人者，如呂誨、范純仁之徒，又後世所稱君子人者也。宋世朋黨之眞相，於茲畢見。（第三章）

朱子語類：問濮議曰，歐公說不是，韓公、曾公亮和之。溫公、王珪議是，范鎭、呂誨、范純仁、呂大防皆彈歐公。但溫公又於濮王邊禮數太薄，須中自有斟酌可也。歐公之說斷不可。且如今有爲人後者，一日所後之父與所生之父相對坐，其子來喚所後父爲父，終不成又喚所生父爲父，這自是道理不可，試坐仁宗於此，亦坐濮王於此，使英宗過焉，終不成都喚兩人爲父。

……

朱子語類：本朝許多大疑禮都措置未得，如濮廟事。英宗以皇伯之子，入繼大統後。只令嗣王奉祭祀，天子則無文告。（卷百二七）

【元祐黨爭】

《熙寧時期》

治平四年正月英宗晏駕，太子頊繼位爲神宗，神宗幼年非居於禁中，故對北宋國勢亟爲瞭解，北遼如虎，西夏似狼，耽眈而視，噬呑中原。是故奮發雄心，油然而生。曾閱荊公上仁宗萬言書，股肱重臣，豈容散置。即詔荊公知江寧府，九月詔爲翰林學士，次年改元爲「熙寧」，召荊公越次入對，而創制新法。新法肇始，滿朝元老，一旦置散，由妒生恨，連袂反對，又一次釀成黨爭，謂之「新法之爭」。新法之爭，延續最久，直至南宋滅亡而後矣！

熙寧二年：

新法之爭最先發難者爲御史中丞呂誨，於熙寧二年六月上疏新法不當，奏劾荊公十項罪狀，神宗擲回奏本，自請外放，出知鄧州。（詳第二、六章，請參閱。）

然於同年五月翰林學士權開封府鄭獬，不依新法出知杭州。宣徽北院使王拱辰言與新法不合出判應天府。知制誥錢公輔出知江寧府。

八月知諫院范純仁言荊公變更祖宗法度，掊克財利，民心不寗，神宗不理乃力求去，出知河中府，尋徙成都轉運使，以新法不便戒各州縣施行，左遷和州。

同月侍御史劉逑、劉琦、錢顗連章劾荊公未果，皆自請外放，逑出知江州、琦監處州鹽酒務、顗監衢州監稅。

同月條例司檢詳文字蘇轍以與呂惠卿論新法不合，自請外放，出爲河南推官。

十月平章事富弼與新法不合，稱疾求去，出判亳州。

三年：

正月判尙書省張安平極言新法之害，力求去，出判應天府。

二月河北安撫使韓琦論青苗不合，神宗不理，上疏請解安撫使，領大名府，從之。

同月以司馬光爲樞密使，固辭不拜。屢求去留之不可，九月出知永興軍。

三月知審官院孫覺以青苗法不便，請去，出知廣德軍。御史中丞呂公著，請去，出知穎州。參知政事趙抃求去，出知杭州。監察御史林旦、薛昌朝、范育劾荊公罪狀，不報，亦不見斥。監察御史裡行程顥、張戩，右正言李常，御史王子韶等交章言新法不便，各乞退。顥爲西京路提刑，戩知公安縣，常通判滑州，子韶知上元縣。

七月樞密使呂公弼以劾荊公不成求去，出知太原府。

十月翰林學士范鎭劾荊公不成，乞以戶部侍郎致仕。

四年：

四月監官告院蘇軾，上疏極論新法不便，乞不任，出爲杭州通判。

五月知開封府韓維以論保甲法不合，力請不郡，留之不可，出知襄州。

七月印史中丞楊繪、監察御史裡行劉摯，上疏論免役法之害，繪出知鄭州，摯監衡州鹽倉。

五年：

三月判汝州富弼上書，言新法臣所不曉，願歸洛陽養疾，許之。授司空武寧節度使致仕。

六年：

四月樞密使文彥博求去，授司空河東節度使判河陽。

（以上錄自宋史、王安石評傳第十六章及清代齊召南之歷代帝王表。）

以上凡致仕以或乞去者，皆因歷年苟安成習，而不求奮發，故不能執行新法，亦不知新法之眞諦，一味盲從掣肘，恣意詆毀，神宗爲求圖強而不能，荊公創制新法而不可，皆自行求去，孰是孰非，自不難知之矣！奈何！奈何！

《元祐時期》

神宗元豐八年三月不豫。宣仁高后不立神宗之弟岐王或嘉王爲帝，而立神宗稚子延平郡王趙煦是爲哲宗，哲宗即位時年僅十歲，而宣仁高后以太皇太后之尊垂簾聽政，次年改元爲元祐。宣仁皇后盡行罷革新法，啓用熙豐年間抗拒新法之老臣。司馬光爲相，呂光著、范純仁、蘇軾、程頤等均居朝中要津，顯赫一時，氣燄萬丈，自稱爲元祐黨。原熙豐朝中舊臣（被稱之爲新黨），蔡確、章惇、曾布、安燾、蒲宗孟、邢恕、呂惠卿、陸佃、蔡卞、沈括等四十七人，悉數貶斥外放。當年四月荊公謝世於江寧鍾山。同年九月司馬光相繼謝世，呂公著繼之爲相。茲將元祐黨人回朝陞官及新法諸臣皆貶，皆略錄於后：

元豐八年閏二月：司馬光爲尚書左僕射兼門下侍郎，呂公著爲資政殿學士權門下侍郎，李清臣、呂大防爲尚書左、右丞，范純仁知樞密院。四月程頤爲崇政殿說書、蘇軾爲翰林學士權禮部郎中。十月范純仁爲左諫議大夫、唐淑問爲左司諫、朱光庭左正言、蘇轍爲右司諫、范祖禹爲右正言、張燾爲左諫議、吳安議爲左司諫、王巖叟爲右司諫、右正言劉安世等，元祐黨人一朝皆飛黃騰達耳。(錄自宋史各傳續通鑑卷七十八)

蔡確：經范祖禹，王巖叟等連表奏劾，責英州別駕，新州安置(先責安陸詳於后)。

邢恕出知岳州，呂惠卿：與蘇轍前已有嫌，力訴其姦，貶光祿卿，再責建寧軍節度副使建州安置。章惇貶知汝州。曾布貶太原府。蔡卞貶廣州。陸佃雖非附於新法，因朱光庭之劾，而貶鄧州後轉知江寧府。蒲宗孟因不滿司馬光之說，先貶汝州，翌年徙亳、杭、鄆三州，未幾又遷虢州，復知河東，深怨易地之苦卒於河東，是年六十六歲。(以上摘自宋史各本傳)

宣仁高后垂箔，五月司馬光爲門下侍郎，盡罷新法，略記之：元豐八年七月罷保甲法，十一月罷方田法、保馬法，元祐元年閏二月罷青苗法，三月罷免役法，四月罷熙河經制財用司，二年正月禁用荊公經義、字說，四年四月罷明法科等。(摘錄長編)

續通鑑：元祐四年五月丁亥。梁燾之論蔡確也，密具確及安石之親黨姓名以進，曰：「臣等竊謂確本出於王安石之門，相繼秉政，垂二十年，群小趨附，深根固蒂，謹具兩人親黨開具于後：確親黨等四十七人(附於后)；安石親黨三十人(附於后)。」于是太皇太后宣諭宰執曰：「確黨多於朝。」范純仁進曰：「確無黨。」呂大防進言曰：「確黨甚盛。純仁言非是。」劉摯亦助大防言有之。純仁曰：「朋黨難辯，恐誤及善人。」退，即上疏言：「蔡確之罪，自有典刑。

不必推治黨人，旁及枝葉。前奉特降詔書，盡釋臣僚往咎，自此內外反側皆安上下人情浹洽。盛德之事，誠宜久行。臣心拳拳，實在於此。」范祖禹亦謂：確已貶，餘黨可勿問。乃上言：「自乾興貶丁謂以來，不竄逐大臣六十餘年；一旦行之，四方無不震聳。確罷相已久，陛下所用，多非確黨，其有素懷姦心爲眾所知者，固不逃於聖鑑；自偏見異論者，多指爲確黨而逐之。恐刑罰失中，人情不安也。

六月梁燾、劉安世交章論純仁黨附蔡確，純仁亦求出外，吳居厚因言：王存嘗助純仁救確，純仁罷，存不可獨存。遂詔純仁出知潁昌府，存出知蔡州。（卷八十一）

附蔡確及荊公親黨名單如后：

蔡確親黨：四十七人。

安　燾　章　惇　蒲宗孟　刑　恕　曾　布　曾　肇　蔡　京　蔡　卞　黃　履　吳居厚　舒　亶　王　覿　刑　恕　（餘略之）

荊公親黨：三十人。

蔡　確　章　惇　呂惠卿　安　燾　蒲宗孟　王安禮　曾　布　曾　肇　彭汝勵　陸　佃　謝景溫　黃　履　呂嘉問　沈　括　舒　亶　葉祖洽　張　璪　趙挺之　張商英　（餘略之）

初，議竄蔡確嶺嶠，純仁謂大防曰：此路自丁晉公（謂）後，荊棘六七十年矣，奈何開之！吾儕恐不免耳。知杭州蘇軾未行，密疏言：「朝廷若薄確之罪，則皇帝孝治不足；若深罪確，則於太皇太

后仁政有小損。謂宜皇帝降敕推治，而太皇太后特加寬貸，則仁孝兩得矣。」太皇太后善其言而不用。（卷八十一）

上節長編未予刊之，另有所言，宋高晦叟之珍席放談、王鞏之隨手雜錄，均有刊之，續通鑑，二十二史劄記亦另刊之。茲錄於后：（爲證元祐黨禍，鉤心鬥角，是非經過特贅錄之。）

珍席放談：哲宗嗣統，宣仁權同聽斷，蔡持正以故相典安陸，暇日偶作小詩數篇，朝散郎吳處厚守漢陽鄰封也，平日深遣嗛秉政時，不相推引，賺得詩本，輒以己意曲加註釋，以爲意在怨訕。如其私說，飛驛上聞，禍起不測，遂竄嶺外。時上相呂大防等居輔弼之地，皆緘默顧忌，無所論辯，奉行而已。惟右揆范堯夫奏疏理列，又與王正仲簾前再三爲之辯解，不克回已行之制。而二公亦各罷去，天下論靡不賢其人也。噫！人臣效情與夫媮合者，臨事則可見矣！可弗察哉！（卷下）

續通鑑：元祐四年四月戊申，先是知漢陽軍吳處厚言：「蔡確昨謫安州，不自循省，包藏怨心。嘗遊車蓋亭，賦詩十章，內二章譏訕尤甚。」奏至。左司諫吳安詩首聞其事，即彈論之；梁燾、范祖禹、王巖叟、劉安世等，交章乞正確罪。壬子，詔令確具析聞奏，仍委知安州錢景陽繳進確元題詩本。始：確嘗從處厚學賦，及作相，與處厚有隙。王珪欲除處厚館職，爲確所沮，處厚由是恨確，故箋釋其詩上之。士大夫固多疾確，然亦由此畏惡處厚云。

又：同年五月辛巳，知鄧州觀文殿學士蔡確，責授左中大夫，守光祿卿，分司南京。時中書舍人彭汝礪密疏救確，大略以吳處厚開告訐之路，此風不可長爲言；盛陶亦騰章，意與汝礪合。已而安州言確已刮洗詩牌。其明日確奏已至，自辯甚悉，汝礪復救解之。論猶未決，梁燾、劉安世言確罪狀著明，何待分析？故有是命。

又：丙戌，梁燾、吳安詩、劉安世言蔡確罪重而輕責，傅堯俞、朱光庭相繼論列，范祖禹亦助之。於是太皇太后宣諭燾等，令密具行遣條例聞奏，燾等即以丁謂、孫沔、呂惠卿故事條上。

又：丁亥，宰執入對，太皇太后忽曰：「蔡確可英州別駕，新州安置。」宰執愕立相視。范純仁言方今宜務寬厚，不可以語言文字曖昧不明之過誅竄大臣；劉摯亦以確母老，引柳宗元與劉禹錫播州事。呂大防因曰：「確先帝大臣，乞加摯所論，移一近裡州郡。」太皇太后曰：「山可移，此州不可移。」於是不敢復言。純仁獨留身，揖王存論之，意不解。純仁曰：「臣奉詔，但乞免內臣押去。」太皇太后：「如何？」純仁以曹利用事言之。太皇太后曰；「無慮，必不死。」是夜批出，差入內供奉裴彥臣等押送，臣僚皆欲救止，而恐與初論相戾，且非禮，遂不敢發。（以上皆卷八十一）

二十二史劄記：哲宗即位，蔡確播浮言，謂由己擁護，既失勢，遂怨望，至安陸。嘗遊車蓋亭，賦詩十章，內有用郝甑山事。甑山者：唐郝處俊封甑山公，高宗欲遜位武后，處俊諫而止，確引此以比宣仁后，兼有滄海揚塵等語，尤悖逆。知漢陽軍吳處厚，得其詩箋釋上之，於是左右諫議張燾、范祖禹，左右司諫王巖叟、吳丹詩，右正言劉安世連劾之，遂貶英州別駕，新州安置。宣仁后曰：「帝以子繼父，有何間言。而確自謂有定策功，妄煽事端，規爲異時炫惑地，吾不忍明言，姑託訕上爲名而逐之。（卷二十六　按：高宗爲唐高宗。）

隨手雜錄：明日執政對簾中忽語曰：「蔡確可英州別駕，新州安置。」諸公驚退，悉力開陳，久之劉莘老（摯）曰：蔡確母老。引柳宗元乞與劉禹錫換播州事。呂微仲（大防）曰：「蔡確先帝大臣，乞如劉摯所論，移一近裡州郡。」簾中曰：「山可移，此不可移也。」……（僅一卷）

長編：元祐四年五月丁亥，蔡確責授英州別駕，新州安置。給遞馬發遣，沿邊州軍差承務郎以上官，及量差人伴送前去，逐州交割。如無承務郎以上，即差本州職官。而呂大防及劉摯等，初以確母老，不宜過嶺。太皇太后曰：「山可移，此州不可移。」大防等遂不敢言，既於簾前畫可而退。范純仁復留身，揖王存進說：以爲不宜置確於死地。太皇太后不聽。純仁退謂大防曰：「此路荊棘七八十年矣，奈何開之，吾儕正恐亦不免耳。」（卷四二七）

元祐八年九月宣仁高后薨，攝政共九年之久。於此九年之中，元祐黨人大權在握，囂張跋扈，意氣用事，不獨排斥熙豐朝臣，且彼此亦內鬨不已。御史黃履曾予彈劾司馬光。茲錄於后：

長編：紹聖元年六月丁巳，御史中丞黃履言：「前宰相司馬光昨自先帝識拔，進位樞庭，光以不用其言，請歸修史。先帝盛德優容，曲從其欲書成，仍以資政殿學士榮之，其恩可謂厚矣。迨垂簾之初，朝廷啓光執政，當時士論翕然稱之，以爲光眞能弼成聖德，上報先帝。不謂光深藏禍戾，追忿前朝，凡有所行，皆爲非是。夫法令因革，因緣時宜。豈有一代憲章，俱無可取，歸非于昔，斂譽一身。此而可容，孰爲咎者。」監察御史周秩言：「司馬光以元祐之政，以母改子，而非子改父，失宗廟之計，朝廷之政。必正君臣之義，以定父子之情。豈有廢君臣父子之道，而專以母子而言。……」（拾補卷十）

司馬光自洛陽召回爲相，乃宣仁高后之意，神宗在位之時，慈聖曹后、宣仁高后皆予排斥新法，故而召回司馬光，罷革新法乃非司馬光一人之見也。司馬光自始抗拒新法，不可諱言，宣仁高后以司馬光執行罷革，乃因勢利導耳。司馬光秉承宣仁皇后之懿旨，乃以洩私憤之。二人狼狽爲奸，以亂北宋朝政，宣仁高后卻隱於簾後，而由司馬光獨負歷史罪名，似有欠公允矣。宋史宣仁高后本傳亦云：「哲宗嗣位，尊爲太皇太后，驛召司馬光、呂公著未至。迎問今日設施所宜，先未及條上，已散遣修京城役夫，減皇城覘卒，止禁庭工技，廢導洛司，出近侍尤亡者，戒中外毋苛斂。寬民間保戶馬事，由中旨王珪等弗預知。又起文彥博，於既老遺使勞諸途，論以復祖宗法度。且令亟疏可用者。……」（卷二四三）。長編拾補同節亦言，文彥博、呂大防、蘇軾昆仲皆參與之。雖范純仁、李清臣、彭汝礪等言新法不可盡變。而不爲司馬光所取，范純仁被貶出穎昌府（宋史卷三一四范純仁傳，范後仍被列入元祐黨碑）。

《紹聖時期》

宣仁高后謝世，哲宗親政，幼年雖爲一代君主，然宣仁高后及元祐黨人壓抑，力求擺脫，改元紹聖，復啓新法。熙豐老臣，悉數召回。元祐黨人如坐針氈，不知所措。以蘇軾爲首，竭力抗爭之。范祖禹疏曰：「太皇大后登遐後……陛下將總攬庶政，延見群臣，……今日必有小人進言，太皇太后不當改先帝之政，逐先帝之臣，此乃離間之言，不可不察也。」（通鑑長編修記，元祐八年九月癸卯。）范祖禹之疏實懷鬼胎，哲宗致所以貶斥元祐黨人，而召回熙豐老臣，究根探由，乃出於宣仁高后之專橫，元祐黨人之跋扈，使哲宗受制九年之久。一腔積怨待其親政之日，自必發洩之，何有小人離間之有歟？（詳第十一章范祖禹節內）明代陸楫所撰「古今說海」轉載容齋逸史，其雖仍爲攻訐熙豐老臣，然足可知哲宗登基前，所受之委屈也。茲錄於下：

清波雜志：元祐大婚，呂正獻公當國，執議不用樂。宣仁云：尋常人家娶箇新婦，尚點幾箇樂人，如何官家卻不得用。欽聖云：更休與他懣宰執理會，但自安排著。……（卷一）

孫公談圃：劉安世、范祖禹后作諫官，或傳宮中誕公主時，上未納后。二人即奏，公言未必實，二人固上之。宣仁曰：無此事，大臣誤聽。紹聖貶官，安世自高州移梅州、祖禹自永州移賓化。（卷中）

古今說海：容齋逸史曰：甚哉！小人患得患失貽禍之深也。初，元祐間宣仁太后臨朝，天下大政事，皆太后與二三大臣議可而行，時雖天下稱治，哲宗內弗平也。一旦太后崩，方欲悉反其政，以攄宿憤。而小人揣知上旨，遂引呂武爲喻，上益惑焉。明年改元紹聖，而熙豐群邪進矣。……（卷一百十九）

范祖禹所奏之疏，實爲哀鳴，不知自省，而作垂死掙扎也。蘇軾、呂大防等旋即皆去職，蘇軾貶爲瓊州別駕。范祖禹因禁中乳媼之事貶照州別駕，永州安置，又徙賓化而卒（宋史卷三三七　范祖禹傳）。黨錮之禍，昭然灼見之！有識之士慨歎禍國不遠矣！史稱紹述之亂。元祐黨人啣恨而去，蓄意報復，勢在必然，壁壘分明，水火不容，靖康之變，接踵而至矣。後世凡論宋史，均謂「靖康之禍」肇於熙寧新法，責科荊公實謬誤矣！

創制新法旨在強國富民，新法之失敗應在元祐黨人之掣肘，而北宋之亡在於母后操權，亦非司馬光一人所能爲之也。明代嘉靖建陽訓導陳汝錡之「甘園露長短書」云：北宋之亡始於司馬光等之排斥新黨。」司馬光排斥新黨乃不爭之事實，元祐元年罷革新法，釀成元祐黨禍，罷革新法，乃奉宣仁皇后懿旨而行之也。如此北宋之亡，宣仁高后則是罪魁禍首。司馬光於相位僅九月有餘，而宣仁高后垂簾達九年之久，朝政改革豈是司馬光等人而可爲之矣。是故，宣仁高后豈可推卸北宋衰亡之責也。次年改元「紹聖」，盡貶元祐黨人，召回新黨。蔡確雖已謝世，章惇等一旦回朝，滿腹怨恨焉有不報復之理乎？茲將元祐黨人爲首者貶斥情況錄於后：

元豐八年十二月貶蘇軾至定州，軾不得入辭，上書云：「臣日侍帷幄，方當戍邊，顧不得一見而行，況疏遠小臣欲求自通，難矣。」紹聖元年四月臺臣共言軾譏訕先帝，詔軾落職，徙英州。

紹聖元年三月尚書左僕射呂大防爲相逾六年，當國日久，御史來之邵，乞逐大防以破大臣朋黨，大防乃自求去，哲宗從之，詔知穎昌府，後二日改知永興軍。

同月蘇轍上疏言及漢武帝故事，觸怒哲宗，幸范純仁寬釋而罷至汝州。四月中書舍人林希奏，以輙曾言：「垂簾之初，老姦擅國，置在言路，使詆先朝。……」老姦者，陰斥宣仁也。降授左朝議大夫，徙袁州。

同年六月知永興軍呂大防，降授右正議大夫知隨州，知青州劉摯，落職降授左朝議大夫知黃州。

同年六月，追奪司馬光、呂公著等贈諡，三臺同進呈，請發司馬光、呂公著冢，斲棺暴尸。而許將言，發冢斲棺，恐非盛德也，乃罷。復言大防等罪大輕罰，貶大防郢州居住，摯徙蘄州，轍徙筠州，奪王巖叟贈官。

（以上選摘自續通鑑卷八十三）

《建中靖國時期》

元符三年正月哲宗駕崩，欽聖向后主立端王趙佶爲徽宗，復效垂簾聽政之舉，此乃北宋第四任攝政之太后也。罷革新法，排斥新黨，召回元祐黨人。然欽聖向后攝政僅七月有餘而已，因健康不佳，翌年正月即薨矣，卻又再釀造造一次黨錮之禍也。向后作爲，乃促使靖康之禍也。

徽宗即位，欽聖向后垂簾，追復文彥博、司馬光、呂公著等三十三人之官諡，罷章惇、蔡卞、邢恕等。惇爲雷州司戶，蔡卞先貶池州，纔歲餘徙大名府，又徙揚州等等。

（以上選摘自宋史各本傳。）

《崇寧時期》

有關元祐黨人碑一事；元祐黨人于宣仁高后攝政之時，先對熙豐老臣予以發難，將熙豐老臣立牓示衆，亟欲殲滅殆盡。後章惇等建元祐黨人碑，乃冤冤相報耳。依宋張淏之雲谷雜記轉錄邵伯溫之聞見錄亦如是云：「初蔡京、蔡卞爲元祐姦黨籍，祐陵(哲宗)親書刻石於文德殿門，又立於天下州治。……」張氏所云僅將聞見錄之言加以補述而已，未有新意。四庫全書提要考證雲谷雜記云：「宋人說部著錄，大都摭異矜新，無關典據。」而宋代王明清所撰玉照新志則敘述綦詳。茲錄於下：

玉照新志：元祐黨人天下後世莫不尊之。紹聖所定七十三人，至蔡元長（京）當國，凡所背己者，皆著其間殆至三百九人，皆石刻姓名，頒行天下。其中愚智溷淆，不可分別。至於前日詆訾元祐之政者，亦獲廁名矣。惟有識講論之，熟者能辨之。然而禍根實基於元祐嫉惡太甚焉。呂汲公（大防，元祐初封汲郡公）梁況之（燾），劉器之（摯）定王介甫親黨呂吉甫（惠卿）、章子厚（惇）而下三十人。蔡持正（確）親黨安厚卿（燾）曾子宣（布）而下六十人牓之朝堂。范淳父（祖禹）上疏以爲殲厥渠魁，脅從罔治。范忠宣（純仁）太息同列曰：吾輩將不免矣！後來時事既變，章子厚建元祐碑，果如忠宣所言。大抵出士大夫報復，而卒國家受其咎，悲夫！（卷一）

後南宋馬純所撰《陶朱新錄》特將元祐黨人碑所載黨人名氏三百九人，並附蔡京上哲宗書詳予錄之。元祐黨人並無如此之多。據四庫全書提要考據云：「純蓋默（馬默）之諸孫，默在神宗朝，以戶部侍郎寶文殿待制致仕。奉祠後入黨籍。南渡以後，力反宣和之政，以收人心。凡黨人子孫皆從優敘。故張綱《華陽集》有論：其除授太濫一疏，然士大夫終以爲榮。純載是碑，蓋以其祖之故。亦陸游自稱黨家之意。」云云。

按：游之祖爲陸佃係荊公門生，雖不附新法，卻忠于荊公，於與范祖禹、黃庭堅撰寫神宗實錄時，佃與二人爭執不休，佃實非元祐黨人也。茲將元祐黨人碑及蔡京上徽宗書錄於下（黨人三百九人摘錄之，然已不全。）：

陶朱新錄：元祐黨籍凡三著，僕家舊有元祐姦黨碑，建炎間，呂元直（本名頤浩）作相取去，最後也者。其間多是元符間臣僚（元符哲宗年號，於紹聖後）。文曰：皇帝嗣位之五年，旌別淑慝，明信賞刑。黜元祐害政之人，靡有佚罰，乃命有司，夷考罪狀，等其首惡與其附麗者，以聞三百九人。皇帝書列之石，置於文德殿之東壁，永爲萬世臣子之戒。又詔臣京（蔡京）書之，將頒之天下。（僅一卷，附蔡京疏於下。）

臣竊惟陛下仁聖英武，遵制揚功，彰善癉惡，以昭先烈，臣敢不對揚休命，仰承陛下繼述之志。司空尚書左僕射兼門下侍郎臣蔡京謹書。

元祐姦黨：

文臣曾任執政官二十七人：

司馬光、文彥博、呂公著、呂大防、劉摯、范純仁、韓忠彥、曾布、王巖叟、梁燾、蘇轍、王存、鄭雍、傅堯俞、趙瞻、韓維、孫固、范百祿、胡宗愈、安燾、李清臣、劉奉世、范純禮、陸佃、黃履、張商英、蔣之奇。

曾任侍制以上官四十九人：

蘇軾、劉安世、范祖禹、朱光庭、姚勔、趙君錫、孔文仲、孔武仲、吳持安、馬默、錢勰、李之純、鮮于侁、趙彥若、孫覺、趙卨、王欽臣、孫升、李周、王份、韓川、顧臨、賈易、呂希純、曾肇、王覿、范純粹、呂陶、豐稷、張舜民、張問、楊畏、陳次升、鄒浩、謝文瓘、岑象求、周鼎、路昌衡、徐勣、董敦逸、上官均、郭知章、楊康國、葉濤、龔原、朱紱、葉祖洽，朱師服。（原文僅四十八人，缺一人。）

餘官一百七十七人：

秦觀、黃庭堅、晁補之、吳安詩、張耒、歐陽棐、劉唐老、王鞏、呂希哲、杜純、張保源、孔平仲、司馬康、宋保國、湯或、黃隱、畢仲游、常安民、汪衍、余爽、鄭俠、常立、程頤、唐義問、余卜、李格非、陳瓘、任伯雨、張庭堅、馬涓、孫諤、陳郛、朱光裔、蘇嘉、龔夫、王回、呂希績、吳儔、尹材、葉仲、李茂直、高倚、李積中、陳祐、虞防、李祉、李深、李之儀、范正平、曹蓋、楊琳、蘇昺、葛茂宗、劉渭、柴袞、洪羽、李新、趙天佐、衡鈞、袞公適、馮伯樂、周誼、孫琮、范柔中、鄧考甫、王察、趙峋、封覺民、胡端修、李傑、李賈、石芳、趙令畤。郭執中、金極、高公應、張集、安信之、黃策、吳安遜，周永徽、高漸、張夙、鮮于綽、呂諒卿、王貫、朱紘、吳明、梁安國、王古、蘇迥、檀固、何大受、王箴、鹿敏求、江公望、曾紆、高士育、鄧忠臣、种師極、韓浩、郁䀖、秦希甫、錢景祥、周綍、何大正、梁寬、呂彥祖、沈千、曹興宗、羅鼎臣、劉勃、王極、黃安期、陳師錫、于肇、黃遷、黃俠正、許堯甫、楊朏、梅君俞、胡良、寇宗顏、張居、李修、逢純熙、黃才、高道恪、曹興、任顧道、周遵道、林膚、葛輝、宋壽巖、王公彥、王交、張溥、許安修、劉吉甫、胡階、楊懷寶、董祥、倪直孺、蔣津、王守、劉元中、王陽、梁俊民、張裕、陸表民、葉世英、謝潛、陳唐、劉經國、扈充、張并、洪芻、周諤、蕭刓、趙越、滕友、江詢、方适、許端卿、李昭玨、向訓、陳察、鍾正甫、高茂華、楊彥璋、彭醇、廖正一、李夷行、梁士能、歐陽中立。（原文僅一百七十人，缺七人。）

武官二十五人：

張巽、李備、王獻可、胡田、馬田、馬諗、王履、趙希夷、郭子旂、任璹、錢盛、趙希德、王長民、李永、李愚、王庭臣、吉師雄、吳休復、崔昌符、潘滋、高士權、李嘉亮、李玩、劉延肇、姚雄、李基。（武職共二十六人，多一人。）

內臣二十九人：

梁惟簡、陳衍、張士良、梁知新、李綽、譚扆、竇鉞、趙約、黃卿從、馮說、魯燾、蘇舜民、楊偁、梁弼、陳恂、張茂則、張琳、葉彥臣、李偁、王紱、閻守勤、李穆、蔡克明、王化基、王道、鄧世昌、鄭居簡、張祐、王化臣。

爲臣不忠二人：

王珪、章惇。

右令准尚書兵部符備敕命旨揮立石，監司廳。崇寧四年二月　日（此兩浙常平司所立碑時，天下監司郡守皆立之，後星變遂毀。）

按：此節文字，頗有瑕疵，所列人數亦不相符（錄自四庫全書文淵閣繕本，僅供參考），又呂頤浩之年籍均不吻合，呂頤浩任尚書右僕射中書侍郎應是紹興年代（宋史卷三百六十）。南渡後建炎之時，汴京已陷金人，呂頤浩如何取去之，時間，地點均有疑竇，此節或爲後人贗作而插入之。四庫全書提要亦云：「末附元祐黨籍一碑，與全書例頗不類。」等云。前人亦疑之，宋及後世對此已略有解釋，茲分錄於下：

梁谿漫志：（宋・費袞撰）……蓋紹聖初（哲宗年號）章子厚、蔡京、卞得志，凡元祐人皆籍爲黨，無非一時忠賢七十八人者，可指數也。其後每得罪諸人者，駸駸附益入籍。至崇寧間（徽宗年號）京悉舉不附己者，籍爲元祐姦黨三百九人之多。於是邪正混淆，其非正人而入元祐黨者，蓋十六七也。建炎紹興間，例加褒贈，推恩其後，而議者謂其間多奸邪，今日子孫又從而僥倖恩典，遂有詔甄別之。（卷三）

困學記聞：（宋・王應麟撰）元祐之黨，劉元城謂七十八人，後來附益者非也。慶元（徽宗年號）之黨，黃勉齋謂非本黨者甚多，借此以爲名耳。（卷十五）

管城碩記：（清・徐文靖撰）倪文正公題元祐黨人碑云：諸賢自涑水眉山數十公外，凡二百餘人史無傳者，不賴此碑何由知其姓名哉。蓋宋史是時呂公著獨當國，諸賢以類相從，遂有洛黨、蜀黨、朔黨之分。……蘇氏師友，未嘗不起敵於周程如此，惜乎，後因嘻笑而成仇敵也。又陳叔峰見倪公題碑曰：先生不更加詳審，概以爲黨人也。而賢之嘗考黨人之，內如呂公著、韓維初爲安石延譽者也。曾布、章惇阿權膴仕，李清臣倡紹述之說，以開國釁。黄履許垂簾之事，擊呂大防、劉摯而去之。安燾依違蔡確，章惇無所匡正，葉祖洽對策言。祖宗多因循苟且之政，陛下革而新之，遂擢第一。若此皆得與乎黨人之數，果賢乎否乎！（卷十八）

《元祐內鬨》

元祐黨人在於利之結合，無政理念，非爲治國利民也。熙寧初年，新法創始，扞格不入，即可知也。元祐之時，司馬相公等還朝，新法罷革，北宋朝政應如日中天，實非也。彼此傾軋不休，各樹黨幟，以固勢力，排斥攻訐，足證權勢之爭。故有洛黨、蜀黨、朔黨之分也。再者，凡官未居要津者，明予譏諷，暗予評訐，如程頤之流，後爲蘇轍以此擊之，宣仁高后而不再召入朝矣（詳第十一章程頤節內）。

蘇、程同室操戈，洛黨、蜀黨、朔黨之爭，遂方興未艾。四庫全書于元祐黨人孔平仲所撰之珩璜新論提要所評：中庸之道，其云：「……考平仲與同時劉安世、蘇軾，南宋林栗、唐仲友，立身皆不愧爲君子，徒以平仲、安世與軾不協於程子，栗與仲友不協於朱子，講學家遂皆以寇讎視之。夫人心不同，有如其面，雖均一賢者意見不必相符。……」綜上所云，殊爲鄉愿。蓋君子所爭理也，小人所爭利也。洛蜀兩黨所爭者非理而求利也。四庫全書又于邵博之聞見後錄提要所評，則未如珩璜新論之含蓄，析示明快。其云：「……伯溫（邵博父）盛推二程（程顥、程頤），博乃排程氏而宗蘇軾。觀其所記游酢謝良佐之事，知康節（博祖父）沒後，程氏之徒欲尊其師而抑邵，故博激以報之。蓋怙權者務爭利，必先合力以攻異黨，異黨既盡病利之，不獨擅則同類復攻。講學者務爭名，亦先合力以攻異黨，異黨既盡病利之，不獨擅則亦復相攻。固勢之必然，不足怪也」等云。元祐黨人不獨反制新法，詆詖荊公，既其宣仁高后訾諷不誤之。禍起蕭牆，考其緣由，乃蘇、程等人皆利之所趨也。後人均有記載，茲分錄於下：

聞見錄：……嘉祐之風，然雖賢者，不免以類相從。故當時有洛黨、川黨、朔黨之語，洛黨者以程正叔（頤）爲領袖，朱光庭、賈易爲羽翼。川黨者以蘇子瞻爲領袖，呂陶等爲羽翼。朔黨者以劉摯、梁燾、王巖叟、劉安世爲領袖，羽翼尤眾。諸黨相攻擊而已，正叔多用古禮，子瞻謂其不近人情，如王介甫，深疾之，加以抗侮。朱光庭、賈易不平，皆以謗訕，誣子瞻執政兩平之。是時既退元豐大臣，於散地皆銜怨刺骨，陰伺間隙。而諸賢者不悟，自分黨相毀。至紹聖初，章惇爲相，同以元祐黨盡竄嶺海之外，可哀也。……（卷十二）

程頤講學，以禮法自持，貌莊色嚴，故作尊嚴，而蘇軾每加玩侮之，可謂已成冰炭矣。蘇軾本已玩世不恭，所讀聖賢書，孔老夫子遺訓，竟然忘卻無餘矣！程頤自命理學宗師，道貌岸然，言笑不苟，卻因其位未居要津，官職清閑，則以文字對宣仁高后譏諷之。對當朝母后尚且如此不敬，程頤、蘇軾如是之「賢」乎？南宋元祐餘黨對蘇、程二人之事蹟記載如何，其「賢」何如？特分錄於下：

貴耳集：元祐初。司馬公薨東坡欲主喪，遂爲伊川先，東坡不滿意。伊川以古禮斂，用錦囊囊

其尸。東坡見而指之曰：欠一件物事，當寫作信物一角，送上閻羅大王。東坡由是與伊川失歡。（卷上）

孫公談圃：（宋．孫升述．劉延世編）司馬溫公之薨，當明堂大享。朝臣以致齋不及，奠肆赦畢。蘇子瞻率同輩以往，而程頤固爭，引論語：子于是日哭則不歌。子瞻曰：明堂乃吉禮，不可謂歌則不哭也。頤又諭司馬諸孤，不得受弔。子瞻戲曰：頤可謂燠糟鄙俚，叔孫通聞者笑之。（卷上）

聞見後錄：司馬丞相薨于位，程伊川主喪事專用古禮將祀明堂。東坡自使所來弔，伊川止之曰：公方預吉禮非哭則不歌之，義不可入。東坡不顧以入曰：聞哭則不歌，不聞歌則不哭也。伊川不能敵其辯也。（卷二十）

貴耳集：伊川濂溪一世道統之宗，用大臣，薦爲崇政殿說書。以帝王之學，輔贊人主，儒者所望。范文正公論事，始分朋黨。伊川則曰：洛黨如朱光庭、賈易附之，力攻蜀黨蘇氏父子也。朝廷大患，最怕攻黨，小人立黨初不是專意社稷計，借此陰移人主禍福之柄，竊取爵祿而已。如君子不立黨，伊川見道之明，未能免也。（卷上）

聞見後錄：劉器之（摯）與東坡元祐初同朝，東坡勇于爲義，或失之過。則器之必約以典故，東坡至發怒曰：何處把上，曳得一劉，正言來知，得許多典故。或以告器之。則曰：子瞻固所畏也，若恃其才，欲變亂典，常則不可。又朝中有語云：閩蜀同風，腹中有蟲，以二字各從虫也。東坡在廣坐作色曰：書稱立賢無方，何得乃爾。器之曰：某初不聞其語，然立賢無方，須是賢者乃可，若中人以下，多繫土地風俗，安得不爲土習風移。東坡默然。（卷二十）

續通鑑：元祐元年十二月壬寅朱光庭言：「……今學士院考試官不識大體，反以媮刻爲議論，乞正考試官之罪。」策題，蘇軾文也。詔軾特放罪，軾聞而自辯，詔追回放罪指揮。

又：壬寅同日呂陶言：「蘇軾所撰策題，蓋設此問以觀其答，非謂仁宗不如漢文，神考不如漢宣。臺諫當徇至公，不可假借事權以報私隙。議者謂軾嘗戲薄程頤。光庭乃其門人，故爲報怨。夫欲加蘇軾罪，何所不可，必指其策問以爲訕謗，恐朋黨之禍，自此起矣。」

又：元祐二年正月壬戌王覿言：「朱光庭訐蘇軾策問，呂陶力辯。臣謂軾之辭不過失輕重之體耳；若悉考同異，深究嫌疑，則兩岐遂分，黨論滋熾。夫學士命詞失措，其事尚小；使士大夫有朋黨之名，此大患也。」太皇太后深然之。時議者以光庭因蘇軾與其師程頤有隙而發，而陶與軾皆蜀人，遂起洛、蜀二黨之說，故覿有疏。

又：同月辛未，傅堯俞、王巖叟入對，論蘇軾策題不當，太皇太后曰：「此朱光庭私意，卿等黨光庭耳！」堯俞、巖叟同奏曰：「臣等蒙宣諭，謂黨附光庭彈軾，上辜任使，更不敢詣臺供職，伏俟譴斥。」

又：同年七月乙丑，以右司諫呂陶爲京西轉運副使，侍使上官均爲禮部員外郎。先是御史杜純、右司諫賈易緣張舜民罷職事。劾陶、均面欺同列，不肯論救。陶自請補外，上疏言：「杜純乃韓維之客，以此媚維；賈易爲程頤之死黨，爲頤報怨，必欲臣廢逐而後已，惟陛下幸察。」易凡五狀劾陶，謂詭譎姦人，託朋附以自安，故陶、均皆罷言職，而陶獨外補。

又：同年八月辛巳，右司諫賈易罷知懷州。自蘇軾以策題事爲臺諫官所言，而言者多與程頤善，軾頤交惡，其黨迭相攻。易獨建言請並逐二人，又言呂陶黨軾兄弟，而文彥博實主之。語侵彥博及范純仁，太皇太后怒，欲峻責易，呂公著言易所言頗切直，惟詆大臣太甚耳。乃止罷易諫職，出外。

時呂公著獨相，群賢在朝，不能不以類相從，遂有洛黨、蜀黨、朔黨之號。洛黨以頤爲首，而朱光庭、賈易爲輔。蜀黨以軾爲首，而呂陶爲輔。朔黨劉摯、梁燾、王巖叟、劉安世爲首，而輔之者尤眾。是時熙豐用事之臣，退休散地，怨入骨髓，陰伺間隙。而諸臣不悟，各爲黨比以相訾議。……（此節錄自聞見錄。）

又：同年九月庚申，王覿奏：「蘇軾程頤，向緣小忿，漫結仇怨。于是頤：軾素所親善之人，更相詆訐，以求勝勢。前日頤去，而言者及軾，故軾乞補外。既降詔不允，尋復進職經筵。今執政大臣有闕，若保全軾，則且勿大用，庶幾使軾不遽及于悔吝。」

又：同年十月甲申知懷州賈易責知廣德軍。易謝表謂以忠直獲罪，而指言群臣讒邪罔極，朋黨滔天；又言蘇轍持密命以告人，轍上書自辨。于是御史交章論易諂事程頤，默受教戒，附下罔上，背公私黨，乞早降黜。詔以易已罷言職，不合于謝上表內指名論事，故有是責。

又：元祐三年正月丁卯，王覿奏：「蘇軾長于辭華而暗于理義，若使久在朝廷，則必之異妄作。宜且與一郡，稍爲輕浮躁競之戒。（以上卷八十）

又：元祐五年五月甲寅，自元祐初，一新庶政，至是五年，人心已定；惟元豐舊黨分布中外，多起邪說以撼在位，呂大防、劉摯患之，欲稍引用，以平宿怨，謂之調停。太皇太后疑不能決，御史中丞蘇轍人對，即面斥其非。退復上疏曰：「臣頃面論君子、小人不可並處，聖意似不以臣言爲非者。……（敘論冗長，略之。）而議者惑於衆說，乃欲招而納之，與之共事，謂之調停。此輩若返，豈肯徒然而已哉！必將戕害正人，漸復舊事，以快私忿。人臣被禍，蓋不足言，臣所惜者，宗廟、朝廷也惟陛下斷自聖心，不爲流言所惑，毋使小人一進，復有噬臍之悔。」疏入，太皇太后命宰執讀於簾前，曰：「轍疑吾兼用邪正，其言極中理。」諸臣從而和之，調停之說遂已。

又：同年七月乙酉，劉摯初與吏額房事與呂大防議稍不合，已而摯遷門下侍郎，及臺諫共攻大防，大防稱疾不出，摯每於上前開陳吏額本末曰：「此皆被減者鼓怨，言路風聞而已，不足深譴。」大防他日語人曰：「使上意曉然不疑，劉門下之力居多。」然士大夫趨利者交鬥其間，謂二人覲隙，於是造爲朋黨之論。……

又：元祐六年四月癸丑，以戶部員外郎楊畏，爲殿中侍御史，中丞趙君錫所舉也。畏先除監察御史，言者斥其附會呂惠卿、舒亶以進，罷之；至是復有此擢，王巖叟移書詰劉摯，摯不從。

畏初刻志經術，以所著書謁王安石，爲鄆州教授，自是尊王安石之學，以爲得聖人意。畏與摯善，後呂大防亦善之。大防、摯異趣，皆欲得畏爲助。君錫薦畏，實摯風旨也。然畏卒助大防擊摯焉。（以上皆卷八十一）

又：同年九月癸酉，御史中丞鄭雍、侍御史楊畏對甚久，論劉摯及蘇轍也。雍言：「摯善牢籠士人，不問善惡，雖贓汙久廢之人，亦以甘言誘至。」因具摯黨人姓名（附於后）。左正言姚勔入奏，並言摯朋黨不公，右正言虞策言摯親戚趙忠恕、王鞏犯法，施行不當。甲戌，摯以鞏爲姻家，輒以嘗薦鞏，皆自劾，詔答不允。轍又言：「頃復見臺官安鼎亦論此事，謂臣欺罔詐繆，機械深巧，則臣死有餘責，有何面目尚在朝廷！然鼎與趙君錫、賈易等同構飛語，誣罔臣兄軾以惡逆之罪，賴聖鑑昭察，君錫與易即時降黜。……戊寅，王巖叟言：「方今戮力盡忠之臣，摯啓其最，豈可因一二偏辭，輕示遐棄，安知其間無朋邪挾私而陰與群姦爲地者！」不報。太皇太后獨遣中使賜蘇轍詔，諭令早入省供職。

朔黨人員：

王巖叟、劉安世、韓川、朱光庭、趙君錫、梁燾、孫升、王覿、曾肇、賈易、楊康國、安鼎、張舜民、田子諒、葉仲、趙挺之、盛陶、龔原、劉槪、楊國寶、杜純、杜紘、詹適、孫諤、朱京、馬傳慶、錢世榮、孫路、王子昭、吳立禮

又：元祐七年三月丁亥，以程頤爲直秘閣，判西京國子監。初，程頤在經筵，歸其門者甚衆。

而蘇軾在翰林，士亦多附之者。二人互相非毀，頤先罷去，至是頤服闋，三省言宜除館職。判檢院蘇轍進曰：「頤入朝，恐不能靜。」太皇太后從其言不復召。（以上皆卷八十二）

又：元祐八年十二月丁卯，范純仁之將入也，楊畏嘗有言，純仁不知。至是呂大防欲用楊畏爲諫議大夫，范純仁曰：「上聽新政，諫官當求正人；畏傾邪，不可用。」大防曰：「豈以畏嘗言公耶！」純仁始知之。大防素稱畏敢言，且先密約以助己，竟超遷畏爲禮部侍郎。及大防充山陵使，甫出國門，畏首叛大防。……（卷八十三）

朱子語類：（宋．朱熹撰）蘇程之學，二家當時自相排斥，蘇氏以程氏爲姦，程氏以蘇爲縱橫。以某觀之，只有荊公修仁宗實錄，言：老蘇之書大抵皆縱橫者流。程子未嘗言也。如遺書賢良一段，繼之以得志不得志之說，卻恐是說他，坡公在黃州猖狂放恣不得志之說，恐指此而言。道夫問坡公，苦與伊洛相排，不知何故。曰：他好放肆，見端人正士以禮，自將卻恐他來檢點，故恁詆訾。道夫曰：坡公氣節有餘，其過處亦自來此。曰：固是又云，老蘇辨姦初間，只是私意如此，後來荊公作不著遂中他說。然荊公氣習，自是一個要遺形骸離世俗底模樣，喫物不知飢飽。嘗記一書，載公於飲食絕無所嗜，惟近者必盡，左右疑其爲好也。明日易以他物，而置此品於遠，則不食矣。往往於食不知味也。……（言呂伯恭部份略之。）亦此等爲姦，恐不然也。老蘇之出，當時甚敬之，惟荊公不以爲然，故其父子切齒之。

又：或問東坡若與明道同朝能順從否。曰：這也未見得，明道終是和粹，不甚嚴厲。東坡稱濂溪只是在他前，不與同時同事。因說當時諸公之爭，看當時如此，不當論相容與不相容，只看是因甚麼不同，各家所爭是爭個甚麼。東坡與荊公固是爭新法，東坡與伊川爭個甚麼？只看這處曲直，自顯然可見，何用別商量。只看東坡所說云：幾時得與他打破這「敬」字。看這說話，只要奮手捋臂，放意肆志，無所不爲。便是只看這處，是非曲直，自易見論。……

又：兩蘇既自無致道之才，又不曾遇人指示，故皆鶻突無是，處人豈可以一己，所見只管鑽去，謂此是我，自得不是，聽得人底。（以上三則均刊於朱子語類卷一百三十。）

是非當論曲直，公道自在人心。荊公創制新法，從未排斥朝臣，滿朝老臣苟安成習，理念不合，自行求去之。元祐司馬光等還朝秉政，肆意攻擊蔡確等人，號爲新黨，皆爲元祐黨人一手之揑造之。嗣後紹聖以還，相互攻擊，輪遞外貶，不獨黨錮之禍，日烈一日，朝政乃日衰一日矣。崇寧以降，蔡京當朝立碑禁黨，號稱新法，所行非是。數十年來元祐黨爭，恩怨情讎，永無寧日，以致靖康之恥，誠不識與荊公何涉耶！明代王禕之卮辭對朋黨禍國及君子小人之分，有其解釋之。茲錄於下：

卮辭：朋黨之名，何自而起歟？豈夫人實爲之，抑其人自致之耳！漢之朋黨，其人以德勝；唐之朋黨，其人以才勝。以德勝者，群而不黨之君子也；以才勝者，同而不和之小人也。及宋之朋黨，則又君子小人迭爲勝負矣。嗚呼！朋黨之名起，國家未有不遂至危亡者也。（卷一。僅一卷刊於清代李調元之函海第十二函。）

苟以及王禕之卮辭而論之，何爲君子？何爲小人？強國者君子，禍國者小人。君子乎？小人乎？

惟博者自定之矣。再言：司馬光是否具有相國之器，神宗對其頗不以爲然，言其迂闊而不堪重任。南宋吳曾之能改齋漫錄特予記載，茲錄於后：

能改齋漫錄：神宗謂呂正獻公晦叔(公著)曰：司馬光方直，其如迂闊何？呂曰：孔子上聖，子路猶謂之迂。孟子大賢，人亦謂之迂。況光豈免此名，大抵慮深遠則近迂矣，願陛下更察之。(卷十二)

釋：

元祐更化：乃元祐年代，宣仁太后悉數召回熙豐放逐舊臣，罷革新法，沿用舊制，謂之。

紹述：荊公創制新法，元祐罷革，元祐八年，宣仁高后謝世，哲宗親政，次年改元為紹聖，啓用章惇為相，再啓新法，史稱紹述之政。迨徽宗即位，復罷之，蔡京秉政，更啓新法，又紹述前法行之。

紹述之禍：哲宗親政不堪宣仁及舊臣之虐，召回元豐老臣，逐次貶竄元祐黨人，元祐黨人稱之為紹述之禍。

曹利用：真宗幸澶州，遺利用與遼媾和，利用不為遼所屈。後開罪內侍，章獻劉后聽信讒言，貶隨州房州安置，命內侍楊懷敏護送，至襄陽，楊懷敏以言逼之，利用投環自縊(宋史二九零)

九、北宋四后

宋論（清・王夫之撰）……宋之不靖也，自景祐（仁宗）一變矣，熙寧而再變，元祐而三變，紹聖而四變，至是而五變矣（按：指建中靖國）。（卷八 徽宗篇）

王夫之對北宋史實，所知未必深切，仍迷於元祐黨人之言，其論北宋五變，而宋乃不靖之矣，非也。北宋應自眞宗天禧末年，眞宗多病，章獻劉后攬權，釀成寇、丁之爭應爲一變也。北宋衰頹亦自此爲始也，仁宗乾道元年即位，章獻劉后垂箔攝政共十二年之久，明道二年，劉后謝世，次年改元爲景祐，仁宗親政，盡革劉后之政，並立曹后，此應爲二變也。嘉祐八年仁宗晏駕，英宗繼位，其年已三十有餘，而慈聖曹后以假英宗多疾，而仿其姑故技再予垂箔，此爲三變也。熙寧新法係爲四變也。元豐八年神宗駕崩，宣仁高后特立神宗稚子延平郡王爲哲宗，啓用司馬光罷新法，此爲五變也。元祐八年宣仁高后謝世，哲宗親政，次年改元爲紹聖，八年屈受宣仁高后以及元祐黨人之壓抑，盡逐黨人，復施新法，此乃六變也。元符三年，哲宗晏駕，欽聖向后復效前代故技，第四次垂箔，立顢頇無能端王佶爲徽宗再度罷革新法，此爲七變也。次年向后病卒，徽宗親政，又再詔用曾布等，恢復新法，該爲八變也。宣和七年金人南侵日烈，徽宗自知無能治國，禪讓予太子桓爲欽宗，改元靖康，再罷新法，貶蔡京、童貫等，此爲九變也。北宋自眞宗末年，短短不足百年之間，政局有此九變，何興盛之有乎？焉能不有靖康之禍歟？

眞宗時天禧劉后之變，王夫之卻未言及之，此乃宋論疏漏之處。經劉后、曹后、高后、向后等四次母后攝政，眞宗、仁宗、英宗、哲宗、徽宗等五次倍受於婦人之箝制，牝雞司晨焉有強盛之理乎？何況政局九次變革之！猶以宣仁皇后攝政九年之久。何未能挽回狂瀾而強盛北宋，殲滅北方強敵之遼金等。是時遼之衰敗已現，北宋因勢而擊之，遼亡，金之羽毛未豐，順勢而殲滅之，豈有靖康之恥耶！宣仁坐失良機，爲之奈何。而宣仁則言：其所以主和而不主戰之理，爲免於生民塗炭耳。以此假仁義而博得「女中堯舜」之譽也（續通鑑卷八十三）。實非女中堯舜，可謂之女中梟雄也。斷送北宋河山，宣仁應負其責矣！元祐黨人司馬光等亦不能逃其咎也！宋論所言，所謂「姦人、諸賢」應從何而分之歟？王夫之所言豈不自相矛盾耶！

【四后攝政】

北宋僅一百五十餘年之久，開國二位帝王除外，眞宗始各朝皆有母后攝政。北宋之亡，不無肇因四位母后也。宋代孫奕所撰示兒編，言及唐代女禍之興亡，北宋豈非不如是耶！

示兒編：唐高祖乘隋季荒亂，因晉陽宮女之侍，而見刧於子，以成起義之志，遂得天下。故太宗有妻嫂之醜，高宗有妻武昭儀之醜，明皇有妻楊太眞之醜。蓋不僅於初世，有女禍始以是而

成之，亦終以是而敗之。（卷十七）

唐高祖乘隋之亂而奪取政權，北宋未嘗不如是耶！宋太祖乘周世宗謝世，弱后稚子，乃陳橋兵變奪周政權而爲宋。唐代母后操權干政，亦僅武則天一位女后耳，未若北宋一百六十七年間，卻有四位母后矣！唐高宗有武曌之醜，北宋眞宗何嘗未有章獻劉后之醜耶！

（一）四后垂簾，茲述於后：

《章獻明肅劉皇后》

宋史：章獻明肅劉皇后：后在襁褓鞠養外家，蜀人龔美攜之入京，后年十五入襄邸，王（眞宗於太子時封爲襄王）乳母秦國夫人性嚴整，因爲太宗言之，令斥去。王不得已，置之王宮指使張耆家，太宗崩，眞宗即位，入爲美人，以其無宗族，乃更以美爲兄弟，改姓劉。大中祥符中爲修儀進德妃，自章穆崩，眞宗欲立皇后，大臣多以爲不可，帝卒立之。李宸妃生仁宗，后以爲己子，與楊淑妃撫視甚至。后性警悟，曉書史，聞朝廷事能記本末。……天禧四年帝久疾居宮中，事多決於后。宰相寇準密謀議奏請皇太子監國，以謀泄罷相，用丁謂代之。既而入內都知周懷政謀后殺謂，復用準以輔太子。……明日誅懷政貶準衡州司馬。於是詔皇太子，開資善堂引大臣決天下事，后裁制於內，眞宗崩，遺詔尊后爲皇太后。（卷二四二）

劉后之身世本係賤微，據長編云：「眞宗景德元年，以後宮劉氏爲美人，楊氏爲才人。劉氏華陽人，上初爲襄王，一日謂左右曰：蜀婦人多才慧，吾欲求之。劉氏始嫁蜀人龔美，美攜以入京，既而家貧更嫁之。……」（卷五十六）。宋史后妃傳未刊之，外戚傳則刊龔美爲劉美，言係劉后之兄也。宋史云：「……美即后之兄也，初事眞宗於藩邸以謹力被親信。即位，補三班奉職。……」（宋史卷四百六十三）司馬光之涑水記聞、續通鑑亦作此云。茲記於后：

涑水記聞：貢父（劉攽）曰：章獻劉后本蜀人，蜀人龔美攜之入京，以鍛銀爲業。時眞宗爲皇太子尹開封府，美因鍛銀而得見，太子語之曰：蜀婦人多才慧，汝爲我求一蜀姬，美因納后，太子見之大悅，寵幸專房，太子乳母惡之。太宗嘗問乳母，太子近日容貌瘦瘠，左右有何人，乳母以后對，上命去之。太子不得已置于殿侍張耆之家，耆避嫌遂不敢下直，未幾太宗晏駕，太子即帝位，復召入宮。（卷五）

又：劉貢父曰：眞宗將立劉后，參知政事趙安仁以爲劉后寒微，不可母天下。不如沈德妃出于相門。上雖不樂，以其守正，無以罪也。……（卷五）

續通鑑：景德元年正月乙未，以後宮劉氏爲美人。劉氏，華陽人。帝初爲襄王，謂左右曰：蜀婦人多才慧，吾欲求之。劉氏始嫁蜀人龔美，美攜之入京，既而家貧，欲更嫁之。張旻時給事王宮，言於王，得召入，遂有寵。王乳母秦國夫人，性嚴整，不悅固令王斥去。王不得已出置旻家，別築館居之。其後請於秦國夫人得復召入，美因改姓劉，爲美人兄云。（卷二十四）

章獻劉后爲北宋第一位攝政女后，長達十二年之久。頗有政治才具，眞宗期間即施展其政治手腕，結黨營私，收攏丁謂、楊崇勳等爲掌奪政權之預謀。仁宗即位時年僅十一稚齡，寇準、周懷政等忠於眞宗，而被殲滅之。司馬光之涑水記聞云。章獻劉后治事極爲專横，茲略錄於后：

涑水記聞：丁、寇異趣不協久矣，寇爲樞密使，曹利用爲副使，寇以其武人輕之。議事有不合者，萊公輒曰：君一武夫耳，豈解此國家大體，鄆公由是銜之。眞宗將立劉后，萊公及王旦、向敏中皆諫以爲出於側微不可，劉氏宗人横于蜀中，奪民鹽井，上以后欲捨其罪，萊公固請必行其罪。是時上已不能記覽，政事多宮中所決。丁相知曹、寇不平，遂與鄆公合謀罷萊公政事，除太子少傅。上初不知，歲餘忽問左右曰：吾目中久不見寇準何也。左右亦莫敢言。上崩，太后稱制，萊公貶雷州，是歲丁相亦獲罪。（卷七）

又：……及上將立章獻后，李迪爲學士，屢上疏諫，以章獻起于寒微，不可母天下，由是章獻深銜之。……眞宗晏駕，迪貶衡州團練副使。（卷八）

章獻劉后專横至極，通鑑長編云：「……自寇準罷相，繼以三黜，皆非上本意，歲餘上忽問左右曰：吾目中久不見寇準何也？左右莫敢對，上崩乃責雷州。」（卷九十六）續通鑑卷三十五亦刊之。又如宋史卷四二六吳遵路傳云：「章獻太后稱制，制事得失，下莫敢言。遵路條陳十餘事，語皆切直，忤太后意，出知常州。」

蘇轍之龍川別志卷上，云：「章獻垂箔，有方仲弓者上書，乞依武后故事立『劉氏廟』。章獻覽其疏曰：吾不作此負祖宗事，裂而擲於地。……」然事非如此，實乃蘇轍特意爲劉后飾非而已，諂諛之詞，元祐黨人一貫承歡母后取寵之慣技，此即一例也。蘇轍向自命風骨清高，亦僅如此耳！續通鑑亦作此云，然魚頭參政魯宗道本傳所記則非如此矣。茲一并錄於后：

龍川別志：章獻（劉后）垂箔，有方仲弓者上書，乞依武氏故事立劉氏廟，章獻覽其疏曰：吾不作負祖宗事，裂而擲之於地。仁宗在側，曰：此亦出於忠孝，宜有以旌之。乃以開封司錄及，章獻崩，黜爲汀州司馬程琳亦曾有此請，而人莫知之也。仁宗一日在邇英謂講官曰：程琳心行不忠，在章獻朝嘗請立劉氏廟，且獻七廟圖。時王洙侍讀聞之，仁宗性寬厚，琳竟至宰相，蓋無宿怒也。（卷上）

按：蘇轍所撰龍川略志十卷，後續撰兩卷，名曰龍川別志。

續通鑑：初，仲弓請依唐武后故事，立劉氏七廟。太后見其奏，怒曰：吾不作負祖宗事！裂而擲之，猶用是得知吉州，帝以累更赦宥，止薄責焉。（卷三十九）

宋史：章獻太后臨朝，問（魯）宗道曰：唐武后如何？對曰：唐之罪人也！幾危社稷。后默然。時有請立劉氏七廟者，太后問輔臣，眾不敢對。宗道不可曰：若立劉氏七廟，如嗣君何帝？……（卷二八六魯宗道本傳。）

按：魯宗道時官拜右諫議參知政事，性情耿直，不畏權勢，猶如魚頭僅爲皮包骨而已。歐陽修之歸田錄及國老談苑（未著撰人，卷二，未涉劉后，略之。）茲錄於后：

歸田錄：（宋·歐陽修撰）魯肅簡公立朝，剛正嫉惡，少容小人。惡之私目爲魚頭，當章獻垂簾時，屢有補益，讜言正論，士大夫多能道之。……（卷上）

仁宗待其後登大統，史稱仁恕，亦即懦弱，程琳即一例也。其係受章獻太后自幼箝制有關，仁宗午夜饑甚不寐，思食羊肉竟不敢索取，惟恐因其而啓無窮之屠也（魏泰之東軒筆錄卷一）。當朝皇帝豈須忍一夜之餒矣。章獻劉后囂張跋扈，不言而喻矣！茲將涑水記聞錄於后：

涑水記聞：眞宗不豫，寇萊公與内侍省都知周懷政密言於上，請傳位皇太子，上自稱太上皇，上許之。自皇后以下皆不知，既而月餘無所聞。二月二日，上幸後苑，命後宮挑生菜，左右皆散去。懷政伺上獨處，密懷小刀至上所，涕泣言曰：臣所言社稷大計，陛下己許臣等，而月餘不決何也。臣請剖腹以明忠款，因以刀劃其胸，僵仆於地，流血淋漓。上大驚，由是疾作，左右扶輿入禁中，皇后命收懷政入獄。按問其狀，又于宮中索得萊公奏言傳位事。乃命親校楊崇勳密告云。寇準周懷政等謀廢太子，立誅懷政而貶萊公。（卷六）

涑水記聞所言與史籍所載頗有差異，續通鑑云：丁謂因爲寇準拂鬚之事，被寇萊公嘲笑而恨之，力圖以排萊公爲快。時劉后族人于蜀橫行，奪井之事，劉后不悅，非去之不爲快。翰林學士錢惟演見丁謂勢甚而附之，並奏予帝曰：寇準朋黨盛，王曙又爲其婿，作東宮賓客，誰不畏懼！今朝廷人三分二分皆附準矣。又云：帝疾浸劇，自疑不起，嘗臥枕副都知周懷政股，與之謀欲命太子監國。周懷政出謀於萊公，事泄，萊公罷相，丁謂等乃疏斥懷政，懷政憂懼，陰謀殺謂等，復萊公相位，傳位太子，奉帝爲太上皇，廢劉后。此舉不密，丁謂命曹利用入奏之。懷政時在殿東廡即令衛士執之，詔宣楊崇勳曹瑋二人就御藥院鞫訊，帝於承明殿臨問，懷政但祈哀而已，赴普安寺斬之。時爲眞宗天禧四年七月甲戌。（卷三十四）涑水記聞所刊不獨事實有謬，即時間二月二日亦不相符矣。寇萊公與丁謂之爭，北宋黨錮之禍自此方熾矣。

《慈聖光獻曹皇后》

慈聖曹后爲仁宗第二位皇后，原爲郭皇后，郭后爲摑尚妃誤批仁宗之頰，而被罷黜之，乃於景祐二年冊立爲后。涑水記聞另記之，茲錄於后：

涑水記聞：故后郭氏薨，后之獲罪也（獲罪詳第八章），上直一時之忿，且爲呂夷簡、閻文應所譖，故廢之。后出居瑤華宮，章惠太后亦逐楊、尚二美人，而立曹后。（卷五）（詳前章臺諫之爭）

曹后富才略，善于機智，章獻劉后遺風，耳濡目染，遂承襲之。仁宗無嗣，冊立宗室濮安懿王允讓第十三子曙爲子，後即英宗（冊立英宗亦爲慈聖曹后之意，因英宗之后——宣仁高后之母爲慈聖曹后之姊，自幼鞠養宮中）。於嘉祐八年仁宗崩，英宗即位，時年己三十一歲，本可親政。惟慈聖曹后以英宗健康不佳，以防皇族奪位爲藉口，效其姑章獻劉后垂箔故技，並獨攬大權，北宋第二次母后垂箔聽政。嘉祐八年四月八日下詔攝政（英宗即位當年尚未改元）。茲錄詔文於后：

詔曰：朕……踐祚之初，銜哀罔極，遂罹疾恙，未獲痊和。而機政之繁，裁決或壅。皇太后母儀天下，子育朕躬，輔助天朝，練達庶務，因請同于聽覽。……將來聽政日，請皇太后權同處分。（宋大詔令集卷十四）

慈聖曹后顯師承唐代武后之法，篡權奪位爲其本意。因英宗非爲仁宗所出，於垂箔之時，兩宮齟齬如縷不絕，實有廢英宗之意，故較乃姑章獻劉后有過無不及矣。惟其過於自滿，垂箔之初，仍沿用韓琦爲相，百密一疏，而被韓琦迫其捲軸，還政英宗，誠始料非所及也。據宋孫升（元祐時中書舍人），所述孫公談圃及元張光祖（元代大德時泉州推官，餘不詳）所撰言行龜鑑等，對慈聖曹后之事蹟均有記載。續通鑑亦有記載且較詳。茲一并錄於后：

孫公談圃：曹后稱制日，韓琦欲還政於天子。而御寶在太后閣，皇帝行幸即隨駕，琦因奏請素杖求雨，比乘輿還，御寶更不入太后閣。即于簾前述皇帝聖德，都人瞻仰，無不歡慰，且言天下久煩聖慮。太后怒曰：做也由相公，不做也由相公！韓琦獨立簾外不去，乃得一言有允意，即再拜，遂儀鸞司撤簾，上自此親政。（卷中）

言行龜鑑：……韓魏公居相位初，英宗即位，以憂得心疾，太后垂簾聽政。帝遇宦官少恩，左右多不悦者乃讒間，兩宮遂成隙，太后對輔臣常言之。公慮宮中有不測，一日因對以危言感動太后曰：臣等只在外面，不得見官家。內中保護全在太后，若官家失照顧，太后亦未穩。太后驚曰：相公何是此言，自家更是用心。公即曰：太后照管則衆人自照管。……（卷六）

續通鑑：嘉祐八年十一月，琦等見帝，帝曰：太后待我無恩。琦對曰：自古聖帝明王，不爲少矣，然獨稱舜爲大孝，豈其餘盡不孝耶？……（卷六十一）

又：治平元年三月，司馬光進對，又言：皇太后母也。陛下子也。皇太后母儀天下已三年，陛

下新自藩邸入承大統，萬一兩宮有隙，陛下以爲誰逆誰順，誰得誰失？……（卷六十二）

又：治平元年四月，權御史中丞王疇上疏，請車駕行幸以安人心，於是執政及諫官相繼有請，帝曰：當與太后議之。太后曰：上疾新癒，恐未可出。琦曰：上意亦自謂可出矣。太后曰：今素仗皆未具，更少須。琦曰：此細事，不難辦也。乃詔有司擇日以聞。（卷六十二）

又：治平元年五月，皇太后出手書付中書，還政。先是帝疾稍愈，自去年秋，即間日御前後殿視聽朝政，兩府每退朝，入內東門小殿覆奏太后如初。韓琦欲還政天子，而御寶在太后所；乃因帝祈雨還，令御寶更不入太后閤。嘗一日取十餘事稟帝裁決，悉皆允當。琦退，與同列相賀，因謂曾公亮曰：昭陵復土，琦即合求退；顧上體未平，遷延至今。上聽斷不倦如此，誠天下大慶。琦當於簾前先白太后，請一鄉郡，須公等贊成之。于是琦詣東殿，覆奏帝所裁十餘事，太后每事稱善，同列既退，琦獨留，遂白太后求去，太后曰：相公安可退，我當居深宮，卻每日如此，甚非得已。琦曰：前代如馬鄧之賢，不免貪戀權勢，今太后便能復辟，誠馬鄧所不及。因再拜稱賀，且言：臺諫亦有章疏乞太后還政，未審決取何日撤簾？太后遽起，琦即厲聲命鑾儀司撤簾；簾既落，猶於御屏後微見太后衣也。（卷六十二）

又：治平元年六月，穎王（神宗）性謙虛，眷禮官僚，遇維（韓維）尤厚。每事諮訪，維悉心以對，至於起拜、進止，緩急皆陳其節。……帝始疾甚，出語頗傷太后，太后泣告輔臣，并咎兩王。維等極諫曰：上已失太后歡心，王盡孝恭以繼之，不然父子皆禍矣！（卷六十二）

英宗本爲承祧，慈聖曹后於仁宗立嗣之時，而立英宗，意其爲姨姪婿可視爲傀儡，受其箝制，乃至垂箔，獨攬大權而掌控天下。故於仁宗晏駕之時，即下詔書，母儀天下，孰知不然。英宗即位之日，年屆自立，豈甘雌伏，兩宮自當不和，至於還政，實爲韓琦所逼，迫於無奈耳。濮議之爭，慈聖曹后故作僞善，懿旨：濮安懿王可稱皇，其母曹氏可稱后，以致釀成黨禍不絕矣。

慈聖曹后其對新法反對極劇，每對神宗命其不得施行新法，尤於病篤之際，爲蘇軾烏臺詩案，力逼神宗罷革新法，宋史本傳記載綦詳：

宋史：元豐二年冬疾甚，帝視疾寢門。……王安石當國變亂舊章，曹后乘間語神宗，謂祖宗法度不祖輕改。熙寧宗祀前數日，帝至后所。后曰。吾昔聞民間疾苦，必告仁宗，因赦行之。今亦當爾。帝曰：今無他事。后曰：吾聞民間甚苦。青苗、助役宜罷之。安石誠有才學，怨之者甚眾，帝欲愛惜保全之，不若暫出之於外。……（卷二四二慈聖曹后本傳）

《宣仁聖烈高皇后》

宣仁皇后爲英宗之后，慈聖曹后爲其姨母。幼年鞠養宮庭，即長因慈聖曹后主婚，許配英宗，英宗亦因此而得承祧仁宗嗣系。英宗繼位後，於治平二年方冊立爲后，共生神宗及岐王等四子。幼年即隨其慈聖曹后之側，耳濡目染，養成爭權奪位之習性。神宗繼位之時年已弱冠，未能攝政，已屬憾事，然於元豐八年，神宗病篤時，不堪寂寞，乃密計扶植年僅十歲延平郡王即哲宗而繼承大統，以達垂箔聽政之慾。北宋元氣斲傷，亦因宣仁高后聽政之故耳。

神宗駕崩，宣仁高后茍若爲社稷計，應立神宗之弟，嘉王或岐王任一人爲帝，北宋尚不致有靖康之恥。高后則不然，爲求私慾，竟立稚齡皇子爲帝之。按神宗共有皇子十四位，皆爲稚齡，太子雖未立，哲宗排行爲六，爰例難予承繼大統，而經宣仁高后預爲詭計繼位之。南宋朱弁（建炎丁未使金，被扣十七年始歸，餘後記。）所撰《曲洧舊聞》一書，對宣仁高后擅位奪權之舉，記載甚詳。另李燾之長編轉錄高宗年間所勘，哲宗新錄之宣仁高后傳亦有記載，茲錄於后：

曲洧舊聞：裕陵彌留之際，宣仁呼小黃門出紅羅一段，密諭之曰：汝見郡王（哲宗未即位前爲延安郡王）身材長短大小乎？持以歸家，製袍一領見我，親吩附勿令人知也。數日後，哲宗於梓宮前即位，左右進袍皆長大不可御，近侍以不素備，皆倉皇失色，宣仁遣宮嬪取以授之。或曰：小黃門即邵成章也。岐邸之謗大喧，成章不平之，嘗明此事於巨璫，巨璫呵之曰：無妄言，滅爾族也（卷二）。

按：宋史卷二四二，后妃傳上，宣仁高后傳中亦載此節：「又陰敕中人梁惟簡，使其妻製十歲兒一黃袍懷以來，蓋密爲踐祚倉卒備也。」

考異有云：「李燾曰：元豐末年建儲事，諸家異論。紹興（高宗年號）史官別加考定，專取元祐舊文，固得本實矣。於哲宗新錄之宣仁聖烈皇后傳有其記載兩節，言及建儲之事，茲錄於后：

新錄：元豐七年三月，大宴中宮，延平郡王侍之，王珪率百官賀。及升殿，神宗又諭與珪相見，復分班，再拜稱謝。是冬，諭輔臣曰：明年建儲，以司馬光、呂公著爲師保。神宗彌留，后敕中人梁惟簡曰：令汝歸，製一黃袍，十歲兒可衣者，密懷以來。蓋爲上倉卒踐阼之備。神宗大母所以屬意于上者，確然先定，無纖芥疑。

又：……神宗服藥日久，韓縝一日語張璪曰：上服藥日久，建儲如何？璪曰：子厚（章惇字）多言，試說與看。韓乃語章惇。惇曰：此議甚好。二相亦爲然，約集議于密院南廳，屏入，留筆硯一副，紙數副。就坐久之，皆無語。韓視王珪曰：今日之議，立延平郡王爲太子，延平郡王去年上已侍宴，出見群臣，又有旨四月一日出閣，此事何故都無一言？珪曰：諸公之議，亦珪之議也。別無他疑？張璪推筆硯紙與章惇，令於紙上寫「立延平郡王爲皇太子。」來日至寢門，召內臣張茂則云：今日奏事，欲立延平郡王爲皇太子。茂則令於御榻前設珪將所書紙鋪案上，奏欲立延平郡王爲皇太子。時神宗風眩，不能語，但慘怛久之。衆皆久立，未敢復言。時太妃（哲宗生母朱妃）亦在帳中半露面，國婆婆抱上坐。頃之，再奏，國婆婆云：聖意已允。王珪問茂則：太后在甚處？太后自云：在此中。茂則令內臣張簾，太后在簾下云：相公等立得這孩兒便好。……（李燾之長編世界書局版未檢獲此節，兩節錄自世界書局續通鑑，元豐八年三月甲午日之註釋內。）

以上二節爲高宗紹興年間所勘定，高宗袒護元祐黨人，更推崇宣仁高后，此乃不爭之事也，前章已述之矣。故此二節之眞實性，應予存疑？宣仁高后於神宗晏駕前，即立稚齡哲宗，其乃貪戀權位而已。哲宗承繼時，年僅十歲，視同傀儡，易予掌控。其罷革新法居心，召用元祐黨人，是否爲改善朝政，尚有可疑之點。元豐遺留老臣，如宰相蔡確、章惇等是否臣服，苟若韓琦對慈聖曹后故事重演，逼其撤簾，又當若何？貶斥元豐老臣，召回元祐黨人，此輩失意政客受寵若驚，剖肝塗腦，心悅誠服順從之矣。自此朝綱迭遭更遞，黨禍日演愈烈，北宋焉有不亡之理乎？

宣仁高后罷革新法，民間議論紛紛，咸云：猶以為三年無改於父之道也。司馬光為之辯云：先帝之法，其善者雖百世不可改也。若王安石、呂惠卿等所建，為天下害，非先帝本意者，改之當如救焚拯溺，猶恐不及。……況太皇太后以母改子，非子改父乎！（摘錄續通鑑卷七十八）

宣仁高后對內則極端跋扈，對哲宗視若無人，前章已敘。對外主和，北方強寇，息兵圖安，導致北宋積弱衰敗之途也。宋張端義之貴耳集，特記載之。宋史宣仁高后傳雖有記述，僅一筆帶過，續通鑑亦有記載。茲分錄於后：

貴耳集：宣仁太后勸神廟不可輕用兵，當以兩國生靈為重。縱使獲捷獻俘，不過主上坐正殿受賀而已。生靈肝腦塗地萬萬矣，此眞女中堯舜，神廟自此兵議少息。（卷中）

續通鑑：元祐八年九月戊寅，太皇太后高氏崩。自垂簾以來，召用名臣，罷廢新法苛政。臨政九年，朝政清明，華夏綏安。杜絕內降僥倖，裁抑外家私恩，文思院奉上之物，無問巨細，終身不取其一，人稱女中堯、舜。（卷八十三）

宣仁高后人稱女中堯舜，果如是耶？元祐年間遼之敗象已露，苟若制敵機先，己不致有靖康之恥矣！坐昧良機，為之奈何！宣仁高后僅知朝政，恣任黨禍；昧於外敵，亡國之危，故蘇轍陰斥為老姦也（前章已述）。續通鑑于宣仁高后另有所云，茲略錄於后：

續通鑑：元符元年戊午，……黃履疏高士英狀，追貶王珪，皆誣以圖危上躬，其言浸及宣仁皇后，帝頗惑之。最後起同文獄，將誅元祐大臣；內結宦者郝隨爲助，專媒孽垂簾時事。建言欲追廢宣仁，自皇太后、太妃皆力爭之，帝感悟，焚其奏。隨覘知之，密語惇、卞。明日，惇、卞再有言，帝怒曰：卿等不欲朕入英宗乎？（卷八十五）

苟如兩節之言，宣仁高后垂簾之時，不獨跋扈，且善權謀，故其悉數召回抗拒新法之元祐黨人，罷革新法，乃爲預防重蹈慈聖曹后軸簾之故事耳。然哲宗即位之初，年雖僅弱冠亦非毫無斟酌定見，再度貶斥元祐黨人，召回章惇、曾布、蔡卞等，並非全爲報復垂簾時壓抑之苦。再言宣仁高后於元祐八年之間，把持朝政，羅致元祐黨人，絲毫無建樹可言，且國勢日衰，新法誠如所言，禍國殃民歟？實恐未必？此皆爲妄言之矣。青苗法果一無是處歟？明代李日華（萬歷巳丑進士，官至太僕寺少卿）所撰六研齋筆記言及青苗法爲荊公德政，頗加歌頌之。茲將宋代蔡條之鐵圍山叢談記有元祐攝政期間，宣仁高后與哲宗權力衝突之事，以及李日華之之六研齋筆記等，茲均錄於后：

鐵圍山叢談：哲宗即位甫十歲，宣仁高后垂簾而聽斷焉。及寖長立未嘗有一言，宣仁在宮中每語上，彼大臣奏事，汝胸中且謂何乃無一語耶！上但曰：「娘娘已處分，俾臣道何語。」如是益恭，默不言者九年。時又久已納后，至是上年時十有九矣，猶未復辟。一旦宣仁病，且甚尚時，時出御小殿，及將大漸，謂大臣曰：「太皇以久病，懼不能自還，爲之奈何！」大臣同辭而奏，願供張天慶殿。宣仁未及答，上於簾內忽出聖語曰：自有故事。大臣語塞，既趨下，退相視曰：我輩其獲罪乎？翌日，自上命軸簾出御前殿，召宰輔諭：太皇太后服藥宜赦天下。不數日宣仁登仙，上始親政焉。上所以銜諸大臣者，匪獨坐變更後數，數與臣僚論昔垂簾事，曰：朕只見臀背魯公，頃爲愚道之。亦深歎哲廟之英睿也。（卷一）

六研齋筆記：王介甫令吾浙之鄞，鄞濱海，其民冬夏乘筏採捕爲生，有田率在山麓。取灌泉水，澇則泄以達海，旱則瀦以養田。故民指田爲質，以貸豪右之金，豪右得乘急重息之。介甫特出官錢輕息以貸，至秋，田畝之入，安然足償，所謂青苗法也。於鄞實善政，及爲相，必欲推而遍天下，則非也。鄞人至今德之，立祠陀山下，神亦至靈。（卷一）

後代史實或稗史等，皆歌頌宣仁高后之舉，與高宗不無關係，高宗爲偏安臨安，不念父兄被虜之恥，亡國之恨，故不得豢養元祐黨人，因之也不得不褒揚宣仁高后矣。南宋周煇之清波雜志以及繫年要錄均有記之。茲摘錄於后：

清波雜志：建炎元年五月一，高宗即位赦書，一應蔡京、童貫、王黼等等及其子孫皆誤國害民之人，凡流竄者更不收敘。二日降手詔：宣仁聖烈皇后保祐哲宗，有安社稷大功，姦臣懷私誣衊聖德，著在國史，以欺後世，可令國史院別差官摭實刊修，播告天下。其蔡卞、邢恕、蔡懋三省取旨行遣，仍不得用。……（卷二）

要錄：建炎元年五月辛卯，詔宣仁聖烈皇后，保祐哲宗，有安社稷大功，姦臣懷私誣衊聖德，

著有史冊，可令國史院差官摭實刊修，播告天下。（卷五）

神宗創制新法，荊公秉政，北宋之盛，曇花一現，元祐年間宣仁高后先貶斥蔡確、章惇、曾布等朝臣，並名之爲新黨。而召回失意政客司馬光、呂公著、范純仁及蘇軾昆仲等爲元祐黨。北宋黨錮之禍，雖非起於宣仁高后，然由高后一手燃熾，是不可否定之。未足一年司馬光謝世，因殯殮歧見，程頤與蘇軾等發生齟齬，復分成洛黨、蜀黨、朔黨。宣仁高后不予處置，任其黨禍滋生蔓延，其意爲何？不難理解之，利用三黨之對立，在便於控制朝政也。然因其一手燃熾黨禍，誠上章所言，山頭林立，黨禍風爭，九年之間，針鋒相對，於國於民何有一利可言之耶！如此不獨摧毀神宗所創立新法，且釀成北宋之衰頹也，反將靖康之恥，後世諉罪以新法矣。此之所謂女中堯舜，非也。苟以其處置蔡確一案，陰狠毒辣，實女中梟雄也。女中梟雄無不是禍國之根；漢之呂后、唐之武后、清之慈禧無不是此類也。

《欽聖憲肅向皇后》

欽聖憲肅向后爲神宗之后，眞宗時宰相向敏求（咸平、太平祥符兩度入相）之曾孫女，哲宗於元符三年春正月病篤，未幾晏駕。欽聖向后垂箔哭謂群臣云：大行皇帝無子，天下事須早定。宰相章惇力主立哲宗同母弟簡王，或神宗之九子申王（當時以申王爲最長）。欽聖向后以申王有目疾不可繼承大統，立簡王亦不贊同，而立申王之弟端王佶，繼位爲徽宗，徽宗時年二十，且行跡靡費，是故須欽聖向后之輔助，欽聖向后順理成章而垂箔聽政，承襲北宋母后攝政之遺風也。同年二月初即貶逐章惇，以吏部尙書韓忠彥爲門下侍郎，資政殿大學士，四月拜右僕射。同四月范純仁、蘇軾等皆內調復官。五月罷蔡卞等，另將文彥博、司馬光、王珪、呂公著、呂大防、劉摯等三十餘人均予追封之。元祐黨人復又得勢，朝綱再一次更遞，黨禍再一次激烈，北宋對衰敗之途，大幅邁進一步矣。惟天不假之，欽聖皇后攝政之時爲最短，至同年六月因身體健康不佳，遂予還政，翌年正月即薨。（參考宋史卷二四三欽聖向后本傳，卷十九徽宗本紀一）

宋論卷八徽宗紀開宗明義云：「徽宗之初政，粲然可觀，韓忠彥爲之。」元符三年，徽宗初繼位，欽聖向后垂箔，韓忠彥用事。時日短促，豈可奢言政蹟粲然可觀，即使可觀，未必歸屬向后曁韓忠彥二位之功也。王夫之此言，孰可信孰不可信乎？據續通鑑之云則未必盡然，茲將續通鑑於元符元年向后攝政時，有關各節錄於后：

續通鑑：元符正月戊子，以章惇爲特進，封申國公。

又：二月戊午，以新除吏部尚書韓忠彥爲門下侍郎。忠彥入對，陳四事曰：廣仁恩、開言路、去疑事、戒用兵，太后納之。自是忠直敢言知名之士，稍見收用，時號小元祐。

又：三月乙酉，以翰林學士承旨蔡京爲端明殿學士兼龍圖閣學士，知太原府。翌日，曾布對。帝謂布曰：蔡京、張商英、范鏜皆已去；只有章惇、劉拯、王祖道未去。布曰：言者稍舉職，則此輩何可安也。

又：三月辛卯，筠州推官雍丘、崔鶠應詔上書曰：方今政令煩苛，風俗險薄，未暇悉陳，而特以判左右之忠邪爲本，臣出于草萊，不識朝廷之士，特怪左右之人，有指元祐之臣爲姦黨者，必邪人也。夫毀譽者，朝廷之公議。故責授朱崖軍司户司馬光，左右以爲姦，而天下皆曰忠；今宰相章惇，左右以爲忠，而天下皆曰姦。此何理也？

又：四月戊戌，曾布入對，帝諭布曰：皇太后疑蔡京不當出欲且留修史。……

又：五月己丑，追復文彥博、王珪、司馬光、呂公著、呂大防、劉摯等三十三人官。同月辛卯，還司馬光等致仕遺表恩。

又：六月己未朔，遼主召參知政事耶律儼至內殿，訪以政事。遼主晚年倦勤，用人不能自擇，令各擲骰子，以采勝者官之。儼嘗得勝采，遼主曰：上相之徵也。遷樞密事。儼妻邢氏有美色，嘗出人禁中，儼教之曰：愼勿失上意。由是權寵益固。

又：七月丙寅，奉皇太后詔，罷同聽政。（以上卷八十六）

遼自元祐晚年業已衰敗，宣仁高后坐失良機，未能滅遼，應屬憾事。元符三年遼主更昏瞶不堪，大可揮軍滅遼，欽聖向后竟用韓忠彥之言「戒用兵」。依王夫之言，政粲然可觀歟？靖康之禍，其責誰屬之？係欽聖向后輔弼時短？立徽宗爲是抑或爲非？或韓忠彥之諫「戒用兵」爲當？或荊公輔佐神宗創制新法？則何言之？宋論又言：嗚呼！安石豈意其支流之有蔡京哉？而蔡京則曰：吾安石之嫡系也（宋論徽宗篇）。王夫之此言不知出自何處，其他史書皆未見之矣。蔡京者，提攜之人司馬光也。元豐八年司馬光罷革募役法，蔡京爲開府尹，五日內集差役蕆事，受司馬光之青睞，而平步青雲之。

此與荊公何涉哉！蔡京出知太原府，欽聖向后尙不爲然，而蔡京導徽宗爲惡，又何之歟？徽宗佻薄，章惇業已言之在先，向后則言：端王有福壽，且仁孝不同諸王，此又何可言哉？徽宗本性爲惡，抑或蔡京導之爲惡，孰可知之？惜欽聖向后未能長壽而攝政輔佐之！苟若向后未即謝世，以「戒用兵」輔佐徽宗，靖康之禍是否可免乎？北宋之亡，欽聖向后於黃泉路上，如何面對神宗歟？

【北宋歷代君主】

北宋除開國之君，太祖、太宗英明睿智，至第三代眞宗以降雖非昏庸，亦嫌懦弱。其懦弱主因：繼位時尙在稚齡，無力治理朝政，母后箝制此其一也。出身卑微，多爲庶出（非皇后所生），尙未冊立太子。不無關係，自眞宗爲例列於后：

眞宗：雖爲皇太子登基，而非淑德尹皇后所生，而爲李賢妃所出。於太祖乾德五年出生，三十一歲繼位，在位二十六年。繼位時正當英年，尙有可爲，惟晚歲體弱多病，由章獻劉后操權。

仁宗：爲眞宗六子，雖爲皇太子。既非章懷潘后，亦非章穆郭后所生，而爲李宸妃所出，爲章獻劉后霸爲己有，僞稱所產。出生於眞宗大中祥符三年，十一歲繼位，致由章獻劉后攝政十二年。二十三歲親政，在位四十二年，晏駕時五十五歲。尙爲北宋維持苟安局面。

英宗：仁宗無子嗣，爲仁宗之兄濮安懿王允讓之第十三子，名曙爲嗣。英宗本爲承祧，內心自有戒懼，雖三十二歲繼位，正置英年。然繼位之初，仁宗之后慈聖曹后即詔令天下，母儀攝政，雖僅兩年，兩宮齟齬不斷，並釀成濮議之爭，朝政掀起軒然大波。英宗在位僅四年而已矣。

神宗：神宗雖皇太子，亦爲皇后宣仁高后所出，然出生於仁宗慶歷八年時，英宗尚在潛邸耳。神宗雖係有爲之君主，繼位時正置弱冠，振興圖強，三十八歲英年而早逝。惜乎在位僅十八春秋，然十八歲月之中，受盡慈聖曹后及宣仁高后二位之箝制，新法政策，難予施展。

如宋史卷二百四十二慈聖曹后本傳記載。云：曹后薨時爲元豐二年，因蘇軾烏臺詩案繫御史臺獄，而爲之說項，干預朝政，即是一例。（宋史復言，元豐二年謝世前命神宗罷黜荊公相位。然荊公於熙寧九年辭相，其年代有三年差駄，宋史編纂荒謬矣。）

哲宗：哲宗爲神宗第六子，雖爲皇太子登基，然爲朱德妃所生，而非欽聖向后所出。且繼位時年僅十歲，由宣仁高后攝政九年，親政時僅二十歲，在位十六年，親政僅爲七年而已。十六年中，不論元祐抑或紹聖年代，皆爲黨禍所擾，雖欲圖強，卻無建樹可言之。

徽宗：徽宗爲神宗第十一子，元豐五年出生，其母陳氏本爲宮女，御侍生徽宗，徽宗繼位後冊封欽慈皇后。徽宗爲欽聖向后所立，欽聖向后攝政五月而薨。十九歲繼位，在位二十六年，荒唐二十六年，金人崛起北漠，揮戈南下，社稷朝不保夕，於宣和七年讓位予皇太子欽宗，自尊爲教主道君太上皇帝。（宋史卷二四零陳后本傳）

欽宗：欽宗在位兩年，即爲靖康之變。欽宗亦懦弱無能，不亞於其父也。

【王夫之宋論】

清初王夫之所著通鑑論之「宋論」，未克深思明察，仍承元祐黨人之口涎，偏袒元祐黨人，詆詖新法，誹謗荊公，茲將有關部份，茲鈔錄於后：

神宗篇（卷六）云：「言有大而無實，無實不詳之言也。明主知之，知其拓落而以相震，則一聞其說，而屏退之惟恐不速。惟智小而圖大，志陋而飾其短者，樂引取之，以箝天下之口而遂其非。不然，望而知其妄人，豈難辨哉。王安石之入對，首以大言震神宗。……言及此而韓、富、司馬諸公，亦且未如之何也。……姦人非妄，不足以利其姦，妄人非姦，無因而生其妄，妄人興而不祥之禍，延於天下。」又云：「神宗有不能暢言之隱，當國大臣，無能達其意而善譎之者，於王安石乘之以進。」

王夫之所言：「大言震神宗」。此乃引宋史王安石本傳所言，神宗召見荊公，荊公奏言：願神宗效法堯舜，以王道仁義治理天下，而非以唐太宗為已足之意。試問：神宗繼位時，富弼為相，向神宗諫言：「二十年不用兵。」而任遼、夏坐大，每年輸往金繒無數，國瘠民羸，何以為國。況夏原為宋臣，反向夏輸銀兩，神宗何以為君。王夫之何未此耳，豈否一己之遍耶！

哲宗篇（卷七）亦有云：「哲宗在位十有五年，政出自太后者，凡八年。哲宗親政以還凡六年，紹聖改元以後，其進小人復苛政，為天下病者勿論矣。元祐之政，抑有難於覆理者焉！紹聖之所為，反元祐而實效之也。則元祐之所為，矯熙豐而抑未嘗不效之，且啓紹聖而使可效者也。嗚呼！宋之不亂以危亡者幾希哉。」

王夫之所言：「紹聖前述，罷貶元祐黨人為非是。元祐黨人於宣仁高后羽下，對哲宗之淩辱，姑且不論。洛、蜀、朔三黨，彼此傾軋，互相攻訐，日勝一日，哲宗何以爲君。宣仁垂箔，輸銀求和，以免生民肝腦塗地，博得女中堯舜之虛名，而斷送北宋江山，如何言之。元祐九年，苟安圖存，遼已衰敗，坐失良機，任由金人壯大，以致靖康之恥，禍起何處，宋論何未提及耶！

徽宗篇（卷八）云：「徽宗之初政，粲然可觀，韓忠彥爲之，而非韓忠彥之能爲之也。未幾而向殂，任伯雨、范純禮、江公望等罷黜。……銳起疾爲，而不能期月守，理亂之樞，存乎向后之存沒，忠彥其能得之於徽宗乎？……蔡京、童貫以進，推崇王安石，復行新法，考京之所行，何嘗盡取安石諸法，督責吏民以必行哉。安石之晝謀夜思搜求眾論，以曲成申商桑孔之術者，京皆紙視之，名存而實亡者，十之八九矣。……」

（徽、欽二宗部份，述於下章。）

王夫之宋論之論點，歌頌四后，詆詖新法，誹謗荊公，北宋之亡，因荊公大言欲法堯舜，眩惑神宗，創制新法，荼毒生靈，此言差矣！於欽宗（卷九）章又云：「靖康之禍，則王安石變法，以進小人，實爲其本。」此何言哉？其所指小人，無非「呂惠卿」耳。呂惠卿於聚星泊殲來犯夏人六百餘人，復修米脂城，使夏人無力再犯，王夫之所言元祐「諸賢」卻未見有如此彪炳之功也（宋史卷四百七十一）。復於徽宗篇又云，北宋母后操權，朝政五變，豈不自相矛盾耶！黨錮之禍，其責誰屬之？宣仁高后是否難卸其責歟？朝政無法穩定，政令朝令夕改，國勢何能圖強，不言而喻，新莽之政又一例也。嗟夫！王夫之受元祐遺毒深矣！可歎！腐儒之見，可悲矣！

十、徽欽二宗

【徽　宗】

《繼位》

北宋衰頹，始於眞宗，晚年昏瞶；北宋中興，則爲神宗，惜如曇花；北宋之亡，應屬徽宗，無可疑議。追本求源，禍起向后。立徽宗之初，宰相章惇竭力反對。宋史：「元符三年正月己卯哲宗崩，皇太后（向后）垂簾哭謂宰臣曰：本國不幸，太行皇帝無子，天下事須早定。章惇厲聲對曰：在禮律當立母弟簡王。皇太后曰：神宗諸子，申王長而有目疾，次則端王當立。惇又曰：以年則申王長，以禮律則同母之弟簡王當立。皇太后曰：皆神宗子莫難如此分別，於次端王當立。知樞密院曾布曰：惇未嘗與臣商議，如皇太后聖諭極當。尙書左丞蔡卞、中書門下侍郎許將相繼曰：合依聖旨。皇太后又曰：先帝常言，端王有福壽，且仁孝不同諸王。於是惇爲之默然。乃召端王入即皇帝位。皇太后權同處分軍國事。庚辰赦天下。」（卷十九徽宗本紀一）

復據明代柯維騏之宋史新編卷七云：「章惇曰：簡王同母之弟，且端王輕佻，不可以君天下。皇太后不以爲然，知樞密院曾布叱惇，宜如皇太后聖諭。」（徽宗本紀七）宋史記事本末卷四十八（建中初政）亦記有此節，然此卷最後一段並記云：「帝初立時，曾布叱惇，柩前位定鎭。帝遂惡惇而德布，不知布之姦深猶惇也。」此乃曾布已知徽宗輕佻，嗣後善予控制之。向后深悉徽宗無能，以便垂箔之時得予掌控，孰知徽宗繼位尚不足一年，欽聖向后即薨，未克輔佐徽宗長期攝政，誠始料非所及也，然召元祐，逐新黨，宣仁高后手法，欽聖向后再一次翻版。朝政再更變一次，庸人自擾，使後人長歎也。曾布順勢立徽宗爲帝，求能得久立于朝，竟由蔡京取而代之，奈何！天意！黨錮之禍更深一級，北宋衰頹更勝一層矣。

《文治》

徽宗繼位，次年改元爲建中靖國元年，正月欽聖向后謝世，二月丁巳即貶章惇爲雷州司戶參軍。人事傾軋，不絕如縷（摘錄宋史徽本紀一）。續通鑑引述綦詳，茲摘錄於后：

續通鑑：建中靖國元年七月壬戌，帝謂曾布曰：人才在外有可用者，具名以進。又問：張商英亦可使否？布曰：陛下欲持平用中，破黨人之論以調一天下，孰敢以爲不然。然元祐、紹聖兩黨，皆不可偏用。臣竊聞江公望爲陛下言，今日之事，左不可用軾、轍，右不可用京、卞，爲其懷私挾怨，互相讎害也。願陛下深思熟計，無使此兩黨得志，則天下無事。帝頷之而已。

又：靖中建國元年十二月戊戌，提舉洞霄宮蔡京，復龍圖閣直學士，知定州。供舉官童貫，開封人，性巧媚，善測人主微旨，先事承順，以故得幸。及使三吳，訪書畫奇巧，留杭累月。京與之游，不舍晝夜，凡所畫屏障扇帶之屬，貫日以達禁中，且附言語論奏於帝所，由是屬意用京。

又：崇寧元年五月己卯，尚書左丞陸佃罷（建中元年十一月庚申詔佃爲尚書左丞），佃執政與曾布比，而持論多近恕。每欲參用元祐人才，尤惡奔競。嘗曰：天下多事，須不次用人，苟安寧時，人才無大相遠，當以資歷序進，少緩之，則士知自重矣。……朝議欲更懲元祐餘黨，佃言不宜窮治。或言佃名在黨籍，不欲窮治，正恐自及耳，遂出知定州。次日庚辰，以許將爲門下侍郎、溫益爲中書侍郎，翰林學士承旨蔡京爲尚書左丞、趙挺之爲尚書右丞。

又：崇寧元年閏六月辛酉，殿中侍御史錢遹言：尚書右僕射曾布，力援元祐之姦黨，分列要塗；陰擠紹聖之忠賢，遠投散地。……次日壬戌，詔布爲觀文殿學士，知潤州。布於元符末，欲以元祐兼紹聖而行，故力排蔡京，逐出之。至崇寧初，知帝意有所向，又欲力排韓忠彥而專其政。無何，京已爲右丞，大與布異。（以上四節皆卷八十七）

試問徽宗能否繼承大統，處理朝政，爲治國之君，抑或亡國之君，蓋棺論定，史書已有公平評判之。宋史：宣和七年，金人擒遼王後，南侵事態已明。徽宗自知無力治國，推卸誤國之責，乃禪讓予太子趙桓，立爲欽宗（卷二十二徽宗本紀四）。如此；徽宗爲治國之君乎？茲更舉荒唐之政舉於后：

政和中，徽宗另創建制，特設畫學畫院，舉凡對藝事有造詣者，比照文官從優錄用。茲錄於后：

畫學全史：……倣舊制設官六階。而舊制以藝進者，不但服緋紫、帶佩魚。至政和宣和間於書畫院之官階，乃獨許之。又待詔到班，首畫院，書院次之，琴院棋玉院等以次列其下。特重畫院如此。甚至取士之法，於詩文論策外，兼試以畫，開從古今未有之局也。（民初鄭昶先生所撰「中國畫學全史」第九章）

宣和七年冬，金人自雲中、平州二路進兵入寇。童貫自太原逃歸，郭藥師叛，金人盡下燕州諸縣。徽宗自知江山不保，乃下詔罪己。令中外直言極諫，郡邑率師勤王，募草澤異才，有能出奇計，及使疆外者。罷道官、罷大晟府、行幸局，西城及諸局所管緡錢，盡付有司。以保和殿大學士宇文虛中為東城宣諭使。遂於宣和七年九月禪讓於太子趙桓為欽宗，自尊為教主道君太上皇帝，居於龍德宮。靖康元年仍幸鎮江府，四月還京。次年二月被俘北行，紹興五年晏駕五國城。得年五十有四。（宋史徽宗本紀四）

《武功》

宦官童貫因破西羌有功，自視善於用兵，政和元年進檢校太尉使契丹，或言以上介國無人乎？帝曰：契丹問貫破羌，故欲見之（宋史卷四六八　童貫傳）。時有燕人馬植夜見貫侍，有滅燕之策，故得見貫。馬植獻策曰：女眞恨遼入骨，而於此時（天祚）荒淫無道，宋若遣使自登萊出海，結好女眞與之相約攻遼，可圖也。……徽宗嘉納之，並賜姓趙為趙良嗣（宋史卷四七二　趙良嗣傳）。宣和四年，金人攻遼下中京及西京；三月徽宗命童貫為河北河東宣撫使，五月復加派蔡攸為副使，共出兵十五萬衆，卻為遼所敗。未久遼主耶律淳殂，徽宗再命童貫北伐，遼將郭藥師以涿、易二州，並精兵八千，鐵騎五百來降。童貫以郭爲先鋒，攻燕京，卻爲遼將蕭幹所敗，宋師潰不成軍，自此北宋爲金人蔑視之。（摘自宋史卷四二七郭藥師傳、金史金太祖紀）另長編記之頗詳，茲錄於后：

長編：宣和二年二月乙亥，遣中奉大夫右文殿修撰趙良嗣、忠訓郎王瓌使金國。先是呼延慶以正月至自登州，具道阿骨打所言，并其國書達於朝廷，王師中亦遣子瓌，同呼延慶詣童貫白事，貫時受密旨：圖契丹欲假外援。因建議遣良嗣及瓌持御筆往，仍以買馬爲名，其實約阿骨打夾徵契丹，取燕京舊地。面約不齎國書，夾攻之約，蓋始乎此。（拾補卷四十一）

長編：宣和二年十一月末，馬政等達來留河虜帳前，留月餘議論不決，虜以朝廷欲全還山前後故地。故民意皆疑吝，以南朝無兵武之備，止以已與契丹銀絹坐邀漢地，且北朝所以雄盛之邁，古者緣得漢地、燕人今一旦割還南朝，不惟國勢微削，兼退守五關之北，無以臨制南方，坐受其敝。若我將來滅契丹，盡有其地，則南朝何敢不奉我幣帛，不厚我歡盟。設若我欲南拓土疆，彼以何力拒我，又何必跨海講好。俟平契丹，仍據燕地，與宋爲鄰，至時以兵壓境更南，提封有何不可。……（拾補卷四十二）

北宋自眞宗末年，遼以強凌宋，歷朝皆不堪其擾，尤以元祐爲始，北宋國勢更衰，遼之對宋予取予求，需索無度。政和、宣和之時，遼主荒淫，倍蓰索之。徽宗愚不安愚，受趙良嗣之惑，而聯金滅遼，遼爲金所滅，而宋之國勢衰頹，爲金洞悉無遺，留遼尙可爲之屛金，遼亡河北屛障盡失，女眞自可揮戈南下，長驅直入，北宋豈可不亡歟？徽宗妄圖聯金滅遼，反爲金所滅之耳！爲之奈何！回顧荊公其秉政七年之間，攘外之戰，計有河湟之役、西南夷之役（湖南路、四川路）、交趾之役，無不大勝，王夫之何未識此點之矣！徒以附和元祐黨人用兵爲非，奈何！

《內亂》

徽宗宣和年間不獨北方強敵虎視，而境內盜寇蠭起，以方臘爲首，爲害最烈。方臘者：睦州青溪人，以左道惑衆，誘脅良民，爲數頗衆（宋史卷四六九方臘傳）。以長編記載簡潔，茲錄於后：

長編：宣和二年十一月戊戌，方臘僭號，並改元爲「永樂」，以其月爲正月。丙寅陷青溪。戊辰陷睦州，賊眾二萬餘殺官兵千人，於是壽昌、分水、桐廬、遂安皆爲所據。甲申陷歙州休寧，知縣事麴嗣復爲賊所執，辱賊而遇害。丙戌陷歙州，東南將郭師中戰死。於是婺源、績溪、祈門、黟縣等官吏皆逃亡。後四日，又陷新城、富陽。戊子陷宣州寧國縣，並進逼宣州。乙未陷杭州。次年四月被擒。（拾補卷四十二）

內亂除方臘外，尚有宋江、賈進等，茲摘錄於后：

宋江：宣和三年正月甲申，淮陽盜宋江等犯，淮陽軍遣將討捕，又犯京東、江北入楚海州界，命知州張叔夜招降之。

賈進：宣和七年三月甲申，知海州錢言奏，招降山東寇賈進等十萬人。（以上二節摘錄自宋史徽宗本紀四）

《藝事》

徽宗本如章惇之言，輕佻不足為君，而欽聖向后執意立之，以遂其垂箔之願，天又不假其壽，故導使靖康之禍也。徽宗苟不為君，確係位風流雅士，有其崇高文學藝術修維，猶於詩詞樂府等，較南唐後主李煜，且有過之，並不遜色。繪事更為擅長，書法丹青可稱一絕，書法「瘦金體」流傳古今。丹青之鴿毛花卉，亦為一絕，鴿毛則用生漆點眼，凸出畫面。而今海內外均有珍藏，尚有多幅存於臺北故宮博物院中，可言詩書畫三絕之君王也。古今書畫家能與之媲美者，為數實不多見矣。

徽宗對丹青之題款亦有其獨到之處，如：明代徐㶿之「徐氏筆精」云：徽宗所繪領毛白頭翁一幀，題款云：「梔子紅時人正愁，故宮衰草不勝收。秋風吹落青城月，啼得山禽也白頭。」（卷五）苟品此首七律，若出于文士之手筆，確為高雅絕綸。反之，一國之君不理朝政，任令綱紀荒蕪，朝政任由蔡京童貫而為之。卻以畢生精力致力于文藝，實本末倒置矣。果如章惇之言，豈止為輕佻耶！且為禍國矣！試觀此首白頭翁之詩；一股蕭肅之氣，亡國之兆，業已顯露無遺矣；亡國之責，向后亦難脫其咎矣！

徽宗尤以長短句見長，惜於靖康之禍，全部散佚，近人曹元忠先生輯有專集。全宋詞錄有十二闋，其風格：前期富麗豔瑰；後期於被虜之後，則哀怨蕭瑟，然足可凌駕南唐後主李煜之上也。李後主之詞如亡國前之長相思，亡國後之破陣子、相見歡等均以小令居多，徽宗喜以長調為主，前期所塡之詞，辭藻華麗，頗具帝王貴介之風，如「聲聲慢」；被虜之後，於北漠五國城不堪其苦，所塡「眼兒媚」一闋，更將悲痛之心情，淒切之風格，表露無遺。玆將「聲聲慢、眼兒媚」二闋錄於后：

聲聲慢：宮梅淡粉，岸柳金勻，皇州乍慶春回。風闕端門，棚山彩建蓬萊。沈沈洞天向晚，寶輿還、花滿鈞臺。輕煙裡，算誰將金蓮，陸地齊開。　觸處笙歌鼎沸香韉趁，雕輪隱隱輕雷。萬家簾幕，千步錦繡相挨。銀蟾皓月如晝，共乘歡、爭忍歸來。疏鐘斷，聽行歌、猶在禁街。（全宋詞　轉錄雅詞拾遺）

眼兒媚：玉京曾憶舊繁華，萬年帝王家。瓊樓玉殿，朝喧弦管，暮列笙琶。　花城人去今蕭肅，春夢繞胡沙。家山何處，忍聽羌管，吹徹梅花。（全宋詞　轉錄南燼記聞卷下）

再言徽宗豈止輕佻，而且風流成性，自古歷代何有君王與臣子周邦彥，爲名妓李師師爭風之理？貴耳集對徽宗荒誕不經，亦錄二節，其前節云：「道君幸李師師家，偶周邦彥先在焉。知道君至，遂匿于牀下，道君自攜新橙一顆云：江南新進來，遂與師師謔語。邦彥悉聞之，概括成「少年遊」（茲錄於后）。……」其後節云：「道君復幸李師師家，不見李師師。問其家，知送周監稅（邦彥），道君方以邦彥出國門爲喜。既至不遇，坐久至更初，李師師始歸，愁眉淚睫，憔悴可掬。道君大怒，云：爾那裡去。李奏：臣妾萬死，知周邦彥得罪，押出國門，略致一杯相別，不知官家來。道君問曾有詞否？李奏云：有「蘭陵王」一闋，今柳陰直者是也。道君云：唱一遍看。李奏云：容臣奉一杯，歌此詞爲官家壽。曲終道君大喜，復召爲大晟樂正。……」（卷下）

少年遊：并刀如水，吳鹽勝雪，纖手破新橙。錦幄初溫，獸煙不斷，相對坐調笙。　低聲問、向誰行宿，城上已三更。馬滑霜濃，不如休去，直是少人行。

蘭陵王：柳陰直。煙裡絲絲弄碧。隋堤上、曾見幾番，拂水飄綿送行色。登臨望故國。誰識。京華倦客。長亭路，年去歲來，應折柔條過千尺。　閒尋舊蹤跡。又酒趁哀絃，燈照離席。梨花榆火催寒食。愁一箭風快，半篙波暖，回頭迢遞便數驛。望人在天北。　悽惻。恨堆積。漸別浦縈回，津堠岑寂。斜陽冉冉春無極。念月榭攜手，露橋聞笛。沈思前事，似夢裡，淚暗滴。（以上兩闋錄自全宋詞）

惜乎，靖康之變，徽宗詩詞稿散佚殆盡，苟能編輯成卷，必凌駕李後主之上，應可知也。徽宗詞品中，尚有念奴嬌、醉落魄、探春令、聒龍謠、臨江仙、月上海棠、滿庭芳、燕山亭、小重山、金蓮繞鳳樓等。另尚有僅存詞目；玲瓏四犯等六闋。（錄自全宋詞）

宋人話本小說「李師師外傳」據依此節而撰之，敘述更詳。（撰者佚名，是否張端義所撰，故隱其名，願博者考證）。足證徽宗在位荒蕪朝政，方有靖康之辱耳！貴耳集中尚刊徽宗一節，對李師師終不忘情。茲錄於后：

貴耳集：道君北狩在五國城或在韓州，凡有小小凶吉喪祭節序，北國必有賜賚，一賜必有一謝表，北國集成一帙，刊在榷場中，博易四五十年，士大夫皆有之。余曾見一本，更有李師師小傳同行一時。（卷下）

釋：

榷場：宋、遼、金、元為禁止商人私自交易，各在邊疆，官設與鄰國人民相互交易之場所，並由官方主持，除官營貿易外，商人私營須繳納稅金，領取證明，始可交易，謂之榷場。

【欽宗】

徽宗無德，未克治國，禪讓太子趙桓爲欽宗，欽宗未必是治國之器，較其父顢頇無能猶有過之，文事亦不亞予其父，長短句亦留於後世耳。

金既滅遼後，靖康元年自郭藥師降，益知宋之虛實，又因董才之降，更知宋之疆域地理，並委董予軍事。金軍監軍宗望奏於金主，決心侵宋，精銳悉數南下之。而欽宗之朝，朝臣各有主見，欽宗無力斷奪，和戰不決，自亂陣腳，不知去從，一味求和，導致靖康之辱矣。

靖康元年正月，宋將梁方平守於黎陽，金兵掩至，倉卒潰敗。南岸守橋宋兵，燒斷橋纜，溺斃金兵數千人，金兵雖爲不濟，然守將方平既遁，南岸宋將何灌軍聞風奔散，南岸守軍竟無一人。橋既焚毀，金兵不得遽渡，以小舟渡衆，凡五日日騎軍渡完，步軍猶未集也。金將笑曰：南朝可謂無人矣！若以二千人守河，吾軍豈可渡哉！金人渡河陷滑州，徽宗奔亳州又至鎮江。金將幹離不圍京師，欽宗以李綱爲右丞相留守京師而禦之，是日金兵攻宣澤門，以火船數十順流而下，李綱臨城，募敢死士二千人，列布拐子於城下，以長鉤曳火船，擲巨石碎之。時欽宗詔備以金銀遣康王構率少宰張邦昌至金軍爲質。馬中戰於順天門爲金人所敗，种師道帥師增援，請緩賄金，俟改惰歸，扼而殲之。宰相李邦彥不從。

二月：初种師道以三鎮不可棄，城下不可戰，朝廷固執和議，俟姚古來，兵勢益盛。然先與金人談和，以緩其攻。拖延時日，重兵密集，不免北返。俟其渡河，騎兵尾襲，而中山、眞定兩鎭，必不能下，彼背腹受敵，足可得勝。姚仲平議欲夜叩金營，以生擒宗望，而奉康王歸，李綱主仲平之議，而師道之謀卒不用之。仲平之謀不幸先泄，金人預設防敵，是故仲平率步騎萬人劫金營，反爲其敗。欽宗滿心期待仲平夜襲成功，既而失利。李綱會行營將士，出景陽門，與金兵鏖戰幕天坡，斬敵甚衆。師道復言，劫寨已誤，然兵家亦有出其不意者，今夕再遣兵分道襲之，亦一奇也。如猶不勝，而後以數千人，每夕擾之，敵自不堪其擾，十日後，敵或遁矣。宰相李邦彥畏懦不能用，欽宗優柔而亦如是之，种謀不成，而失良機矣。

八月：李綱留河陽，勤練士卒，修整器甲，進次懷州，督造戰車，以期大舉。朝廷降詔罷減所起兵事，綱上疏言河北、河東日告危急，未有一人一騎以副其求，奈何甫集之兵，又皆散遣？綱乃遣解潛屯威勝軍，劉韐屯遼州，張思正屯汾州，范瓊屯南北關，而各將進退自如，事事專達，宣撫使徒有節度之名，多不遵命。綱嘗言，雖降約束，而承受專達自若。綱以違反節制之敗，上疏以言其弊。分路進，敵合力以克吾軍，不若合一路大軍而攻之。時湖南范世雄兵至，李綱欲合衆親率擊敵，會以議和，止綱進兵。綱亦爲罷並召還，貶綱至揚州，以种師道代之。未幾种師道卒，復安置李綱爲建昌軍。

九月：金人破太原府，知磁州宗澤，繕城浚隍，修整器甲，召募義勇，爲固守計。並上疏言：邢、洺、磁、趙、相五州各蓄精兵二萬，敵攻一郡，四郡皆應，是一郡之兵常有十萬人也。

十一月：金人圍京師，要帝出盟。金人自登城，衆皆披靡，城破，金人入南薰門，守將或死或逃，欽宗慟哭曰：朕不用种師道之言，以至於此。乃車駕詣青城金營之。

十二月：欽宗仍留青城，二日癸亥自青城返，士庶及太學生迎謁，帝掩面大哭曰：宰相誤我父子！在場者無不流涕之。

靖康二年正月庚子，欽宗復詣青城。時金人索金銀甚急，欲縱兵入城。乃問蕭慶，慶曰：須陛下親行方可。帝有難色。何栗、李若水等以為無虞，勸帝行。唐恪聞之言：一之為甚，其可再乎？吳革亦曰：天文言帝甚傾，車駕若出，必墮敵計。栗不聽。帝在青城，佔於親王位，供張蕭然，餽餉不繼。日則戒備森嚴，圍以鐵索；夜則燃薪擊柝，傳呼達旦。君臣相顧失色。帝則終日流涕。

二月丁卯，范瓊逼徽宗及太后赴金營，徽宗曰：若以我為質，得皇帝歸保社稷，亦無所辭。又障佩刀付從臣，乃御犢車出南薰門。徽宗忽頓足曰：事變矣！呼取佩刀，已被搜去。金人復擄後宮后妃等至金營。

同月六日，粘罕威坐帳中，使令二帝至階下，宣詔曰：宜擇立異姓以代宋後（後立張邦昌），仍令趙某父子前來燕京。即以青袍易二帝之帝服，以常服易后妃之服。（此節日期，長編與沈良之靖康餘錄，略有差異。）另要錄又有云：紹與五年四月甲子，太上道君皇帝崩於五國城，上皇遺言：欲歸葬內地，金主未許之。（卷八十八）

（欽宗一節綜合摘錄長編、靖康餘錄、何烈之靖康草史，以及清代齊召南之歷代帝王表。）

靖康元年，汴京危如壘卵，而黨錮之爭，仍未根絕，元祐黨人，鉤心鬥角，自相殘殺，焉不有靖康之禍歟？茲錄於后：

五月：國子祭酒楊時上言：蔡京用事二十年，以紹述神宗為名，實挾王安石以圖身利。故推崇安石，加以王爵，配享孔子廟廷。今日之禍，實安石有以啓之。安石挾管商之術，飾六藝，以文姦言，亂祖宗法度。當時司馬光已言其害，當見於數十年之後，今日之事，若合符契。以塗學者耳目而敗壞其心術者，不可縷數。……後蔡京輩輕費妄用，以侈靡為事。安石邪說之害如此。伏望追奪王爵，毀棄配享之像，使邪說淫詞不為學者之惑。疏奏，詔罷安石配享，降居從祀之列。時諸生習王學者，忽聞時言，目為邪說，群論籍籍。於是中丞陳過庭等上疏詆時，乃罷時祭酒，詔改給事中，時力辭，以徽猷閣侍制致仕。並解除元祐黨禁。宋史並記：以詩賦取士，禁用莊、老及王安石之學及字說等。

（摘自靖康餘錄，至於楊時劾荊公學術，及罷荊公配享等，請參閱第七章。）

九月：臣僚言：蔡攸（京子）之罪，不減乃父，燕山之役，禍及天下，驕奢淫佚，載籍所無，若不竄之海外，恐不足以正兇人之罪。詔移攸萬安軍，行至嶺外，帝遣使以手劄隨地賜死，并誅其弟等。

（以上摘自宋史欽宗記）。

欽宗無能，非治國之器。凡事毫無定見，果如其父徽宗之風，任由朝臣擺佈。不克善用武將种師道、李綱等禦敵，妄信宰相李邦彥之議，僅求謀和，磁州守將宗澤奏請各練精二萬，合衆拒敵，雖嘉其策，卻未用之，為之奈何？復又妄信何栗之言，竟輕率直赴金營，而遭金人留質，孰可怨新法？苟依宋史云：金人犯京師，攻南薰門，欽宗卻以妖人郭京守之，豈不荒唐耶！茲錄於后：

宋史：元年十一月丙辰，妖人郭京用六甲法（甲子、甲寅、甲辰、甲午、甲申、甲戌等生人），盡令守禦人下城，大啓宣化門出攻金人，兵大敗。京託言下城作法，引餘衆遁去。金兵登城，所向披靡，並焚南薰門。……（欽宗紀）

苟如之言，汴京失陷，豈不荒唐。京師即失，欽宗尙可南奔，詔師勤王，擇機光復。而二度至金營求和，豈非自投羅網。不獨自取屈辱，反累及徽宗，靖康之禍，禍起何人？孰不知徽、欽二宗自作孽耶！

汴京之失，二帝未能南奔，以至被虜，殿中侍御史張浚論係李綱之罪。要則有記之，茲錄於后：

要錄：綱邪險不正，崇飾浮言，足以鼓動流俗非竄之。殛之：上無以謝宗廟，下無以謝生民；次無以嚴守君臣之分，而國是紛紛。……首議遷都於金陵，陛下（指高宗）固嘗寢其請矣。而乃狠戾輕狂，施設大謬，故爲反覆以惑衆心。……當靖康之初，力請淵聖皇帝（欽宗）留京，雖無制敵之策，遠慮之明，亦可爲奮身以徇國矣。……靖康之初，綱知小人之情在於懷土，故倡爲守城之計，卒二聖北遷，至今未復者，綱之所致也。（卷十）

張浚之言，孰可信孰不可信乎？李綱主固守汴京，而未南遷金陵，是非難予置評。惟欽宗任信宰相李邦彥主和之議，不採李綱之諫，爲之奈何！苟如李綱對姚方仲夜襲失敗，种師道則主再襲之，再襲不成，三襲、四襲、連續襲之，然爲李邦彥否定之。續通鑑云：靖康元年六月，京師自金兵退，上下恬然，置邊事不問，綱獨以爲憂，上備邊禦敵八策，不見聽用。每有議，復爲耿南仲等所沮。……

綱言：寇攘外患可除，小人在朝難去！陳公輔居職敢言，耿南仲指陳爲李綱之黨，公輔辭位。（卷九十六）時兵臨城下，汴京危如壘卵，禍起蕭牆，群臣之間，尙存黨錮之見，爲之奈何！徽、欽二宗，顢頇無能，非治國之君，故生靖康之禍。靖康之禍，二宗被俘，係自投羅網，先後至金營求和，而被留質，非爲金兵強虜而去之。此乃楚懷王謀和予秦昭王之故事，遷都金陵與否又有何涉耶！張浚之論理何在之？然北宋黨錮之禍，豈非亡國之病也。如張浚之論，何嘗不是黨爭之餘續耳。此論非張浚之論李綱耳。實乃高宗欲於臨安南面爲王，故爲疏脫而不北伐之責也。

至於欽宗文事修維亦佳，然較其父略遜一籌，徽宗於五國城所塡「眼兒媚」一闋，次韻和之，不如乃父矣。茲錄於后：

眼兒媚：宸傳三百舊京華。仁孝自名家。一旦奸邪，傾天拆地，忍聽琵琶。　如今在外多蕭索，迤邐近胡沙。家邦萬里，伶仃父子，曉向霜花。（南燼紀聞卷下，全宋詞亦刊之）

【高宗】

北宋之亡，靖康之恥，高宗無法疏脫干連，苟如宋史欽宗記云：靖康元年十一月己酉，金兵攻城至急，乃詔諸道兵馬勤王，康王（高宗）時爲兵馬大元帥，卻未出勤王之師。等云。其居心何在？令人費解之！建炎二年（靖康二年之次年）宗澤五度上書，乞高宗還京，高宗置若罔聞，不爲所動。王夫之宋論亦有評之，茲依繫年要錄及宋論一併所記錄於后：

要錄：建炎二年三月己亥，東京留守宗澤復上疏，乞車駕還京。時澤招撫河南群盜聚城下，又募四方義士合百餘萬，糧支半歲。澤聞兩河州縣金兵不過數萬餘，皆脅服，日夜望師之來，即召諸將約日渡河，諸將皆掩泣聽命。（卷十四）

又：建炎二年四月己未，宗澤復上表請上還京。表曰：臣某言，易謂省方書言，輯瑞是天子或於巡下土，邦人可瞻仰於至尊，然古今之事勢有殊，宜觀會通而制治，況上下人情至切思。聞詔命以回鑾，故老臣再瀝於血誠，願聖主早形於睿斷，意狂罪大，語出零涕。（卷十五　同卷：同月己巳、五月甲申、同月己丑等亦皆上疏奏請回鑾，略之。）

宋論於高宗編云：光武跳身河北，僅漁陽一旅，而平定天下者，收群盜之用也，故有銅馬帝之號焉。宗汝霖（澤字）之守東京以抗女眞，用此術也。……宗汝霖所收王善之衆，二百餘萬，其聚而有此衆者，亦非盡驃悍貿死之壯夫也。徽宗之世，河北之盜已興，迨及靖康，女眞破汴京而不有，……汝霖之在當日，蓋東京尚有積粟，可支二百萬人一二歲之食，過此而不能矣。是以汝霖自受命守東京，迄於病卒者，僅一年而迫於有爲，屢請高宗歸汴，以大舉渡河，知其乍用而因糧於敵，不可久處而生變於內也。（卷十）

高宗於臨安南面稱孤道寡，安於享樂，尙巧言令色而暢和戰之道，背棄父兄任其困死荒漠。繫年要錄除詳記其高宗之謬論外，並又記左宣義郎王之道諫言和議不可，亦不足憑。另明代陸容之菽園雜記則痛斥高宗，罔顧國讎，背棄父兄，坐享安樂之。玆一併錄於后：

要錄：紹興八年四月辛亥，……左宣義郎王之道亦遺矼書，有國家自靖康以來，失於議和。致兩宮北狩，萬乘東巡，百姓墮於塗炭，迨今十有四年，尚不覺悟。……乃若議和，則有九不可而一可；父母之讎，不共戴天。自徽宗皇帝、寧德皇后上仙，雖云厭世，其實殺之。又況淵聖（欽宗）之與六宮，尚困沙漠，此不可和一也。強敵之性，非明誓可結，二也。和所以息兵，而與議乃爾，蓋傷弓之心，猶思靖康之覆轍，而懼其復蹈，三也。……（論劉豫及張邦昌事蹟略之）（卷一百十九）

又：紹興九年正月丙戌，以金人來和，大赦天下。文曰：乃上穹開悔禍之期，而大金報許和之約，割河南之境土，歸我圖輿，戢宇內之干戈，用全民命。給事中直學士樓炤所草也。（卷一百二十五）

又：紹興十有九年四月戊辰，……秦檜奏昨日蒙御前降到曹勛所藏，臣在北庭代徽宗作書稿，書中所陳與今日之事無一不合，因請講和本出徽宗聖意。上曰：自頃用兵，朕知其必至於講和而後止，在元帥府時，朕不知有身，但知有民，每惟和好是念。檜曰：此所以誕受天命。上又曰：用兵蓋不得已，豈可樂攻戰。本朝眞宗與契丹通和百餘年，民不知兵。神宗雖講武練兵，實未嘗用。朕自始至今，以和好爲念，蓋兼愛南北之民，以柔道御之也。（卷一百五十九，高宗主和並請參閱第二章）

菽園雜記：宋與金人議和，天下後世專罪秦檜，予嘗觀之，檜之罪固無可逃。而推原其本，實高宗懷苟安自全之心，無雪恥復讎之志。檜之姦有以窺知之，故逢迎其君以爲容己，以固恩寵耳。使高宗能如勾踐，臥薪嘗膽，必以復讎雪恥爲心，則中原常在夢寐，其次臨安偏隅，蓋不能一朝居矣！恢復之計，將日不暇給，而何以風景爲哉？今杭州聚景、玉津等園，云皆始於紹興間，而孝宗遂以爲致養之地。近遊報恩寺，後山頂有平壙處，云是高宗快活臺遺址。又如西湖喫宋五嫂魚羹之類，則當以天下爲樂，而君王之誰，置之度外矣。和議之罪，可獨歸之檜哉！（卷十三）

陸容之論尙未搔到癢處，高宗並非純爲享樂安逸，乃爲眷戀權勢，即可稱孤道寡，何顧君國之讎矣！靖康元年十一月，高宗時爲康王，爲兵馬大元帥，駐守於江淮，當金人兵臨汴京城下，欽宗詔令勤王，卻按兵不動，此何以釋之乎？或言唐肅宗故事，時玄宗年邁，安史之亂，逃奔西蜀，自當遜位於肅宗。高宗北伐，迎回徽、欽二宗，徽宗業已遜位，自無疑慮。欽宗爲當朝君王，如何處置歟？不如任其終老北國荒漠，反無爭議之。豈可使欽宗南面而坐，高宗北面朝乎？勢不可迎回之，自可於臨安稱孤道寡矣！岳飛北伐攻至朱仙鎮，詔回後，於「莫須有」賜死於臨安風波亭，並罷韓世忠等兵權，其中玄奧，又如何釋之矣！王夫之等何未能深悉高宗之心態耶！金太宗反而知之矣。是故對徽、欽二宗即不殺而又不釋，如此牽制南宋哉！迫使高宗俯首就範矣！

十一、元祐群象

南宋以降，史書、稗史筆記等，無不稱元祐諸賢，荊公以及紹聖朝臣爲諸姦。南宋朱熹、明代何良俊、清代王夫之等皆如此而稱之。猶以王夫之宋論爲最，試就「諸賢」群象之事蹟蒐列於后，以供世人自評之。

【司馬光】

神宗之世，攻訐荊公最烈者，莫過於司馬光也。邵伯溫所揑作辨姦論之前序中，首既提光爲新法遺予荊公三書，迫令荊公促使神宗罷革新法，荊公不從，而避居洛陽。而後蘇軾所撰司馬光行狀亦論及之，王夫之宋論亦有此說，舉凡言及宋史者，無不以此三書爲首要，三書爲北宋救國之門，新法爲禍國之道；無不以司馬光爲是，荊公爲非也。茲特將司馬光三書鈔錄於后，孰是孰非，則可明悉矣！

《司馬光與荊公書 一》

光居常無事，不敢涉兩府之門，以是久不得通名於將命者。春暖，伏惟機政餘裕，台侯萬福。孔子曰：「益者三友，損者三友。」光不材，不足以辱介甫爲友，然自接侍以來，十有餘年，屢嘗同僚，亦不可謂之無一日之雅也。雖愧多聞；至於直諒，不敢不勉；若乃便辟、善柔、便佞，則固不敢爲也。孔子曰：「君子和而不同，小人同而不和。」君子之道，出處語默，安可同也？然其志則皆欲立身行道，輔世養民，此其所以和也。曏者與介甫議論朝廷事，數相違戾，未知介甫之察不察，然於光嚮慕之心，未始變移也。

竊見介甫獨負天下大名三十餘年，才高而學富，難進而易退，遠近之士，識與不識，咸謂介甫不起而已，起則太平可立致，生民咸被其澤矣。天子用此起介甫於不可起之中，引參大政，豈非亦欲望衆人之所望於介甫邪？今介甫從政始期年，而士大夫在朝廷及四方來者，莫不非議介甫，如出一口，下至閭閻細民，小吏走卒，亦竊竊怨歎，人人歸咎於介甫，不知介甫亦嘗聞其言而知其故乎？光竊意門下之士，方日譽盛德而贊功業，未始有一人敢以此聞達於左右者也。非門下之士，則皆曰：「彼方得君而專政，無爲觸之以取禍，不若坐而待之，不過二三年，彼將自敗。」若是者，不惟不忠於介甫，亦不忠於朝廷；若介甫果信此志，推而行之，及二三年，則朝廷之患已深矣！安可救乎？如光則不然，忝備交遊之末，不敢苟避譴怒，不爲介甫一一陳之。

今天下之人，惡介甫之甚者，其詆毀無所不至，光獨知其不然。介甫固大賢，其失在於用心太過，自信太厚而已。何以言之？自古聖賢所以治國者，不過使百官各稱其職，委任而責成功也。其所以養民者，不過輕租稅、薄賦斂，已逋責也。介甫以爲此皆腐儒之常談，不足爲，思得古人所未嘗爲者而爲之，於是財利不以委三司而自治之，更立制置三司條例司。聚文章之士，及曉財利之人，使之講利。

孔子曰：「君子喻於義，小人喻於利。」樊須請學稼，孔子猶鄙之，以爲不如禮義信；況講商賈之末利乎？使彼誠君子邪？則固不能言利，彼誠小人邪？則惟民是虐以飫上之欲，又可從乎？是知條例一司，已不當置而置之，又於其中不次用人，往往暴得美官；於是言利之人，皆攘臂圜視，衒鬻爭進，各鬥智巧，以變更祖宗舊法；大抵所利不能補其所傷，所得不能償其所亡，徒欲別出新意，以自爲功名耳。此其爲害已甚矣！又置提舉常平廣惠倉使者四十餘人，使行新法於四方，先散青苗錢，次欲使比戶出助役錢，次又欲更搜求農田水利而行之，所遣者雖皆選擇才俊，然其中亦有輕佻狂躁之人，陵轢州縣，騷擾百姓者，於是士大夫不服，農商喪業，謗議沸騰，怨嗟盈路；跡其本原，咸以此也。

書曰：「民不靜，亦惟在王宮邦君室。」伊尹爲阿衡，有一夫不獲其所，若己推而納之溝中。孔子曰：「君子求諸己。」介甫亦當自思所以致其然者，不可專罪天下之人也。夫侵官亂政也；介甫更以爲治術而先施之。貸息錢鄙事也。介甫更以爲王政而力行之。徭役自古皆從民出，介甫更欲歛民錢，顧市傭而使之。此三者，常人皆知其不可，而介甫獨以爲可，非介甫之智不及常人也，直欲求非常之功，而忽常人之所知耳！夫皇極之道，施之於天地人，皆不可須臾離。故孔子曰：「道之不明也，我知之矣，知者過之，愚者不可及也；道之不行也，我知之矣，賢者過之，不肖者不及也。」介甫之智與賢皆過人，及其失也，乃與不及之患均；此光所謂用心太過者也。

自古人臣之聖者，無過周公與孔子，周公、孔子亦未嘗無過，未嘗無師，介甫雖大賢，於周公、孔子則有閒矣！今乃自以爲我之所見，天下莫能及，人之議論與我合，則喜之；與我不合，則惡之。如此，方正之士何由進？諂諛之士何由遠？方正日疏，諂諛日親，而望萬事之得其宜，令名之施四海，難矣！夫從諫納善，不獨人君爲美也，於人臣亦然。昔鄭人遊於鄉校，以議執政之善否；或謂子產毀鄉校，子產曰：「其所善者，吾則行之；其所惡者，吾則改之。是吾師也，若之何毀之？」薳子馮爲楚令尹，有寵於薳子者八人，皆無祿而多馬。申叔豫以子南觀起之事警之，薳子懼，辭八人者，而後王安之。趙簡子有臣曰周舍，好直諫，日有記，月有成，歲有效。周舍死，簡子臨朝而歎曰：「千羊之皮，不如一狐之腋。諸大夫朝，徒聞唯唯，不聞周舍之鄂鄂，吾是以憂也。」子路人告之以有過則喜。酇文終侯相漢，有書過之史。諸葛孔明相蜀，發教與群下曰：「違覆而得中，猶棄敝蹻而獲珠玉。」然人心苦不能盡，惟董幼宰參書七年，事有不至，至於十反。孔明嘗自校簿書，主簿楊顒諫曰：「爲治有體，上下不可相侵，請爲明公以作家譬之：今有人使奴執耕稼，婢典炊爨，雞主司晨，犬主吠盜，私業無曠，所求皆足。忽一旦盡欲以身親其役，不復付任，形疲神困，終無一成，豈其智之不如奴婢雞狗哉？失爲家主之法也。」孔明謝之。及顒卒，孔明垂泣三日。呂定公有親近曰徐原，有才志，定公薦拔至侍御史，原性忠壯，好直言。定公時有得失，原輒諫爭，又公論之。人或以告定公，定公歎曰：「是我所以貴德淵者也。」及原卒，定公哭之盡哀。曰：「德淵呂岱之益友，今不幸，岱復於何聞過哉？」此數君子者，所以能功名成立，皆由樂聞直諫，不諱過失故也。若其餘驕亢自用，不受忠諫而亡者，不可勝數。介甫多識前世之載，固不俟光言而知之矣。

孔子稱：「有一言而可以終身行之者，其恕乎。」詩云：「執柯伐柯，其則不遠。」言以其所願乎上，交乎下；以其所願乎下，事乎上，不遠求也。介甫素剛直，每議事於人主前，如與朋友爭辯於私室，不少降辭氣，視斧鉞鼎鑊無如也。及賓客僚屬，謁見論事，則唯希意迎合，曲從如流者，親而禮之；或所見小異，微言新令之不便者，介甫輒艴然加怒，或詬詈以辱之，或言於上而逐之，不待其辭之畢也。明主寬容如此，而介甫拒諫乃爾，無乃不足於恕乎？昔王子雍方於事上，而好下佞已，介甫不幸，亦近是乎？此光所謂自信太厚者也。

光昔者從介甫遊，介甫於諸書無不觀，而特好孟子與老子之言，今得君得位而行其道，是宜先其所美，必不先其所不美也。孟子曰：「仁義而已矣，何必曰利？」又曰：「爲民父母，使民盼盼然，將終歲勤動，不得以養其父母，又稱貸而益之，惡在其爲民父母也？」今介甫爲政，首建制置條例司，大講財利之事，又命薛向行均輸法於江淮，欲盡奪商賈之利，又分遣使者，散青苗錢於天下，而收其息，使人愁痛。父子不相見，兄弟妻子離散，此豈孟子之志乎？老子曰：「天下神器，不可爲也。爲者敗之，執者失之。」又曰：「我無爲而民自化，我好靜而民自正，我無事而民自富，我無欲而民自樸。」又曰：「治大國若烹小鮮。」今介甫爲政，盡變更祖宗舊法，先者後之，上者下之，右者左之，成者毀之，矻矻焉窮日力，繼之以夜而不得息；使上自朝廷，下至田野，內起京師，外周四海，士、吏、兵、農、工、商、僧、道，無一人得襲故而守常者，紛紛擾擾，莫安其居。此豈老氏之志乎？何介甫總角讀書，白頭秉政，乃盡棄其所學，而從今世淺丈夫之謀乎？古者國有大事，謀及卿士，謀及庶人。成王戒君陳曰：「有廢有興，出入自爾師虞，庶言同則繹。」詩云：「先民有言，詢於芻蕘。」

孔子曰：「上酌民言，則下天上施，上不酌民言，則下不天上施。」自古立功立事，未有專欲違眾而能有濟者也。使詩書孔子之言，皆不可信則已；若猶可信，則豈得盡棄而不顧哉？今介甫獨信數人之言，而棄先聖之道，違天下人之心，將以致治，不亦難乎？

近者藩鎮大臣，有言散青苗錢不便者，天子出其議以示執政，而介甫遽悻悻然不樂，引疾臥家。光被旨爲批答，見士民方不安如此，而介甫乃欲辭位而去，殆非明主所以拔擢委任之意，故直敘其事以義責介甫，意欲介甫早出視事，更新令之不便於民者，以福天下。其辭雖樸拙，然無一字不得其實者。竊聞介甫不相識察，頗督過之，上書自辯；至使天子自爲手詔以遜謝，又使呂學士再三諭意，然後乃出視事。出視事，誠是也；然當速改前令之非者，以慰安士民，報天子之盛德。今則不然，更加忿怒，行之愈急，李正言青苗錢不便，詰責使之分析，呂司封傳語祥符知縣，未散青苗錢，劾奏，乞行取勘。觀介甫之意，必欲力戰天下之人，與之一決勝負，不復顧理義之是非，生民之憂樂。國家之安危。光竊爲介甫不取也。

光近蒙聖恩過聽，欲使之副貳樞府，光竊惟居高位者，不可以無功，受大恩者，不可以不報，故輒敢申明去歲之論，進當今之急務，乞罷制置三司條例司，及追還諸路提舉、常平、廣惠、倉使者，主上以介甫爲心，未肯俯從，光竊念主上親重介甫，中外群臣，無能及者，動靜取捨，惟介甫之爲信。介甫曰可罷，則天下之人咸被其澤；曰不可罷，則天下之人咸被其害。方今生民之憂樂，國家之安危，惟繫介甫之一言，介甫何忍必遂己意，而不卹乎？夫人誰無過，君子之過，如日月之食，過也，人皆見之；更也，人皆仰之，何損於明？介甫誠能進一言於主上，請罷條例司，追還常平使者，則國家太平之業，皆復其舊。而介甫改過從善之美，愈光大於日前矣！於介甫何所虧喪，而固不移哉？

光今所言，正逆介甫之意，明知其不合也；然光與介甫趣嚮雖殊，大歸則同，介甫方欲得位以行其道，澤天下之民，光方欲辭位以行其志，救天下之民，此所謂和而不同者也。故敢一陳其志，以自達於介甫，以終益友之義。其捨之、取之，則在介甫矣！詩云：「周爰咨謀。」介甫得光書，倘未賜棄擲，幸與忠信之士，謀其可否；不可以示諂諛之人，必不肯以光言爲然也。彼諂諛之人，欲依附介甫，因緣改法，以爲進身之資，一旦罷局，譬如魚之失水，此所以挽引介甫，使不得由直道行者也。介甫奈何徇此曹之所欲，而不思國家之大計哉？孔子曰：「巧言令色，鮮矣仁。」彼忠信之士，於介甫當路之時，或齟齬可憎，及失勢之後，必徐得其力；諂諛之士，於介甫當路之時，誠有順適之快，一旦失勢，必有賣介甫以自售者矣！介甫將何擇焉？

國武子好盡言以招人之過，卒不得其死，光常自病似之，而不能改也。雖然，施於善人，亦何憂之有？用是敢妄發而不疑也。屬以辭避恩命，未得請，且病膝瘡不可出，不獲親侍言於左右，而布陳以書，悚懼尤深。介甫其受而聽之，與罪而絕之，或詬詈而辱之，與言於上而逐之，無不可者，光俟命而已。

《司馬光與荊公書（二）》

光以荷眷之久，誠不忍視天下之議論恟恟，是敢獻盡言於左古，意謂縱未棄絕，其取詬辱必矣。

不謂介甫乃賜之誨筆，存慰溫厚，雖未肯信用其言，亦不辱而絕之，足見君子寬大之德，過人遠甚也。光雖未甚曉孟子，至於義利之說，殊爲明白。介甫或更有他解，亦恐似用心太過也。傳曰：「作法於涼，其弊猶貪，作法於貪，弊將若何？」今四方豐稔，縣官復散錢與之，安有父子不相見，兄弟離散之事？光所言者，乃在數年之後，常平法既壞，內藏庫又空，百姓家家於常賦之外，更增息錢役錢；又言利者，見前人以聚歛得好官，後來者必競生新意，以朘民之膏澤，日甚一日；民產既竭，小值水旱，則光所言者，介甫且親見之，知其不爲過論也。當是之時，願毋罪歲而已。感發而言，重有喋喋，負罪益深！

《司馬光與荊公書（三）》

光惶恐再拜，重辱示諭，益知不見棄外，收而教之，不勝感悚。夫議法度以授有司，此誠執政事也。然當舉其大而略其細，存其善而革其弊，不當無大無小，盡變舊法，以爲新奇也。且人存則政舉，介甫誠能擇良有司而任之，弊法自去，苟有司非其人，雖日授以善法，終無益也。

介甫所謂先王之政者，豈非泉府賒貸之事乎？竊觀其意，似與今日散青苗錢之意異也。且先王之善政多矣，顧以此獨爲先務乎？今之散青苗錢者，無問民之貧富，願與不願，強抑與之，歲收其什四之息，謂之不征利，光不信也。

至於闢邪說，難壬人，果能如是，乃國家生民之福也。但恐介甫之座，日相與變法而講利者，邪說壬人，爲不少矣！彼頌德贊功，希意迎合者，皆是也。介甫偶未之察耳！盤庚曰：「今我民用蕩析離居。」又曰：「予豈汝威？用奉畜汝眾。」又曰：「無或敢伏小人之攸箴。」又曰：「非廢厥謀，弔由靈。」蓋盤庚遇水災而遷都，臣民有從者，有違者，盤庚不忍脅以威刑，故勤勞曉解，其卒也，皆化而從之。非謂廢棄天下人之言，而獨行己志也。光豈勸介甫以不卹國事，而同俗自媚哉？蓋謂天下異同之議，亦當少垂意采察而已。幸恕其狂愚，不宣，光惶恐再拜。

（錄自司馬溫公傳家集）

依第一書觀之，司馬光言詞咄咄逼人，試問荊公孰可忍之孰不可忍之乎？第一書結尾之句，是爲一代碩儒之言耶？荊公苟受之，神宗豈可遷就之耶？茲將荊公具覆亦鈔錄於后，試觀邵伯溫贗作「辨姦論」之言何如之？

荊公答司馬諫議書

某啓：昨日蒙教，竊以爲爲與君實游處相好之日久，而議事每不合，所操之術多異故也。雖欲強聒，終必不爲見察，故略上報，不復一一自辯。重念蒙君實視遇厚，於反覆不宜鹵莽，故今具道所以，冀君實或見恕也。蓋儒者所爭，尤以名實，名實已明，而天下之理得矣。今君實所以見教者，以爲侵官、生事、征利、拒諫以致天下怨謗也。某則以謂受命於人主，議法度而修之於朝廷，以授之於有司，不爲侵官；舉先王之政，以興利除弊，不爲生事；爲天下理財，不爲征利；闢邪說，難壬人，不爲拒諫。至於怨誹之多，則固前知其如此也。人習於苟且非一日，士大夫多以不恤國事，同俗自媚於眾爲善。上乃欲變此，而某不量敵之眾寡，欲出力助上以抗之。則眾何爲而不洶涵然，盤庚之遷，胥怨者民也，非特朝廷士大夫而已。盤庚不爲怨者故改其度，度義而後動，是而不見可悔故也。如君實責我以在位久，未能助上大有爲以膏澤斯民，則某知罪矣。如曰今日當一切不事事，守前所爲而已，則非某之所敢知，無由會晤，不任區區向往之至。（臨川全集卷七十三）

北宋之弱誠如荊公之言：「人習於苟且非一日，士大夫多於不恤國事，同俗自媚於衆爲善。」又言：「上乃欲變此，而某不量敵之衆寡，欲出力以助上以抗之。」如是新法施行乃出於神宗之旨詣，不容否定之。而滿朝官吏流於苟且，不恤國事。北宋焉有不亡之理乎？靖康之禍，於六十餘年始遭之，抑不遲歟？神宗實爲有爲有守之君主也。荊公不量敵之衆寡，助神宗以抗之，荊公之忠誠，何可疑之歟？謬哉！新法施行，司馬光與荊公不睦，不容於新法抑或不容於神宗？亦抑或對荊公？司馬光因事而人抑或因人而事，豈難定論。荊公於新法實行時，無不事事掣肘，無不處處抗拒。其中原委，雖已千年以來，歷代亦未有對此有所公論之。宋自南渡以後，元祐黨人得勢，氣燄萬丈，舉凡無不褒溫公而貶荊公，故鮮有文字而貶司馬光矣！茲將現存各籍典中對司馬光之評議試錄於后：

甘露園長書四論（明．陳汝錡撰，或言萬曆貢生，）其對荊公及司馬光各論二篇。特摘錄於后：

王安石論一：介甫以新法負謗於當時，貽指摘於後世，善狀不彰，而惡聲之嘈嘈耳。此古今一大冤案，卒未有開而赦之者，何也。今姑無論其立法之是非，與閭閻之利病，試就攻介甫之人而反覆其議論，有以見攻之者之好勝而不情，而曲不在介甫也。熙寧新法，所稱爲民最害者，莫如之免役青苗。而斷新法立赤幟而攻之者，在當時莫如蘇子瞻、范堯夫，而在後莫如朱元晦，……（非司馬光部分略之。）

王安石論二：楊中立（時）當靖康初，論蔡京以繼述神宗爲名，實挾安石以圖身利，故推尊加王配享孔廟。今日之事，雖成於蔡京，實釀於安石。此語既倡，口實翩翩，以熙寧爲禍敗靖康之始基，以安石爲鼓舞蔡京之前茅，不惟下誣安石，抑以上累神考。……（有關蔡京部分略之。）

司馬光論一：靖康之禍，論者謂始於介甫，吾以爲始於君實。非君實能禍靖康，而激靖康之禍者君實也。夫新法非漫然而始嘗試之者，每一法立，其君其相，往復商訂。如家人朋友相辨析，積歲彌月，乃始布爲令也。而神宗又非生長深宮，懵於閭里休戚之故者，推利而計害，原始而究終。法未布於方內，而情僞已瞭徹胸中如列眉。故雖以太后之尊，岐王之戚，上自執政，下迨監門，競苦口焉而不爲中止。雖其間奉行過當，容有利興害鄰而實與名戾者。要在因其舊以圖其新，救其疵以成其美。使下不厲民，而上不失先帝遺意。斯宵小無所乘其間，而報復之過無從起矣。安在悻悻自用，盡反前轍。前以太后諸人爭之而不能得之於神宗者，今以范、蘇諸人爭之而不能得之於君實，一有逢己之蔡京則喜爲奉法。蓋先帝肉未冷，而諸法破壞盡矣。是欲以臣而勝君，而謀之數十年者可廢之一朝也。是謂己之識慮爲能賢於先帝，而昔以爲良政，今以爲秕政也，不太橫乎！……安石免相居金陵八年，新法之行如故也。安石建之，能使神宗終身守之，而不與手實鬻祠俱報乎。……（有關宣仁高后及司馬光更變新法之母改子部分略之。）

司馬光論二：然則史何以是君實而非介甫，豈是與非皆兒戲，不足爲明徵考信之地耶！曰：史何可廢也。惟是熙豐元祐之史，則不幸而近於兒戲。夫史，公平也。定論也。評不公爲曲筆，論之不定則毀譽以愛憎，而讀者無所適從。……神宗實錄，始之以范祖禹；而終之以范沖。祖禹君實之門人也，君實與介甫爲水火，而史作於其門人之手，有不舉之使升天，按之使入泥者乎。……（有關范沖僞改神宗一事，前文已述，略之。）

長編：前史中丞黃履言：前宰相司馬光昨自先帝拔識，進位朝廷，光以不用，其請歸修史。先帝盛德優容，曲從其欲。書成仍以資政殿學士榮之，其恩可謂厚矣。迨垂簾初，朝廷啓光執政。當時士論翕然稱之，以謂光眞能弼成盛德，上報先帝。不謂光深藏禍戾，追忿前朝，凡有所行，皆爲非是。夫法令因革，固緣時宜。豈有一代憲章，俱無可取。歸非於昔，斂譽一身，此而可容，孰爲咎者。（拾補卷十）

又：監察御史周秩言：司馬光以元祐之政，以母改子，非子改父。夫宗廟之計，朝廷之政，必正君臣之義，以定父子之親。豈有廢君臣之道，而專以母子而言。（卷二百一）

子改父；母改子，宣仁高后罷革其子神宗新政復舊政，而司馬光所言有失君臣之道，哲宗爲君，宣仁高后雖爲太皇太后仍屬臣也，垂箔主政，輔弼而已。豈可廢君臣之禮，而言人倫之情歟？司馬光誤矣！此乃強詞奪理也。（註：論語學而篇：父在觀其志，父沒觀其行，三年無改於父之道，可謂孝矣。）

通鑑長論紀事本末：元祐二年六月，甲申彭汝礪言（時爲起居舍人）：政無彼此之辨，歸於是而已。今之所更大者，取士及差役法，行之士民皆有流言，未見其可也。（彭任職時，有問新舊之政而言之。）

又：同年七月甲寅權開封府推官張商英上書言：三年無改於父之道，今先帝陵土未乾，奈何便議更變。（宋人楊希閔評曰：此二人皆是據事理而言，並非袒護王安石，可知司馬公當日，實有戾氣勝心，不協輿情者矣。）（以上均爲卷九十四）

又：元祐元年初，范純仁自慶州召入。純仁素與司馬光親厚，聞光議復行差役法。純仁曰：法固不便，然亦不可暴革，蓋治道惟去太甚者耳。又況法度乃有司平之事，所謂宰相當爲搜求賢才，旁列庶位，則法度雖有不便於民者，亦無所患。苟不得人，則雖付於良法，失先後施行之次，亦足爲病矣。光弗聽。純仁歎曰：是又一王介甫矣。……（楊希閔評曰：范公言如此懇至，司馬光大賢，乃亦不聽。然則人之苛責介甫者，亦已甚矣。）

又：三年二月翰林學士蘇軾言：臣聞差役之法，天下以爲未便，獨臺官數人主其議，以爲不可改。磨厲四顧，以待言者，故人畏之而不敢發耳。又曰：臣每見呂公著、安燾、呂大防、范純仁皆言差役不便。但爲已行之令，不欲輕變。又曰：昔人雇役，中等人役，歲出役錢幾何？今者差役，歲費錢幾何？以此計算，利害灼然。而況農民在官，貪吏狡胥，百端蠶食，比之雇役，苦樂十倍。……（以上二節通鑑長編紀事本末卷一百零八）

又：蘇軾言於司馬光曰：差役、免役，利害輕重略等。光曰：於君何如。軾曰：法相因，則事易成。事有漸，則民不驚。……今免役之法，實類是。公欲驟罷免役，而行差役，正如罷長征而復民兵，蓋未易也。光不以爲然。光知免役之害，而不知其利。軾獨以實告。而公不悅。軾又陳於政事堂，光色忿然。軾曰：昔韓魏公刺陝西義勇，公爲諫官，爭之甚力，韓公不樂，公亦不顧，軾嘗聞公道其詳。豈公今日作相，不許軾盡言耶？光笑而納之。范純仁與光素厚，謂光曰：治道去其太甚者可也。差役一事，尤當熟講而緩行。（中略，前節長編已錄。）光不從，持之益堅。純仁歎曰：以是使人不得言爾。若欲媚公爲容悅，何如少年合安石以速富貴哉。

（楊希閔評曰：蘇范二公言；明切之至亦平日所厚善者，溫公卒不從。……皆鍼砭溫公行政之病，人謂安石執拗今視溫公又何如哉。）（卷七十九）

朱子語類：王荊公遇神宗，可謂千載一時，惜乎！渠學術不是，直壞倒恁地。……問溫公所作如何，曰：渠亦只見荊公不是，便一邊倒。如東坡當初議論，亦要變法，後來皆改了。……

（楊希閔評曰：溫公便倒一邊，甚爲至論。……則可知元祐以母改子之說，直憝君上太甚，必有紹述之禍也，然皆無與於荊公。）

又：溫公忠直，而於事不甚通曉。如爭役法，七八年間直是爭此一事。他只說不合令民出錢，其實民自便之，此是有甚大事，卻如此捨命爭之。（以上兩節卷一百三十）

至於荊公奏諫「省兵」一案，爲北宋解除冗兵耗費公帑之苦，歐陽文正公、文潞公（彥博）於仁宗之世，既已奏請之，蘇軾亦上疏諫議之，司馬光獨樹一幟反對之。是故梁任公特於評傳第十一章，省兵一節中亦言：溫公此論，殆爲當時反對黨之代表也。司馬光恐非於新法政策意見之爭，亦非爲反對黨之代表，而係嫉妒荊公之政績也。

近人林天蔚氏所著「宋代史事質疑」之第四章，論云：激靖康之禍，君實乎？介甫乎？論之綦詳，亟爲明確。

【蘇 軾】

靖康之禍，高宗爲掩南渡之非，諉過新黨，獨厚元祐黨人，蜀黨雖漸式微，蘇軾之門人尙衆，故黨人對軾依然讚譽倍至。既諱其名「軾」，復避其字「子瞻」，改稱之爲「東坡」。凡諸南宋之稗史雜記無不如此稱之。軾之學識固足推崇，其品德未必不無疵議之點（荊公素養章中已略記之。）至於其性格，似有喜怒無常，反覆不定，恣意而爲之態。對人對事，無不如此也。以其對荊公之例而言之，荊公稱蘇軾「人之龍也」，然蘇軾稱荊公爲「野狐精也」。於其轉汝州團練副使過金陵時，與荊公之相聚甚歡，並次韻荊公四絕。依軾第三首論之，任團練副使，極不得意。故對荊公辭相遯居金陵，生仰慕崇敬之意。並生返璞歸眞之心。軾所和第三首記於后：

騎驢渺渺入荒陂，想見先生未病時。勸我試求三畝宅，從公已覺十年遲。（東坡集卷十四。荊公原作詳臨川全集卷二十六、二十八）

除此四首外，於卷十六中又和荊公二首。其題曰：西太一宮見王荊公舊詩，復次韻二首。（詳東坡集卷十六，荊公原作詳臨川全集卷二十六）

依何氏語林所云，蘇軾於西太乙宮見荊公二首言：此老野狐精也。然後又爲秦觀詩文而上荊公書，文詞又極爲恭謙禮讓，態度誠懇。其出御史臺獄外貶黃州，途經金陵拜謁荊公，荊公勵其效歐陽文忠公重修五代史及唐書之例，重修三國志以留千古。此舉蘇軾親口而言之，載於王銍之「默記」，荊公對其不爲不厚歟！其致荊公之書，言辭謙卑恭謹，且有仰慕之意方，言雖若此；然行徑則非如此矣！不獨未遵荊公之意，反次諸般文字中詆詖荊公，誠如東坡志林所記，則又反覆而詆詖之。所行所言，依然故我，不獨未重修三國志，且恣意冶遊，孫公談圃則記之。茲均分錄於后：

致荊公書：某頓首再拜：特進大觀文相公執事，近者經由屢獲請見，存撫教誨，恩意甚厚。別來切計，台候萬福。某始欲買田金陵，庶幾得陪杖履，老於鍾山之下。既已不遂，今來儀眞，又二十餘日，日日以求田爲事，然成否未可知也。若幸有成，扁舟往來見公不難矣。向屢言高郵進士秦觀，太虛公亦粗知其人，今得其詩文數十首，拜呈：詞格高下，固已無逃於左右，獨其行義，飭脩才敏過人，有志於忠義者，其請以身任之。此外博綜史傳，通曉佛書，講集醫藥，明練法律，若此類未一一數也。才難之歎，古今共之。如觀之輩，實不易得。願公少借齒牙，使增重於世，其他無所望也。秋氣日佳，微疾想已失去，伏冀順時，候爲國自重。（東坡續集卷十一）

默記：……東坡自海外歸至南康軍，語劉義仲壯輿曰：軾於元豐中過金陵見介甫，論三國志曰：裴松之該注實出陳壽上，不能別成書，而但注三國志，此所以陳壽下也，蓋好事多在注中。安石舊有意重修，今老矣！非子瞻他人下手不得矣。軾對：以軾于討論非所工，蓋介父以此事付託軾，軾今以付壯輿也。……（卷中）聞見後錄亦作此言。其云：「……東坡自黃岡移汝時，舟過金陵，見王荊公於鍾山，留連燕語。荊公曰：子瞻當重作三國書。東坡辭曰：某老矣，願舉劉道原自代。」（卷二十一）

孫公談圃：子瞻在黃州，術士多從之遊。有僧相見，數日不交一語，將去懷中取藥兩貼，如蓮藥而黑色。曰：此煉燒藥，有緩急而服之。……（卷中）

按：蘇軾自黃移汝爲元豐初年，依其年譜記載，是年爲四十有餘，正於有爲有守之年，並未老矣。其謝世之時，爲徽宗靖中建國元年，春秋六十六卒於常州。於十七年韶光何事不可爲之，重修三國志豈不永垂青史！荊公勵其爲歷史留名，嘉惠於後世，不爲不厚矣。而蘇軾不獨不領深情，卻反噬之。哀哉！（據宋王宗稷所編年譜計之）

（按：三國志爲晉陳壽所撰，南朝宋文帝以其過于簡略，令中書侍郎裴松爲之補注，成書於元嘉六年七月二十四日。）

東坡志林：王介甫先封舒公，後改封荊。詩曰：戎狄是膺，荊舒是懲。識者謂宰相不學之過也。（卷五）

又：僧謂酒爲般若湯，謂魚爲水梭花，謂雞爲鑽籬菜。竟無所益但欺己。（卷八）

蘇軾之東坡志林等詆詖荊公。總不如蘇軾於司馬光行狀及范鎮墓銘誌，對荊公之人身攻訐爲劇。

（行狀全文詳下第十二章、墓銘誌前文已述，請參閱）

墨客揮犀：（宋・彭乘撰）子瞻常言，平生有三不如人；謂著棋、喫酒、唱曲也。然三者何用如人，子瞻之詞雖但不入腔，正以不能唱曲耳。（卷四）

誠如此：易安居士李清照之曲論云：「蘇子瞻學際天人，作爲小歌詞，直如酌蠡水於大海，然皆句讀不葺之詩耳。又往往不協音律者何耶？蓋詩文分平仄，而歌分五音，又分五聲，又分六律，又分清濁輕重。……」易安居士所論是也。例如蘇軾之「水調歌頭」（明月幾時有）一闋，世人皆言膾炙人口，爲豪放派之代表作。然韻恐不合律，其下闋：「不應有何恨事偏向別時『圓』。人有悲歡離合，月有陰晴『圓』缺，」其後圓缺之圓，似爲不妥，此屬暗韻，詞中未有暗韻之規定，曲中除譜中有特殊規定者，始可爲之矣。故蘇軾之詞不可唱也。（姑妄言之乞請博者者證之。）

蘇軾本傳　……軾見安石贊神宗以獨斷專任，因試進士發策，以晉武平吳，以專任而克。苻堅伐晉，以專任而亡。齊桓專管仲而霸，燕噲專任子之而敗。事同而功異爲問。安石滋怒，使御史謝景溫論奏其過，窮治無所得，軾遂請外通判杭州。………（宋史卷三三八）

聞見錄　王介甫與蘇子瞻初無隙，呂惠卿忌子瞻才高輒間之。神宗欲以子瞻爲同修起居注，介甫難之。又意子瞻文士不曉吏事，故用爲開封府推官以困之。子瞻益論事無諱，擬廷試策獻萬言書，論時政甚危。介甫滋不悅子瞻，子瞻外補官。中丞李定，介甫客也。定不服母喪，子瞻以爲不孝惡之。定以爲恨，劾子瞻作詩謗訕，子瞻自知湖州下御史獄，欲殺之。神宗終不忍，

貶散黃州安置，移汝州過金陵見介甫甚歡。……（卷十二）

蘇軾性格反覆無常，神宗對其特厚，而其不能忠誠事君，如此能容於何人歟？宋代韓淲之澗泉日記對其亦有評言。雖非全屬正確，但尚中肯。茲錄於后：

澗泉日記：本朝慶歷間諸公，韓魏公、富鄭公、歐陽公、尹舍人、孫先生、石徂徠雖有憤世疾邪之心，亦皆學道有所見，有所守。下至王介甫、王深甫、曾子固、王逢原猶守道論學。至東坡諸人，便只有憤世疾邪之心，議論利害是非而已。伊川諸儒復專以微言詔世，天下學者，始各有所偏。渡江六十年，此意猶未復也。因借富公集謾記所歎于此。（卷中）

（蘇軾言行敬請參閱下二章，溫公行狀、烏臺詩案。）

【蘇　轍】

蘇轍與軾兄弟二人，性格迴異。軾性囂張跋扈，惡意攻訐，反復無常，恣意妄為之。而轍則性格內向，處世陰險，居心狠毒，伺機報復。荊公初拔新進以轍為首，反被其噬。熙寧二年八月己丑，轍既以均輸法為漢武帝用桑弘羊之說，買賤賣貴，與民爭利。同月庚戌，轍與呂惠卿論事，動皆不合。曾遣八使於四方，訪求遺利，中外知其必迎合生事，皆莫敢言。又以書詆荊公力陳新法不可，乞別除一差遣，神宗閱其狀後，問曰：轍與軾如何？荊公對曰：軾兄弟大抵以飛箝捭闔為事。帝曰：如此，則宜合時事，何以反為異論？詔以所請，同月庚戌，罷條例司檢詳文字，為河南推官。（摘錄續通鑑卷六十七）（按：飛箝捭闔：為戰國策士所用之術，誇大利害，威脅利誘。）

事隔二十年後，元祐更化，轍得志於宣仁高后御前，力劾呂惠卿，茲記於后：

續通鑑：元祐元年五月乙亥，蘇轍言：前參知政事呂惠卿，詭變多端，見利忘義。王安石初任執政，以爲心腹。青苗、助役，議出其手。韓琦始言青苗之害，先帝翻然感悟，欲退安石而用琦言，當時執政皆聞德音，安石亦累表乞退，天下欣然有息肩之望矣。惠卿方爲小官，自知失勢，上章乞對，力進邪說，熒惑聖聽，巧回下意。身爲館殿，攝行內侍之職，親往傳宣，以起安石，肆意僞辯，破難琦說，仍爲安石畫持劫上下之策。自是諍臣呑聲，有識喪氣，而天下靡然矣。（卷七十九）

又：同年六月甲辰，資政殿大學士、正議大夫、提舉嵩山崇福宮呂惠卿，落職，降爲中散大夫、光祿卿、分司南京，蘇州居住。蘇轍、劉摯、王巖叟相繼論惠卿罪惡，故有是命。同月丙午，蘇轍、王巖叟、朱光庭，王覿等言：呂惠卿責受分司南京，不足以蔽其罪。（卷七十九）

元祐二年十月甲申，知懷州賈易責知廣德軍，易上謝表，而指群臣讒邪罔極，朋黨滔天。又言蘇轍密命以告人，轍上疏自辨。于是糾合御史交章論易，謟事程頤，附下罔上，背公死黨，乞早賜降黜（卷八十）。又元祐五年甲寅，呂大防、劉摯慮元豐舊黨，分布中外，欲稍引用，以平宿怨，謂之調停，宣仁高后疑不能決。御史中丞蘇轍入對，即面斥其非，並復上疏以論之。高后命宰執讀於簾前，曰：轍疑吾兼用邪正，其言極中理，調停之說遂罷，黨禍自此日熾（卷八十一）。又初程頤在經筵，歸其門者甚衆；蘇軾於翰林，士亦多附之者。二人互相攻訐，及頤罷去，至是頤服闋，三省諫詔復館職。元祐六年三月丁亥，判檢院蘇轍進曰：頤入朝，恐將多事矣。高后從其言，頤乃不復召之（卷八十二）。（以上摘錄於續通鑑。）

宣仁高后謝世，紹聖元年三月丁酉蘇轍乃罷職，罷職後，竟然攻訐高后，續通鑑有云。茲錄於后：

續通鑑：蘇轍徒知袁州，責詞有云：垂簾之初，老奸擅國，置在言路，使詆先朝。反以君父為讎，無復臣子之義。中書舍人林希詞曰：老奸蓋陰指宣仁。（楊希閔評曰：老姦指司馬光，非斥宣仁。續通鑑說誤。斥王安石，即詆先朝，此言可證。至言以君父為讎，無臣子之義，諸君何至如此，然氣質用事。……宋史卷三百三十九：雖有記載貶袁州，未如其詳。）（卷八十三）

【范祖禹】

范祖禹為范鎮之姪孫，熙寧時隨司馬光、呂公著於洛陽多年。司馬光編纂資治通鑑時，為其校讎，剽竊而撰唐鑑一書。元祐時，司馬光薦之于宣仁高后為秘書省正字。元豐八年十月丁丑復薦右正言，因呂公著之親嫌，改為著作郎，元祐四年五月辛未，以著作郎為右諫議大夫兼侍講。自此進入權勢中樞，熒惑高后，壓抑哲宗，茲錄於后：（摘自宋史卷三百三十七范祖禹傳）

續通鑑：元祐四年五月辛未，祖禹上疏：論人主修身之要，乞太皇太后日以天下之勤勞，萬民之疾苦，群臣之邪正，政事之得失。開導上心，曉然存之於中，庶使異日眾說不能惑，小人不能進。（卷八十一）

又：元祐四年十二月戊午，祖禹聞禁中覓乳媼，以帝年十四，非近女色之時，上疏勸進德愛身。

又乞太皇太后保護上躬，言甚切至。太皇太后諭曰：乳媼之説，外間虛傳也。祖禹曰：外議雖虛，亦足爲先事之戒。臣侍經筵左右，有聞於道路，實懷私憂，是以不敢避妄言之罪。凡事言於未然，則誠爲過；及其已然，則又無所及。陛下寧受未然之言，勿使臣等有無及之悔。是月劉安世又言：……乃聞喧傳禁中見求乳母，遂謂陛下浸近女寵，此聲傳播，實損帝德。太皇太后諭曰：劉安世等言禁中求乳母事，此非官家所欲，乃先帝一二小公主尚須飲乳也。官家常在吾榻前閣内寢處，安得有此。（卷八十二）

又：元祐八年十月戊申，太皇太后既崩，人懷顧望，莫敢發言。翰林學士范祖禹慮小人乘間爲害，上疏曰：陛下方總攬庶政，延見群臣。此乃國家興替之本，社稷安危之基，天下治亂之端，生民休戚之始。君子小人進退消長之際，天命人心去就離之時也。先太皇太后性嚴正不可干犯，故能斥逐姦邪，裁抑僥倖。雖德澤深厚，結于百姓，而小人怨恨，亦不爲少，必將難以改先帝之政，逐先帝之臣爲太皇太后過者，此離間之言，不可不察也。……（卷八十三）

宣仁高后謝世，哲宗親政，范祖禹已感岌岌可危，乃作哀鳴，然哲宗於垂箔之際，所受壓抑，尚積心中，未予發洩。故有欲以章惇爲相，范祖禹力沮不可，哲宗不悅。紹聖元年三月罷蘇轍，降左議大夫知袁州，哲宗擬范祖禹代轍之職，而沮之者衆，祖禹自知已不爲朝中所容，乃力求去，降龍圖閣直學士知陝州。紹聖三年八月己卯，哲宗語章惇曰：元祐初，太皇太后遺宮嬪年長者二十人隨朕左右，十人去十人還，覺十人皆非素使令，去而復還者皆色慘沮，或有涕泣，朕甚駭，不敢問。後方知范祖禹、劉安世以禁中覓乳母事，上疏之故也。然哲宗因范祖禹與黄庭堅等，以司馬光家書修纂神宗實錄，偏頗史實爲由。庚辰，責授祖禹韶州別駕，賀州安置。安世新州別駕，英州安置。（摘錄於資治通鑑長編）

【程　頤】

元祐元年二月辛巳，司馬光薦校書郎程頤爲崇政殿說書，頤以此職清閒，未得要津，甚表不滿之。故詆誣宣仁高后爲女媧、武后之流也。南宋周密之志雅堂雜鈔，以及邵博之聞見後錄均有記之。茲錄於后：

志雅堂雜鈔：伊川（程頤字）不滿宣仁，故註易經經有云：臣居尊位，羿、莽是也；婦居尊位，女媧、武后是也，非常之變，不可言也。……晦菴（朱熹字）明知此語有爲而發，乃故宛曲爲之說曰：伊川舉武后、女媧之事，看來要入議論，教人向別處說，此文何曾有這義，都是硬入這様。所謂欲蓋彌彰也。（卷下）

聞見後錄：程伊川說：黄裳元吉，婦居尊位，女媧、武后是也。非常之變，不可言也。有黄裳元吉之戒，如武氏之變固也。女媧不見于書，果有煉石補天之事，亦非變也。不言漢呂氏，獨非變耶？蘇仲虎則曰：伊川在元祐時以罷逐，故爲此說，以詆垂簾之政，予不敢以爲然。（卷五）

程頤詆誣高后，其門人朱熹爲之狡辯，誠如周密之言，欲蓋彌彰也。其闋服丁憂之後，高后雖欲召還，蘇轍奏言，正戳到高后痛處，故不召之，蘇仲虎之言，亦可存疑之也。蘇轍之姦遠勝其兄，既可為其兄報一箭之讎，又可向高后大獻殷勤，而受寵渥，一石兩鳥也。元祐更化卻如此耶！頤於高后垂箔之時，並未得志，且屢受蘇軾惡謔，委屈無力發洩。而其門人朱光庭、賈易反得勢於朝，於宣仁前力劾蘇軾，軾黨呂陶、蘇轍等竭力反撲，朝政幾無寧日，程頤終為蘇轍擊垮之，此乃元祐黨人之風範也。（詳第八章元祐內鬨節內）

【邵伯溫】

邵伯溫為理學家邵雍之子，司馬光、呂公著、富弼等反對新法而避居洛陽時，相聚時久，耳濡目染，不分皂白，蓄意詆毀荊公，假蘇洵之名捏造「辨姦論」一文欺惑後世，並不以為足矣。復又捏造文字，辱罵荊公之少君王雱。誠無理之極也。朱熹之宋朝名臣言行錄，一字不改，照錄不誤，宋史以此為範本鈔襲而為荊公本傳，蠱惑後世千年之久，可惡至極！其記之於聞見錄，既誹其父又辱其子，茲錄於后：

聞見錄：仁宗朝，王安石為知制誥，一日賞花釣魚宴，內侍各以金碟盛釣餌藥，置几上，安石食之盡。明日，帝謂宰輔曰：王安石詐人也。使誤食釣餌一粒，則止矣，食之盡不近情也。帝不樂之，後安石自著日錄，怨薄祖宗於仁宗尤甚。每稱漢武其心薄仁宗也。故一時大臣富弼、韓琦、文彥博皆為其詆毀云。（卷五）

此節文字，不識出自何處，元祐黨人葉夢得業經否定之（避暑錄話卷上，前文已述）。朱熹撰宋朝名臣言行錄荊公傳時，照鈔不誤。且荊公一向節制飲食，於荊公素養章中已述之。邵伯溫何其無恥耶！令人齒冷矣！

又：雱者，字元澤，性險惡。凡荊公所爲不近人情者，皆雱所教，呂惠輩奴事之。荊公置條例司，初用程顥（伯淳）爲屬。伯淳賢士，一日盛暑，荊公與伯淳對語。雱者囚首跣足，手攜婦人冠以出，問荊公曰：所言何事。荊公曰：以新法爲人所沮，與程君議。雱箕踞以坐，大言曰：梟韓琦、富弼之頭于市，則新法行矣。荊公遽曰：兒誤矣。伯淳正色曰：方與參政論國事，子弟不可預，姑退。雱不樂去。伯淳自此與荊公不合。（卷十一）

宋史：雱字元澤。爲人驃悍，陰刻無所顧忌，性敏甚，未冠已著書數萬言。……安石更張政事，雱實導之，常稱商鞅爲豪傑之士，不誅異者法不行。安石與程顥語，雱者囚首跣足，攜婦人冠以出，問父所言何事。曰：以新法爲人所沮，與程君議。雱大言曰：梟韓琦、富弼之頭于市，則法行矣。安石遽曰：兒誤矣。……（卷三百二十七）

監察御史裡行程顥本爲新法條例司任官，於元祐三年三月奏請與新法不合，乞外補。而王雱於治平四年場屋得意，熙寧二年授旌德尉，外放江南，熙寧五年奉召回京，此時程顥已外補京西路提刑獄，不就而改鎭寧軍節度判官。二人並無見面之緣，何有跣足囚首之事也。考略考證綦詳，另郭沫若氏深訾詬之，茲并錄於后：

考略：考荊公以熙寧二月參知政事，夏四月施行新法，八月以明道（程顥字）條例司官。明年五月明道即以議論不合，外轉僉書鎮寧軍節度判官，而元澤以治平四年丁未登許安世榜進士第，明年戊午即熙寧元年也。至二年則元澤已由進士授旌德尉遠宦江南，是明道與荊公議新政時，元澤並未在京，直至熙寧五年，召元澤除太子中允崇政殿說書，然後入京師，則明道外任已逾年矣。安得如邵氏所錄與聞明道之議政哉。……

郭氏言：熙寧二年八月王安石與程明道議事，第二年五月因政見不同，程即去職。邵伯溫聞見錄所言：（如上記述）。此段記載全是僞造：第一：程任職期間，根本未盛暑，其時王雱已中進士在江南作官。第二：熙寧五年王雱回京時，而程又外仕，可見程明道與王雱無見面之理。這些卑鄙無恥的人，罵人家父親，還要傷害其第二代，誣說他是瘋子，可見這些道學先生們的道德何在？（錄自歷史人物　王安石傳）

明代陳邦瞻所編宋史記事本末，有關此節，誠不知其所云耳？其云：熙寧三年四月壬午，帝令顥詣中書議，王安石方怒言者，厲色待之。顥徐言曰：天下事非一家私議，願平氣以聽之，安石爲之愧屈。……顥言既不行，懇求外補，安石素善顥，及是雖不合，猶敬其忠信，但出爲京西路提點刑獄，顥辭，乃改僉書鎮寧軍節度判官。（卷三十七　並摘錄之宋史卷四二七程顥本傳）又：熙寧四年八月，王雱爲崇政殿說書，雱，安石子，爲人驃悍陽刻，無所顧忌。……安石一日與程顥語，雱囚首跣足，攜婦冠以出，問父所言何事。曰：以新法爲人所沮，故與程君議之。雱大言曰：梟韓琦、富弼之首於市，則法行矣。安石遽曰：兒誤矣。顥曰：方與參政論國事，子弟不與，姑退。雱不樂。（卷三十七）

又：元豐八年五月丙辰，召程顥爲宗正寺丞，時朝政方新，賢德登進，顥雖小官，特以時望所屬，故有是召。顥以疾不行，尋卒。（卷四十三）陳邦瞻之言可信乎？孰不可信乎？自言熙寧三年四月程顥已外補，四年八月與王雱囚首跣足論事。王雱於熙寧九年謝世，程顥於元豐八年五月召回，且未至而卒。其間何謀面之有乎？荒唐！荒唐！言其爲史學家，不可。言其爲文鈔公亦不可，鈔書豈不校讎乎？邵伯溫本與荊公無涉，捏作文字誹謗其父，復侮辱人子，其理安在乎？其所附麗於元祐黨人，故此爲之？僅可言之爲元祐黨人之「走狗」也！而陳邦瞻係明代萬曆進士，與荊公創制新法相距五百年之久，毫無恩怨瓜葛可言，編纂史書，不求公允，附麗元祐黨人，鈔襲邵氏之聞見錄而欺惑後世，如此則爲邵伯溫之「走狗」也！豈不是元祐黨人走狗」之「走狗」也！哀哉！

【朱　熹】

朱熹爲程頤之門生。於南宋之時，燃熾黨禍，攻訐新法，荊公之冤，禍延千年，論其元兇，則莫過於朱熹耳，其較趙鼎、范沖實有過之。故明代陳汝錡之甘露園長書四論，王安石論一即云：「斷新法立赤幟而攻之者，在當時莫如蘇子瞻、范堯夫，而在後莫如朱元晦。」朱熹對荊公之攻訐可分三項：一爲新法，二爲學術，三爲品德。南宋前後稗史、筆記諸類文字記述欠詳，皆爲片繼。然經朱熹統合編纂五朝名臣言行錄，悉數鈔錄熙豐以降，各類詆詖文字，以作「王安石傳」，宋史以此鈔編「王安石本傳」，乃以借他人之刃而戮荊公，飾其罪也。世尊一代碩儒，姦佞何之於此，蒙騙世人幾達千年之久矣？茲就名人言行錄王安石傳，有關三項部分錄於后：

《攻訐新法》

言行錄：荆公知明州鄞縣，讀書爲文，二日一治縣事；起陽堤堰，決陂塘，爲水陸之利。貸穀于民，立息以償，俾新陳相易。興學校，嚴保伍，邑人便之。故熙寧初，爲執政所行之法，皆本於此。然公知行於一邑，則可不知行於天下不可也。又所遣新法使者，皆刻薄小人，急於功利，遂至決河爲田，壞人墳墓，廬膏腴之地，不可勝紀。青苗雖取二分之利，民請納之，費至十之七八，又公吏冒民，新舊相因，其弊益繁。保甲保馬尤有害，天下騷然，不得相息，蓋祖宗之法一變矣。獨役法，新舊差募二議俱有弊，吳蜀之民，以雇役爲便，公與溫公皆早貴，少歷州縣，不能周知四方風俗。故公主雇役，溫公主差役，蘇内翰（軾）、范忠宣（純仁）溫公門下士，復以差役爲未便；章子厚（惇）公門下士，復以雇役法爲未盡，三人雖賢否不同，皆聰明、曉吏治，兼知南北風俗，其所論甚公，不私於所主。元祐初，溫公復差役法改雇役，子厚議曰：保甲、保馬一日不罷，有一日害。如役法；則熙寧初，以雇役代差役，議之不詳，行之太速，故後有弊。今復以差役代雇役，當詳議熟講，庶幾可行，而限止五日太速，後必有弊。溫公不以爲然，子厚罪去。蔡京知開封府用五日，限盡改畿縣雇役之法爲差役，白溫公。溫公喜曰：使人人如侍制，何患法不行。子厚入相，復議雇役改差役，置司講論久不決。蔡京兼提舉白子厚曰：取熙寧、元豐施法之耳，尚何講焉。子厚信之，雇役遂定。京前後觀望反覆，賢如溫公，暴如子厚，皆足以欺之，誠小人也。

又：元豐末創爲户馬之説，神宗俯首歎曰：朕於是愧於文彥博矣。王珪請宣德音復曰：彥博頃年爭國馬不勝，嘗曰：陛下十年，必思臣言。珪因奏曰：罷去祖宗馬監，是安石堅請行之者，本非陛下意也。上歎曰：安石誤朕，豈獨此一事。……

朱子語類：神宗聰明絕人，與群臣說話領略不去，纔與介甫說，便有於吾言無所不說底意思。所以君臣相得甚歡，向見何萬一之。……神宗繼之性氣越緊，尤欲更新之，便是天下事難得恰好，卻又撞到介甫出來承當，所以作壞得如此。

又：王荊公遇神宗可謂千載一時，惜乎渠學術不是，後來直壞到恁地，問荊公初起便挾術數，爲後來如此。曰：渠初來只是要作事，到後面爲人所攻，便去就不管。荊公日錄，無以知其本末，它直是強辯，邈視一世。

又：新法之行，諸公實共謀之，雖明道（程顥）先生不以爲不是。蓋那時也是合變時節，但後來人情洶洶，明道始勸之，以不可作逆人情底事，及王氏排眾議，行之甚力，而諸公始退散。

（以上皆卷一百三十）

言行錄：……天下之法未有無弊者，祖宗以來以忠厚仁慈治天下。至嘉祐末年，天下之事，似乎舒緩萎靡不振，當時士大夫亦自厭之，多有文字論列，然其實於天下根本牢固。至神廟即位，富於春秋，天資絕人，讀書一見便解。大旨是時見兩蕃不服，及朝廷州縣舒緩，不及漢唐全盛時，每與大臣議論有怫然不悅之色。……

朱熹所云：了無新意。言蔡京觀望反覆，其何嘗不如此耳。曾公然承認熙寧當時，必須變法新政，而其于言行錄中又鈔錄元城語錄，言其不可。反反覆覆，前後言不由衷，不知所云。其復荊公學養亦有所疵議，甚至將邵氏聞見錄所揑造文字，鈔錄荊公傳中。茲一併錄於后：

《攻訐學養》

朱子語類：荊公之學所以差者，以其見道理不透徹。因云：洞視千古，無有見道理不透徹，而所說所行不差者。（卷一百三十）

又：文章到歐、曾、蘇。道理到二程。荊公文暗。（卷一百三十九）

言行錄：荊公改科舉，暮年乃覺其失。曰：本欲變學究爲秀才，不謂變秀才爲學究。蓋學子專誦王氏章句而不解義，正如學究誦注疏爾。

《攻訐人身》

言行錄：荊公生養得氣，完爲他不好作官職，作宰相吃魚羹飯，得受用底不受用，緣省便去就自在。……

又：……（荊公與程顥議論，王雱囚首跣足之部分略之。）公坐鍾山常恍惚見雱荷枷桎，如重囚者。公遂施所居半山園宅爲寺，以薦其福，後公病瘡良苦，嘗語其姪曰：亟焚吾所謂日錄者，姪給公焚他書代之。公乃死，或云：又有所見也。

以上所記外，餘如荊公誤食魚餌，書呂惠卿爲福建子等等不勝枚舉之。其言王雱事，已涉佛家輪迴之說，豈是儒者所言，苟若如此，朱熹妄言、妄寫，閻王爺豈不是將割其舌、剁其手乎？朱熹自認一代碩儒，誠如郭沫若氏所言，其道德何在耶！其不獨對荊公如此，對三蘇亦復如是，茲略舉數例於后：

朱子語類：

老蘇父子自史（史記）戰國策得之，故皆自小處起議。老蘇文字初亦喜，看後覺得自家意思都不正當，以此知人不可看此等文字。

東坡、子由晚年文字不然，然又皆議論衰了。

坡文雄健有餘，只下字有不貼實處。

坡文只是大勢好，不可逐一點檢。（以上卷一百二十九）

東坡聰明豈不曉覺得，他晚年所學底倚靠不得。

兩蘇既自無致道之才，又不曾遇人指示，故皆鶻突，無是處人，可以一己之見。

東坡議論大率前後不同，如介甫未當國時是一樣議論，當國時是一樣議論，後來又是一樣議論。

東坡只管罵王介甫，介甫固不是，但教東坡作宰相時，引得秦少游、黃魯直一隊進來，壞得更兇。（以上卷一百三十）

朱熹爲程頤之徒，不獨詆詖荊公，攻訐新法，並排斥荊公（王學）外，復排斥蘇學亦不遺餘力。或曰其獨尊程學，非也，其乃假其師程頤之名，而自我表揚其學術也。遂自禮記中抽出第四十章「大學」、第三十一章「中庸」，加之論語及孟子，名爲「四書」。自南宋以降，歷經元、明、清，將近千年場屋考題，無不以四書爲主。因之，後世皆尊之爲一代碩儒，實乃以假師名而遂其私欲也。李心傳之朝野雜記云：「元晦先生非素隱者也，欲行道未得其方也，」（卷九）朱熹實乃素隱者也。中庸章句云：「素隱行怪：言深求隱僻之理，而過爲詭異之行也。」再據李心傳之繫年要錄云：「紹興二十九年七月甲子，……於是慨然有不仕之志，築室武夷山中，四方游學之士，從之者如市，上聞其賢故名之，熹卒不至。」（卷一八三）此乃其沽名釣譽，欺惑後世耳。朱熹復將青苗法於南宋孝宗時改爲社倉法，荊公行青苗法則以官辦，以免良法美意而漁肉鄉民。而朱熹之社倉法復歸民間士紳辦之。舊轍復行，縱令土豪劣紳，漁肉鄉民之舉，再屢見不鮮也。（請參閱後章）僅錄數件，以證自認爲一代碩儒道德風範也。

十二、溫公行狀

司馬溫公行狀

蘇　軾撰

曾祖政，贈太子太保，曾祖母薛氏贈溫國太夫人。祖炫試祕書省校書郎，知耀州富平縣事，贈太子太傅，祖母皇甫氏贈溫國太夫人。父池尚書吏部郎中充天章閣待制，贈太師，追封溫國公，母聶氏贈溫國太夫人。

公諱光，字君實，其先河內人，晉安平獻王孚之後。王之裔孫，征東大將軍陽始葬今陝州夏縣涑水鄉，子孫因家焉。自高祖、曾祖皆以五代衰亂不仕，富平府君始舉進士，沒於縣令，皆以氣節聞於鄉里。而天章公以文學行義事，眞宗、仁宗爲轉運使，御史知雜事，三司副使，歷知鳳翔、河中、同、杭、虢、晉六州，以清直仁厚聞於天下，號稱一時名臣。

公自兒童凜然如成人，七歲聞講左氏春秋，大愛之。退爲家人講即了其大義，自是手不釋卷書，至不知飢渴寒暑，年十五書無所不通，文詞醇深，有西漢風。天章公當任子次及公，公推與二從兄，然後受補郊社齋郎。再奏將作監主簿。年二十舉進士甲科，改奉禮郎。以天章公在杭，詞所遷官，求簽書蘇州判官事以便親許之。未上丁太夫人憂，未除，丁天章公憂，執喪累年，毀瘠如禮。服除簽書武成軍判官事，改大理評事，爲國子直講，遷本寺丞。

故相龐籍名知人，始與天章公遊，見公而奇之。及是爲樞密使，薦公召試館閣校勘，同知太常禮院中官。麥允言死，詔以允言有軍功，特給鹵簿。公言：「孔子不以名器假人繁纓，以朝且猶不可，允言近習之臣，非有元勳大勞，而贈以三公之官，給以一品鹵簿，其爲繁纓，不亦大乎？」故相夏竦卒，詔賜謚文正。公言：「謚之美者，極於文正，竦何人，可以當此書。」再上改謚文莊。遷殿中丞，除史館檢討，修日曆，改集賢校理。龐籍爲鄆州徙并州，皆辟公通判州事，公感籍知己爲盡力。

時趙元昊始臣河東，貧甚，官苦貴糴而民疲。於遠輸麟州，窟野河西多良田，皆故漢地，公私雜耕。天聖中始禁田河西者，虜乃得稍蠶食其地，俯窺麟州，爲河東憂。籍請公按視，公爲畫五策。宜因州中舊兵，益禁兵三千、廂兵五百築二堡河西。可使堡外三十里，虜不敢田。則州西六十里無虜矣。募民有能耕麟州閑田者，復其稅役十五年。能耕窟野河西者，長復之耕者，必眾官，雖無所得，而糴自賤，可以漸紓河東之民。籍移麟州如公言，而兵官郭恩勇且狂，夜開城門引千餘人渡河，載酒食不爲戰備，遇敵死之。議者歸罪於籍，罷節度使知青州，公守闕三上書，乞獨坐其事不報，籍初不以此望公，而公深以自咎。籍既沒，升堂拜其妻如母，撫其子如昆弟，時人兩賢之。改太常博士祠部員外郎，直秘閣判吏部南曹，遷開封府推官，賜五品。服交趾，貢異獸，謂之麟。公言：「眞僞不可知，使其眞，非自然而至，不足爲瑞。若僞，爲遠夷笑，願厚賜其使而還其獸。」因奏賦以諷，遷度支員外郎判句院，擢修起居注五詞。而後受判禮部。有司奏六月朔日當食，公言：「故事食滿不分，或京師不見，皆賀。臣以爲日食，四方見京師不見，天意人君爲陰邪所蔽，天下皆知朝廷獨不知，其爲災當益甚，皆不當賀。」詔從之，後遂以爲常。遷起居舍人，同知諫院。

蘇轍舉直言，策入第四等，而考官以爲不當收。公言：轍於同科四人中言最切，直有愛君憂國之心，不可不收。時宰相亦以爲當黜。仁宗不許曰，求直言以直棄之，天下其謂朕何公。遂與諫官王陶同上疏，願爲宗廟社稷自重，卻罷燕飲，安養神氣，後宮嬪御進見有度，左右小臣賜予有節，厚味腊毒無益奉養者，皆不宜數御，上嘉納之。

初，至和三年，仁宗始不豫，國嗣未立，天下寒心，而不敢言。惟諫官范鎮首發其議。公時爲并州通判，聞而繼之。上疏言：禮大宗無子，則小宗爲之後，爲之後者爲之子也。願陛下擇宗室賢者，使攝儲貳，以待皇嗣之生，退居藩服，不然則典宿衛尹京邑，亦足以係天下之望。疏三上，其一留中，其二付中書。公又與鎮書，此大事不言則已，言一出豈可復反，願公以死爭之，於是鎮言之益力。及公爲諫官，復上疏，且面言，臣昔爲并州通判，所上三章，願陛下果斷而力行之。時仁宗簡默不言，雖執政奏事首肯而已。聞公言沈思久之曰：得非欲選宗室爲繼嗣者乎？此忠臣之言，但人不敢及耳！公曰：「臣言此自謂必死，不意陛下開納。」上曰：「此何害，古今皆有之。」因令公以所言付中書，公曰：「不可，願陛下自以意。」喻宰相。

是日公復言：江淮鹽事，詣中書白之，宰相韓琦問公，今日復何所言。公默計，此大事，不可不使琦知，思所以廣上意者，即曰：所言宗廟社稷大計也。琦喻意，不復言。後十餘日有旨，令公與御史裡行、陳洙同詳定行户利害。洙與公屏語曰：日者大饗明堂，韓公攝太尉，洙爲監祭，公從容謂洙，聞君與司馬君實善，君實近建言立嗣事，恨不以所言送中書，欲發此議，無自發之。行户利害非所以煩公也，欲洙見公達此意耳。時嘉祐六年閏八月也。至九月，公復上疏面言，臣向者進説，陛下欣然無難意，謂即行矣。今寂無所聞，此必有小人言，陛下春秋鼎盛，子孫當千億，何遽爲此不祥之事。小人無遠慮，特欲倉猝之際，援立其所厚善者耳。

唐自文宗以後，立嗣皆於出左右之意，至有稱定策，國老門生天子者。此禍豈可勝言哉？上大感悟，曰：送中書。公至中書見琦等曰：「諸公不及今定議，異日夜半禁中出寸紙，以某人爲嗣，則天下莫敢違。」琦等皆唯唯曰：敢不盡力。後月餘詔英宗判宗正寺，固詞不就職。明年遂立爲皇太子，稱疾不入。公復上疏言：凡人爭絲毫之利，至相奪爭。今皇子詞不貲之富，至三百餘日不受命，其賢於人遠矣。有識聞之，足以知陛下之聖，能爲天下得人。然臣聞：父召無諾，君命召不俟駕。而禮使者受命不受詞。皇子不當詞避，使者不當徒反。凡召皇子内臣皆乞責降，且以臣子大義責皇子，宜必入，英宗遂受命。

兗國公主下嫁李瑋，以驕恣聞，公上疏言，太宗時，姚坦爲兗王翊善，有過必諫，左右教王詐疾逾月。太宗召王乳母入問起居狀，乳母曰：「王無疾，以姚坦故鬱鬱成疾耳。」太宗怒曰：「王年少不知爲此，汝輩教之。」杖乳母數十，召坦慰勉之。齊國獻穆大長公主，太宗之子，眞宗之妹，陛下之姑，而謙恭率禮，天下稱其賢。願陛下教子以太宗爲法，公主事夫，以獻穆爲法，已而公主不安於李氏。詔瑋出知衛州，公主入居禁中，而瑋母楊歸其兄瑋，遣散其家人。公言：陛下追念章懿皇后，故使瑋尚主，今乃母子離析，家事流落，陛下獨無雨露之感，悽惻之心乎？瑋既責降，公主亦不得無罪。上感悟，詔公主降封沂國，待李氏恩禮不衰。判檢院權判國子監，除知制誥。力詞至八九，改授天章閣待制兼侍講，賜三品服，仍知諫院。上疏言，經略安撫使，以便宜從事，出於兵興權制，非永世法。及將相大臣典州者，多以貴倨自恃，淩忽轉運使，使不得舉職。朝廷務省事專行姑息之政，至於胥吏讙譁而逐，御史中丞輦官悖慢而退，宰相衛士凶逆，而獄不窮姦澤。加以舊軍人詈三司，使而法官以爲非犯，階級於用法。疑其餘有一夫流言於道路，而爲之變法，推恩者多矣，皆陵遲之，漸不可以不正。

充媛董氏薨，追贈婉儀，又贈淑妃。輟朝成服，百官奉慰，定謚行冊，禮葬給鹵簿。公言：董氏秩本微，病革之日方拜充媛，古者婦人無謚，近制惟皇后有之鹵簿，本以賞軍功，未嘗施於婦人。惟唐平陽公主有舉兵佐高祖定天下之功，乃得給。至韋庶人始令妃主葬日，皆給鼓吹，非令典不足法。時有司新定，後宮封贈法。皇后與妃皆贈三代。公言：別嫌明微，妃不當與后同，袁盎引卻愼夫人坐正爲此耳。天聖親郊太妃，止贈二代，而況妃乎？

知嘉祐八年貢舉仁宗崩。英宗以哀毀致疾，慈聖光獻太后同聽政。公首上疏言：「章獻明肅太后保佑先帝，進賢退姦，有大功於趙氏，特以親用外戚小人，故負謗天下。今太后初攝大政，大臣忠厚如王曾、清純如張知白、剛正如魯宗道、質直如薛奎者，當信用之。鄙猥如馬季良、讒諂如羅崇勳者，當疏遠之，則天下服。」又上疏英宗言：「漢宣帝爲昭帝後，終不追尊，衛太子史皇孫。光武起布衣得天下，自以爲後，元帝亦不追尊。鉅鹿都尉南頓君，惟哀、安、桓、靈皆自旁，親入繼大統。追尊其父祖，天下非之，願以爲戒。

時公所得仁宗遺賜珠金值百餘萬，率同列三上章言：國有大憂，中外窘乏，不可專用乾興故事。若遺賜不可詞則宜許侍從，以上進金錢佐山陵費，不許。公乃以所得珠，爲諫院公使錢。金以遺其舅氏，義不藏於家。

英宗疾，既平皇太后還政，公上疏言：治身莫先於孝，治國莫先於公。其言切至，皆母子間人所難言者。時有司立法，皇太后有所取用，有司奏覆，得御寶乃供。公極論以爲不可。當直下合同，司移所屬立供，如上所取已。乃具數奏太后，以防矯僞。曹佾除使相，兩府皆遷。公言佾無功，而得使相，陛下以慰母心耳！今兩府皆遷無名，若以還政爲功，則宿衛、將帥、內侍、小臣，必有覬望已。而都知任守忠等皆遷。公復爭之。因論守忠大姦，陛下爲皇子，非守忠意，沮壞大策，離間百端，賴先帝不聽，及陛下嗣位，反覆革面，交構兩宮，國之大賊，人之巨蠹，乞斬於都市，以謝天下。詔以守忠爲節度副使，蘄州安置，天下快之。

時有詔陝西刺民兵號義勇，公上疏極論其害。云：「康定慶曆間，籍陝西民爲鄉弓手，已而刺爲保捷指揮，民被其毒，兵終不可用。遇敵先北，正兵隨之，每致崩潰。縣官知其坐食無用，汰遣歸農。

而惰游之人，不能復反南畝。強者爲盜，弱者轉死，父老至今流涕也。今義勇何以異。」此章六上不從，乞罷諫官不許。王廣淵除直集賢院，公言：廣淵姦邪不可近。昔漢景帝爲太子，召上左右飲，衛綰獨稱疾不行。及即位待綰有加。周世宗鎮澶淵，張美爲三司吏，掌州之錢穀，世宗私有求假，美悉力應之。及即位薄其爲人不用。今廣淵當仁宗之世，私自結於陛下，豈忠臣哉？願黜之，以厲天下執政建言。濮安懿王德盛位隆，宜有尊禮。詔太常禮院與兩制議，翰林學士王珪等相顧不敢，先公獨奮筆立議。曰：「爲之後者，爲之子不敢復顧其私親，今日所以崇奉濮安懿王典禮，宜一準用先朝封贈期親尊屬故事，高官大爵，極其尊榮。」議成；珪即敕吏以公手稿爲案，至今存焉。時中外恟恟。御史呂誨、傅堯俞、范純仁、呂大防、趙鼎、趙瞻等皆爭之，相繼降黜。公上疏乞留之不可，則乞與之，皆貶。

初，西戎遣使致祭，而延州指使高宜押伴傲其使者，侮其國王。使者訴於朝，公與呂誨乞加宜罪，不從。明年西戎犯邊，殺略吏士。趙滋爲雄州，專以猛悍治邊，公亦論其不可。至是契丹之民，有捕魚界河，伐柳白溝之南者，朝廷以知雄州，李中祐爲不材，選將代之。公言：國家當戎狄附順時，好與之計較末節，及其桀傲又從而姑息之。近者西戎之禍，生於高宜；北狄之隙，起於趙滋。朝廷方賢此二人故，邊臣皆以生事爲能，今若選將代中祐，則來者必以滋爲法，而以中祐爲戒，漸不可長。宜敕邊吏，疆埸細故，徐以文檄往反，若輕以矢刃相加者，坐之。　京師大水，公上疏論三事，皆盡言無所隱諱，除龍圖閣直學士判流，內銓改右諫議大夫。

知治平四年，貢舉，神宗即位。首擢公爲翰林學士，公力詞不許，上面諭公：古之君子，或學而不文，或文而不學，惟董仲舒、楊雄兼之，卿有文學何詞爲。公曰：臣不能爲四六。上曰：如兩漢制詔可也。公曰：本朝故事不可。上曰：卿能舉進士，取高等，而云不能四六何也。公趨出，上遣內臣至閤門，強公受告，拜而不受，趣公入謝，曰：上坐以待公，公入至廷中，以告置公懷中，不得已乃受，遂爲御史中丞。

初中丞王陶論宰相不押常朝班爲不臣。宰相不從，陶爭之力遂罷，公既繼之言，宰相不押班，細故也。陶言之過，然愛禮存羊則不可已。自頃宰相權重，今陶復以言宰相，罷則中丞不可復，爲臣願俟宰相押班，然後就職。上曰：可。陶既出知陳州，謝章詆宰相不已，執政議再貶陶。公言：陶誠可罪，然陛下欲廣言路，屈已受陶，而宰相獨不能容乎？乃已。

公上疏論修心之要三：曰仁、曰明、曰武。治國之要三：曰官人、曰信賞、曰必罰，其說甚備。且曰：「臣昔爲諫官，即以此六言獻仁宗，其後以獻英宗。今以獻陛下，平生力學，所得盡在是矣！」

公在英宗時與呂誨同論祖宗之制，句當御藥院，常用供奉官以下，至內殿崇班則出。近歲居此位者，皆暗理官資食其廩給，非祖宗大意。又故事，年未五十不得爲內侍省押班，今除張茂則止四十八，不可至是。又言之：因論高居簡姦邪，乞加遠竄。章五上，上爲盡罷寄資內臣，居簡亦補外。未幾復留陳承禮、劉有方二人，公復爭之。又言：近者王中正往陝西知涇州，劉渙等謟事中正，而鄜、延鈐轄，吳舜臣違失其意已。而渙等進擢，舜臣降黜，權歸中正，謗歸陛下。是去一居簡得一居簡，上手詔問公所從知。公曰：「臣得之賓客非一人言，事之有無，惟陛下知之。若無，臣不敢避妄言之罪。萬一有之，不可不察。」詔用官邸直省官郭昭選等四人，爲閤門祇候。公言：國初草創，天步尚艱，故即位之始，必以左右舊人爲腹心耳目，謂之隨龍，非平日法也。閤門祇候，在文臣爲館職，豈可使廝役爲之。

英宗山陵，公爲儀仗使，賜金五十兩，銀合三百兩，三上章詞，從之。邊吏上言，西戎部將嵬名山欲以橫山之衆，取諒祚以降。詔邊臣招納其衆。公上疏極論，以爲名山之衆，未必能制諒祚，幸而勝之，滅一諒祚生一諒祚，何利之有？若其不勝，必引衆歸，我不知何以待之。臣恐朝廷不獨失信於諒祚，又將失信於名山矣！若名山餘衆尚多，還北不可，入南不受，窮無所歸，必將突據邊城，以救其命，陛下獨不見侯景之事乎？上不聽，遣將种諤發兵迎之。取綏州，費六十萬萬，西方用兵，蓋自是始矣。

兼翰林侍讀學士，登州有不成婚，婦謀殺其夫，傷而不死者，吏疑問，即承知州事許遵讞之有司，當婦絞，而詔貸之。遵上議，準律；因犯殺傷而自首者得免，所因之罪，婦當減二等，不當絞。詔公與王安石議之，安石是遵議，公言謀殺猶故殺也，皆一事不可分。若謀爲所因與殺爲二則，故與殺亦可爲二邪，自宰相文彥博以下，皆附公議，然卒用安石言，至今天下非之權。

知審官院百官上尊號，公當答詔，上疏言：先帝親郊，不受尊號，天下莫不稱頌。末年有建言者，國家與契丹有往來書信，彼有尊號而我獨無，以爲深恥。於是群臣復以非時上尊號。昔漢文帝時，單于自稱天地所生，日月所置，匈奴大單于，不聞文帝復爲大名以加之也。願陛下追用先帝本意，不受此名。上大悅，手詔答公，非卿朕不聞此言。善爲答詞，使中外曉然，知朕至誠，非欺眾邀名者，遂終身不復受尊號執政。

以河朔災傷，國用不足，乞今歲親郊，兩府不賜金帛，送學士院取旨。公言：兩府所賜以匹兩計，止二萬未足以救災，宜自文臣兩省，武臣宗室，刺史以上皆減半。公與學士王珪、王安石同對。公言：救災節用宜自貴，近始可聽兩府詞賜。安石曰：常袞詞賜饌時，議以爲袞自知不能當詞位，不當詞祿，且國用不足，非當今之急務也。公曰：袞詞祿猶賢於持祿固位者，國用不足眞急務，安石言非是。安石曰：不足者，以未得善理財者，故也。公曰：善理財者，不過頭會箕斂以盡民財，民窮爲盜，非國之福。安石曰：不然，善理財者不加賦而上用足。公曰：天下安有此理，天地所生財貨百物，止有此數，不在民則在官，譬如雨澤夏澇，則秋旱不加賦，而上用足，不過設法陰奪民利，其害甚於加賦，此乃桑羊欺漢武帝之言，太史公書之，以見武帝不明耳！至其末年盜賊蠭起，幾至於亂。若武帝不悔禍，昭帝不變法，則漢幾亡，爭議不已。王珪進曰：救災節用，宜自貴近始。司馬光言是也。然所費無幾，恐傷國體，王安石言亦是，惟明主裁擇。上曰：朕意與光同，然姑以不允答之。會安石當制，遂引常袞事責兩府，兩府亦不復詞。

兼史館修撰。上問公可爲諫官者，公薦呂誨，誨以天章閣待制知諫院。詔：公與張茂則同相視二股河，及生堤利害。公用都水監丞宋昌言策，乞於二股之西置上約，約水東流，若東流日深，北流自淺，薪芻漸備，乃塞其北，放出御河、胡盧河下流，以紓恩冀深瀛以西之患。時議者多不同，公於上前反覆論難甚苦，卒從之。後皆如公言，賜詔獎諭。

王安石始爲政，創立制置三司條例司，建爲青苗、助役、水利、均輸之政。置提舉官四十餘員，行其法於天下，謂之新法。公上疏逆陳其利害。日後當如是，行之十餘年，無一不如公言者，天下傳誦以公爲眞宰相，雖田父野老皆號公司馬相公，而婦人孺子知其爲君實也。邇英進讀至蕭何、曹參事。公曰：參不變何法，得守成之道，故孝惠高后時天下晏然，衣食滋殖。上曰：漢守蕭何之法，不變可乎？公曰：何獨漢也！使三代之君，常守禹、湯、文、武之法，雖至今存可也。武王克商曰：乃反商政，政由舊然，則雖周亦用商政也。書曰：「無作聰明亂舊章。」漢武帝用張湯言，取高帝法紛更之，盜賊半天下。元帝改宣帝之政，而漢始衰，由此言之，祖宗之法不可變也。後數日呂惠卿進講，因言先王之法，有一年而變者，正月始和布法象魏是也。有五年一變者，巡狩考制度是也。有三十年一變者，刑罰世輕世重是也。有百年不變者，父慈子孝兄友弟恭是也。前日光言非是其意，以諷朝廷，且譏臣爲條例司官耳！上問公惠卿言何如？公日：布法象魏布舊法也。何名爲變？若四孟月朔，屬民讀法爲時變月變耶，諸侯有變禮易樂者，王巡守則誅之，王不自變也。刑新國用輕典，亂國用重典，平國用中典，是爲世輕世重非變也。且治天下，譬如居室弊則修之，非大壞不更造也，大壞而更造，非得良匠美材不成，今二者皆無有，臣恐風雨之不庇也。公卿、侍從皆在此，願陛下問之。三司使掌天下財，不才而黜可也。不可使兩府侵其事，令爲制置三司條例司何也？宰相以道佐人主，安用例？苟用例而已，則胥史足矣。今爲看詳中書條例司何也？惠卿不能對。則詆公曰：光爲侍從何不言，言而不從何不去。公作而答曰：是臣之罪也。上曰：相與論是非耳，何至是。

講畢賜坐，户外將出，上命徙坐户内，左右皆避去。上曰：朝廷每更一事，舉朝恟恟何也？王珪曰：臣疏賤在闕門之外，朝廷之事，不能盡知，借使聞之道路，又不知其虛實也。上曰：聞則言之。公曰：青苗出息，平民爲之，尚能以蠶食下户，至飢寒流離，況縣官法度之威乎？惠卿曰：青苗法願取則與之，不願不強也。公曰：愚民知取債之利，不知還債之害，非獨縣官不強，富户亦不強也。臣聞作法於涼，其弊猶貪，作法於貪，弊將若之何？昔太宗平河東，立和糴法時，米斗十餘，草束八錢，民樂與官爲市。其後物貴，而和糴不解，遂爲河東世世患，臣恐異日之青苗，猶河東之和糴也。上曰：陝西行之久矣，民不以爲病。公曰：臣陝西人，也見其病，不見其利，朝廷初不許也。而有司尚能以病民，況立法許之乎？上曰：坐倉糴米何如？坐者皆起曰：不便，上已罷之，幸甚。上曰：未罷也。公曰：京師有七年之儲，而錢常乏。若坐倉錢益乏，米益陳奈何？惠卿曰：坐倉得米百萬斛，則省東南百萬之漕，以其錢供京師，何患無錢？公曰：東南錢荒而米狼戾，今不糴米而漕，錢棄其有餘，取其所無，農末皆病矣！侍講吳申起曰：光言至論也。公曰：此皆細事，不足煩人主，但當擇人而任之，有功則賞，有罪則罰，此則陛下職也。上曰：然。文王罔攸兼于庶言、庶獄、庶愼，惟有司之牧。夫公趨出。上曰：卿得無以惠卿之言，不亦樂乎！公曰：不敢。

韓琦上疏論青苗之害，上感悟欲罷其法，安石稱疾求去。會拜公樞密副使，公上章力詞至六七，曰：上誠能罷制置條例司，追還提舉官，不行青苗、助役等法。雖不用臣，臣受賜多矣，不然終不敢受命。上遣人謂公樞密兵事也。官各有職，不當以他事爲詞。公言：臣未受命，則猶侍從也，於事無不可言者。安石起視事，青苗法卒不罷。公亦卒不受命，則以書喻安石三往返，開喻苦至，猶幸安石之聽而改也。且曰：「巧言令色鮮矣仁。」彼忠信之士，於公當路時，雖齟齬可憎，後必徐得其力。諂諛之人，於今誠有順適之快，一旦失勢，必有賣公以自售者，意謂呂惠卿。對賓客輒指言之曰：覆王氏者必惠卿也。小人本以利合，勢傾利移，何所不至。其後六年而惠卿叛安石，上書告其罪，苟可以覆王氏者，靡不爲也。由是天下服公先知！

公求補外，上猶欲用公，公不可。以端明殿學士出知永興軍，朝辭進對，猶乞免本路青苗、助役。宣撫使下令分義勇四番，欲以更戍邊，選諸軍驍勇，募閭里惡少爲奇兵，調民爲乾糧𩛾飯。雖內郡不被邊，皆修城池、樓櫓，如邊境且遣兵就糧，長安、河中、邠三輔騷然。公上疏極言：方凶歲公私困弊，不可舉事。而永興一路城池、樓櫓皆不急，乾糧𩛾飯昔嘗造，後無用腐棄之。宣撫司令臣皆未敢從。若之軍興臣坐乏，於是一路獨得免。頃之，詔移知許州不赴，遂乞判西京留司御史臺以歸，自是絕口不論事，以祀明堂，恩加上柱國。

至熙寧七年，上以天下旱蝗，詔求直言。公讀詔泣下，欲默不忍。乃復陳六事：一青苗、二免役、三市易、四邊事、五保甲、六水利，此尤病民者宜先罷。又以書責宰相吳充，天子仁聖如此，而公不言何也。

元豐五年，公忽得語澀疾，自疑當中風，乃豫作遺表，大略如六事加詳盡，感慨親書緘封置臥內，且死當以授所善范純仁、范祖禹使上之。凡居洛十五年，再任留司御史臺四任，提舉崇福宮官制，行改太中大夫，加資政殿學士。神宗崩，公赴闕臨，衛士見公入，皆以手加額曰，此司馬相公也。民遮道呼曰：公無歸洛，留相天子活百姓，所在數千人聚觀之，公懼會放辭謝，遂徑歸洛。

太皇太后聞之，詰問主者，遣使勞公，問所當先者，公言：近歲士大夫以言爲諱，閭閻愁苦於下，而上不知，明主憂勲於上，而下無所訴，此罪在群臣，而愚民無知，歸怨先帝，宜下詔，首開言路從之。下詔，牓朝堂，而當時有不欲者，於詔語中，設六事以禁切言者，曰：若陰有所懷犯，非其分，或扇搖機事之重，或迎合已行之令，上以覬望朝廷之意，以僥倖希進。下以眩惑流俗之情，以干取虛譽。若此者必罰無赦。

太皇太后封詔草以問公，公曰：此非求諫，乃拒諫也。人臣惟不言，言則入六事矣。時太府少卿宋彭年、水部員外郎王諤，皆應詔言，事有欲借此二人，以懲天下言者，皆以非職而言，贖銅三十斤。公具論其情，且請改賜詔書，行之天下從之。於是四方吏民言新法不便者，數千人。公方草具所當行者，而太皇太后已有旨：散遣修京城役夫，罷減皇城內覘者，止御前工作出近侍之，無狀者三十餘人，戒敕中外，無敢苛刻暴歛，廢導洛司物貨場，及民所養户馬、寬保馬，限皆從中出，大臣不與。公上疏謝，當今急務陛下略已行之矣。小臣稽慢，罪當萬死。詔除公知陳州。且過闕入見使者，勞問相望於道，至則拜門下侍郎，公力詞不許，數賜手詔：先帝新棄天下，天子沖幼，此何時而君詞位耶！公不敢復詞，以覃恩遷通議大夫。初神宗皇帝以英偉絕人之資，勵精求治。凜凜乎！漢宣帝、唐太宗之上矣！而宰相王安石用心過當，急於功利，小人得乘間而入，呂惠卿之流以此得志，後者慕之，爭先相高，而天下病矣。先帝明聖獨覺其非，出安石金陵，天下欣然，意法必變。雖安石亦自悔恨其去而復用也。欲稍自改，而惠卿之流，恐法變身危持之不肯改。然先帝終疑之，遂退安石八年不復召，而惠卿亦再逐不用。

元豐之末，天下多故，及二聖嗣位，民日夜引領以覲新政。而進說者；以爲三年無改於父之道，欲稍損其甚者，毛舉數事，以塞人言。公慨然爭之曰：先帝之法其善者，雖百世不可變也。若安石惠卿等所建，爲天下害，非先帝本意者改之，當如救焚拯溺猶恐不及。昔漢文帝除肉刑，斬右趾者棄市，笞五百者多死，景帝元年即改之。武帝作鹽鐵、榷酤、均輸等法，昭帝罷之。唐代宗縱宦官公求賂遺，置客省拘滯四方之人。德宗立，未三月罷之。德宗晚年爲官市，五坊小兒橫暴鹽鐵，月進羨餘。順宗即位罷之。當時悅服，後世稱頌，未有或非之者也。況太皇太后以母改子，非子改父，衆議乃定。

公以爲治亂之機，在於用人，邪正一分，則消長之勢自定。每論事，必以人物爲先，凡所進退，皆天下所謂當然者，然後朝廷清明，人主始得聞天下利害之實。遂罷保甲、團教，依義勇法歲一閱，保馬不復買，見在者還監牧給諸軍。廢市易法，所儲物皆鬻之，不取息。而民所欠錢，皆除其息。京東鑄鐵錢，河北、江西、福建、湖南鹽及福建茶法，皆復其舊。獨川峽茶以邊用，未即罷，遣使相視去其甚者。户部左右曹錢穀皆領之尚書。凡昔之三司使事有散隸五曹及寺監者，皆歸户部。使尚書周知其數量，入以爲出，於是天下釋然。曰：此先帝本意也，非吾君之子不能行吾君之意。時獨免役、青苗、將官之法猶在，而西戎之議未決也。

山陵畢，遷公正議大夫，公自以不與顧命不敢當，詔不許。元祐元年正月公始得疾，詔公與尚書左丞呂公著，朝會與執政異班再拜而已不舞蹈。公疾益甚，歎曰：四患未除，吾死不瞑目矣！乃力疾上疏論免役五害，乞直降敕罷之。率用熙寧以前法，有未便州縣監司節級以聞，爲一路一州一縣法，詔即日行之。又論西戎大略，以和戎爲便，用兵爲非。時異議者甚眾，公持之益堅。其後太師文彥博議與公合，眾不能奪。又論將官之害，詔諸將兵皆隸州縣，軍政委守令通決之。又乞廢提舉常平司，以其事歸之轉運使及提點刑獄。公謂監司多新進少年務爲刻急，天下病之。乞自太中大夫待制以上，於郡守中舉轉運使提點刑獄，於通判中舉轉運判官。又以文學德行吏事武略等爲十科，以求天下遺才。命文臣升朝以上歲舉經明行脩一人，以爲進士高選皆從之。拜左僕射。疾稍間將起視事，詔免朝覲，許以肩輿，三日一入都堂或門下尚書省，公不敢當。曰：不見君不可以視事。詔公肩輿至內東門，子康扶入對小殿，且曰：毋拜。公惶恐入對延和殿再拜。遂罷青苗錢，專行常平糶糴法。以歲上中下熟爲三等，穀賤及下等則增價糴，貴及上等則減價糶，惟中等則否。及下等而不糴，及上等而不糶，皆坐之時。

二聖恭儉慈孝，視民如傷，虛己以聽公。公知無不爲，以身任天下之責。數月復病，以九月丙辰朔薨於西府，享年六十八。太皇太后聞之慟，上亦感涕不已。時方躬祀明堂，禮成不賀。二聖皆臨其喪，哭之哀甚，輟視朝，贈太師溫國公，禭以一品禮服，賻銀三千兩，絹四千匹，賜龍腦水銀以斂。命戸部侍郎趙瞻入内，内侍省押班馮宗道護其喪，歸葬夏縣，官其親族十人。公忠信孝友恭儉正直，出於天性，自少及老，語未嘗妄，其好學如飢之嗜食，於財利紛華如惡惡臭，誠心自然，天下信之。退居於洛，往來陜郊陜洛間，皆化其德，師其學，法其儉，有不善曰：君實得無知之乎？博學無所不通；音樂、律歷、天文、書數皆極其妙。晚節尤好禮；爲冠、婚喪、祭法適古今之宜。不喜釋老，曰：其微言不能出吾書，其誕吾不信，不事生產。買第洛中，僅庇風雨，有田三頃，喪其夫人，質田以葬。惡衣菲食，以終其身。自以遭遇聖明，言聽計從，欲以身徇天下，躬親庶務，不舍晝夜，賓客見其體羸。曰：諸葛孔明二十罰以上皆親之，以此致疾，公不可以不戒。公曰：死生命也，爲之益力，病革諄諄不復自覺，如夢中語，然皆朝廷天下事也。既沒，其家得遺奏八紙上之，皆手扎論當世要務。京師民畫其像，刻印鬻之，家置一本，飲食必祝焉。四方皆遣人購之，京師時畫工有致富者。

有文集八十卷，資治通鑑三百二十四卷，考異三十卷，歷年圖七卷，通歷八十卷，稽古錄二十卷，本朝百官公卿表六卷，翰林詞草三卷，注古文孝經一卷，易說三卷，注繫辭二卷，注老子道德論二卷，集注太元經八卷，大學中庸義一卷，集注楊子十三卷，文中子傳一卷，河外諮目三卷，書儀八卷，家範四卷，續詩話一卷，遊山行記十二卷，醫問七篇，其文如金玉穀帛藥石也。必有適於用，無益之文，未嘗一語。及之初，公患歷代史繁重，學者不能綜，況於人主，遂約戰國至秦二世，如左氏體爲通志八卷以進，英宗悅之，命公續其書，置局秘閣，以其素所賢者劉攽、劉恕、范祖禹爲屬官，凡十九年，而成起周威烈王訖五代，上下一千三百六十二載。其是非疑似之間，皆有辨論。一事而數說者，必考合異同而歸之一，作考異以志之。神宗尤重其書，以爲賢於荀悅，親爲製敘，賜名《資治通鑑》。詔邇英讀其書，賜潁邸舊書二千四百二卷，書成拜資政殿學士，賜金帛甚厚。娶張氏，禮部尚書存之女，封清河郡君，先公卒，追封溫國夫人，子三人，唐、童皆早亡，康今爲秘書省校書郎。孫二人植、桓皆承務郎。

公歷事四朝，皆爲人主所敬，然神宗知公最深，公思有以報之。常摘孟子之言曰：「責難於君謂之恭，陳善閉邪謂之敬，吾君不能謂之賊。」故雖議論違忤，而神宗識其意，待之甚厚，及拜資政殿學士，蓋有意復用公也。夫復用公者，豈徒然哉，將必行其所言，公亦識其意，故爲政之日，自信而不疑。嗚呼！若先帝可謂知人矣。其知之也深，公可謂不負所知，其報也大。軾從公遊二十年，知公生平爲詳，故錄其大者爲行狀，其餘非天下所以治亂安危者皆不載，謹狀。

（轉錄匋齋校刊本東坡集卷三十六）

讀後語：

一、司馬光之胸襟：

司馬光場屋得意較早，於仁宗寶元二年時即已進士及第，荊公於三年後仁宗慶曆二年始登榜，其年歲亦較荊公爲長，荊公自步入仕途，拒作京官均任府縣等職。而司馬光一向館閣京官。仁宗朝時，上疏論修心之論：曰仁、曰明、曰武；論治國之道：曰官人、曰信賞、曰必罰，爲仁宗所深信之。復又立嗣之議，並爲仁宗准奏，而冊立英宗，以致春風得意之態耳（宋史卷三三六司馬光傳）。

英宗朝時再將修心、治國之論獻於英宗，復有倡議冊立之情，故又得英宗之寵信，更爲濮議之爭，夥同呂誨等力劾韓琦、歐陽修等皆外貶，歐陽修後貶亳州即是一例。驕縱心態則不可一世耳！

神宗登基後對其恩寵亦然有加，如蘇軾所撰司馬溫公行狀（以后簡稱行狀）所言：神宗即位首擢其爲翰林學士，司馬光拒受，而令內臣強其受告，特將告置其懷中等情。司馬光可言爲三朝寵臣，其驕縱心態，不言而喻矣！

荊公得信於神宗，乃由於神宗於潁王即予關心朝政，故如清代趙翼之二十二史劄記云：「……而不知實根柢於神宗之有雄心也。帝自命大有爲之才，嘗欲克復燕雲，恢張先烈。當其爲潁王時，已與韓維論功名。……則帝意在用武開邊，復中國舊地，以成蓋世之功。而環顧朝臣，皆習故守常，莫有能任其事者，安石一出，悉斥爲流俗，別思創建非常，突過前代，帝遂適如所願。」（卷二十六　王安石之得君）故神宗即位，雄心躍躍欲試，立意維新圖強，因荊公上仁宗萬言書，蓄意改革朝政，命韓維自金陵將荊公召入汴京，創制新法，而司馬光諸人等閒散置，於司馬光感受何可容忍之，實有士可殺而不可辱之態！故對新法施行無不掣肘刁難。如保甲法之執行與「省兵」一案，歐陽修極力贊同，即如元祐黨人范鎮、蘇軾均表附議，獨司馬光一人反對之。

行狀所言：太宗時姚坦諫兗王爲善，忠心職守，正義諍言，體國恤民，不避禍福之壯舉，而司馬光則未有爲之矣！僅諫奏宮闈瑣事，是故北宋三朝未見強國利民之諫也。茲特將宋代國老談苑（撰者佚名），所記姚坦恭忠體國之義行錄於后：

國老談苑：眞宗在朱邸時，諸王競營假山，兗王山成，合宴以賞，眞宗預焉。酒方洽，王謂侍讀姚坦曰：「是山崇麗乎？」坦曰：「聚血耳！何山之謂也。昔年夏侯嶠爲宛丘，令田賦充而還督刑之血，日沃于庭，此山之工實倍賦，非聚血而何？」上不懌，而輟宴還第，乃去山爲壁，寫儒行篇，他日對而命宴。坦叩頭謝曰：「非英賢何能及此。」太宗聞之，意有屬焉。（卷一）

數閱行狀，未見司馬光有此壯舉，蘇軾洋洋灑灑近萬言之鉅作，所言皆宮闈瑣事，自命爲「司馬相公」，豈不令人汗顏耶！取姚坦爲例，未能掠人之美，反自曝其醜，憾之！愧之！

宣仁皇后垂箔，避免慈聖曹后故事，啓用司馬光執政，原貶朝臣得勢還朝，恢復舊政，司馬光特將新法朝臣貶黜，罷革新法，元祐黨人范純仁諫言：「去其泰甚者可也。差役一事，尤當熟講而行，不然，滋爲民病，願公虛心以延衆論，不必謀自己出，謀自己出，則諂諛得乘間合矣！役議或難回，則可先行諸一路，以觀其究竟。光不從持之益堅。」又曰：「是使人不得言爾，若欲媚公以爲容悅，何如少年合安石以速富貴哉！」（宋史卷三百十四　范純仁傳）由此可見司馬光心態作祟矣！最終悉數罷革新法，乃出自報復耳。非如行狀所言：雖田父野老皆號司馬相公，而婦人孺子知其爲君實也。

司馬光心胸狹窄，氣度偏激，自與荊公三書中，不難見其倪端。猶以第一書中所言，豈止詆詖而已，幾乎近似謾罵，其結語所言：「介甫其受而聽之，與罪而絕之，或詬詈而辱之，與言於上而逐之，無不可者，光俟命而已。」此豈爲一代鴻儒之言耶！反顧荊公答書則彬彬然（請參閱前第十一章司馬光節內）。

熙豐新法全出於神宗一人之詣旨，荊公係爲策畫執行而已。司馬光竭力阻擾，先奏稟神宗，意圖中輟而不果。如行狀中言：「光曰：上誠能罷制置條例司，追還提舉官，不行青苗、助役等法，雖不用臣，臣受賜多矣，不然終不敢受命。上遣人謂公樞密兵事也，官各其職，不當以他事爲詞。」神宗之意，乃命司馬光不必再干擾新法之實施。由此足證神宗施行新法意志之堅矣。而司馬光尚不自省，向神宗奏議不准反要脅荊公，強令荊公罷除新法而後快。此豈非強人所不能爲之也。于其第一書中所云：「光竊念主上親重介甫，中外群臣，無能及者，動靜取捨，惟介甫之爲信。介甫曰可罷，則天下之人咸被其澤；曰不可罷，則天下之人咸被其害。方今生民之憂樂，國家之安危，惟繫介甫之一言，介甫何忍必遂己意，而不卹乎？」君主之旨臣可違拗之矣乎，豈非令荊公挾泰山以朝北海耶！司馬光何其不明事理乎！司馬光所言：「生民被其澤」，實非生民被其澤，而司馬光獨得其利哉！荊公謝世，聞見錄載之：司馬光言：介甫無他但執拗耳。如是，司馬光之執拗較荊公豈不倍蓰之耶?!

依行狀所載，司馬光雖言爲鴻儒，亦難免流俗，於仁宗等三朝之奏議，如：兗國公主凌虐附馬李瑋事，充媛董氏葬儀事，洋洋灑灑將近萬言，皆宮闈瑣碎之事，即濮議之事，何嘗不係宮闈瑣事耳。然富國強民則未有可讀一案，頗使後人失望長歎矣！誠不識蘇軾撰此行狀，對司馬光是褒抑或是貶？後世之人實不解矣！

二、青苗法之優劣：

青苗法之優劣，後世已有公斷，今之國際啓用此法爲數不寡，豈可武曲而言之爲禍民之法也。行狀中錄有呂惠卿之言，可判是非。其云：「公曰：青苗出息，平民爲之，尙能以蠶食下戶，至飢寒流離，況縣官法度之威乎？惠卿曰：青苗法願取則與之，不願不強也。公曰：愚民知取債之利，不知還債之害，非獨縣官不強，富戶亦不強也。」若夫愚民僅知取債之利，而不識還債之害，此人性之貪婪也。縣官法度之威，乃人謀不臧也，非青苗法立法原意之不良也，豈不可矯正之。苟以執法不善而驟予廢止，豈不是因噎廢食耶？至於行狀所言，愚民知取債之利，不知還債之害。愚民無力還債，州縣催討將有鞭笞之舉矣。州縣催討租稅而予鞭笞，亦非起於青苗法也。依行狀中刊兗王與姚坦之事，於涑水記聞亦載之。有關鞭笞之舉，豈僅止於青苗法也。茲錄於后：

涑水記聞：兗王宮翊善，姚坦好直諫，王嘗作假山，所費甚廣。既成，召官屬置酒共觀之。衆皆褒歎其美，坦獨俯首不視，王強使視之，坦曰：坦見血山耳！安得假山？王驚問何故？坦曰：坦在田舍時，見州縣督稅峻急，里胥臨門捕人父子、兄弟，送縣鞭笞，血流滿身，此假山皆民租賦所出，非血山而何？（卷二）

如上言：鞭笞之舉，豈獨青苗法歟？苛捐雜稅，亦復如是耶！據二十二史劄記云：「至安石則初知鄞縣時，貸穀於民，立息以償，俾新陳相易，民甚便之。安石操履廉潔，親施之於一縣，自有利而無害。」（卷二十六　青苗法不始於王安石）足證新法完無瑕，所生差弛，乃係執行之人所爲之舛謬耳！（明代李日華亦作此言，詳第九章，請參閱。）

青苗法並非荊公所首創，據司馬光所編資治通鑑云：「唐代宗廣德二年秋七月，稅天下青苗錢以給百官俸。」胡省三注云：「乾元以來，天下用兵，京中百僚，俸錢減耗。……大曆五年五月，詔京兆府應徵青苗、地頭錢。」苟如是青苗法可言沿用唐代舊制耳。司馬光既知唐代已施行青苗之利，而又公然抵制青苗法，豈不自摑其頰耶？（通鑑卷二二三）

荊公於熙寧二年執政之初，並未驟然實施青苗法，曾與蘇轍研議，轍曰：「以錢貸民，使出息二分，本以救民非爲利也。然出納之際，吏緣爲姦，雖有法不能禁，錢入民手，雖良民不免妄用，及其納錢，雖富民不免踰限，如此則恐鞭箠必用州縣之事，不勝煩矣！」……安石曰：「君言誠有理，當徐思之。」此逾六月不言青苗（宋史卷三三九蘇轍傳）。河北轉運判官王廣廉奏，乞度僧牒數千爲本錢，於陝西漕司私行青苗，春散秋斂，與安石意合，於是青苗法遂行。又：王廣廉所奏係李參之事；「參知興元府淮南京西陝西轉運使，部多戍兵苦食求參，審定其闕令，民自隱度麥粟之贏，先貸以錢，穀熟還之，官號青苗錢。經數年廩有美糧，熙寧青苗法蓋萌於此。」（宋史卷三三零　李參傳）如此青苗之舉，何委諸荊公之一身歟？青苗法未必之爲不善，蘇軾於烏臺詩案中，大肆訌訐公使錢之不足，如是青苗法爲充實府庫，何又爲之不當歟？清代李紱所著青苗社倉議一篇、明代葉盛之水東日記，皆對青苗法剖說綦詳，尤以水東日記轉記南宋黃震於孝宗咸淳時，實行社倉法與青苗法有異曲同工之處，青苗法僅爲人謀不臧，社倉法亦復如是，豈可獨怨青苗法歟？茲摘錄於后：

青苗社倉議：朱子社倉之法，與青苗同，相沿至今近六百年，後人以爲朱子之所爲也。輒欲仿而行之，然往往暫行而輒廢，未見其利而先受其弊者，徒知法爲朱子之法，不自量其人非朱子之人，則亦青苗之法也。……社倉初行，息取十二，夏放而冬收，與荊公青苗之法無異。……是故奉行而得其人，則青苗亦社倉矣；奉行而非其人，則社倉即青苗矣。且青苗之法，後人畏其名而不敢行，社倉之法，後人慕其名亦不能行。……而以今日之事論之，則青苗者，其立法之本意，固未爲不善也。程頤嘗論之，而不免於悔其已甚而有激云云。（原文未見，錄自考略卷十八）

水東日記：……朱文公社倉法主於減息以濟民，王荊公青苗法亦主于減息以濟民。而利害相反者；青苗法行之以官司，社倉主之以鄉曲耳。（卷三十八）

朱熹婺州金華縣社倉記云：凡世俗之所以病乎此者，不過以王氏之青苗法爲說耳。以予觀於前賢之論，而以今日之事驗之。則青苗法者：其立法之本意，固未爲不善也。但其給之也，以金而不以穀；其處之也，以縣而不以鄉；其職之也，以官吏而不以鄉人士君子；其行之也，以聚斂亟疾之意，而不慘怛忠利之心，是以王氏能行於一邑，而不能行於天下。

考略評曰：朱子此論甚持平，然他日所謂惑亂聰明，變移心術，爲一世禍敗原者，又何也？

（錄於考略附存卷一）

青苗法之施行，乃由於官府承辦，誠如六研齋筆記所言：荊公於鄞縣施行青法，自行督辦，吏司未可有苟且營私之弊。而熙寧新法實施，委諸州縣，鞭長莫及，遂有人謀不臧之害矣。復又有司馬光等舊臣從中掣肘，焉有不失敗之理乎！社倉法由民間各自辦理，其弊依然矣。據水東日記轉載黃震之言，社倉之弊亦在取息，民困於息，將息變本，本再收息，如是輾轉，民何聊生歟？朱熹之社倉法，不可諱言，乃自荊公之青苗法託化而成之。其經託化後，依舊百弊叢生，朱熹曾攻青苗法不遺餘力，而其所作社倉法，亦不過如此耳。荊公之青苗法，委諸州縣，乃求公允；社倉法復轉回民營，土豪劣紳則以剝削貧民，以息滾息，民不堪其苦，而有轉次溝壑矣。奈何！哀哉！（水東日記原文於本章後附錄之）

元代王惲之玉堂叢話亦作類似淺顯釋言，云：「青苗錢如今之預取麥錢也，假如即日麥價一貫，借與五百，將來徵麥一石。」（卷五）元代亦施行青苗法耳！

三、呂惠卿之評議：

三書與行狀詆詖主體則爲荊公，自不待言。而倍爭議者則爲呂惠卿。呂氏果如此貪佞不肖乎？似有未必。如第一書言：「……彼諂諛之人，欲依附介甫，因緣改法，以爲進身之資，一旦罷局，譬如魚之失水，此所以挽引介甫，使不得由直道行者也。」行狀特列此言，云：「諂諛之人，於今誠有順適之快，一旦失勢，必有賣以自售者，意謂呂惠卿。對賓客輒指言之曰：覆王氏者必惠卿也。」然荊公初任用呂惠卿與蘇轍等人，同爲三司條例司檢詳文字。且爲歐陽文忠公所推薦：文忠公獨將呂惠卿推薦予荊公並推舉於朝廷，此何言哉？特將原文錄於后：

文正公舉劉攽、呂惠卿充館職劄子（嘉祐六年）

臣伏見前廬州觀察推官劉攽，辭學優贍，履行修謹，記聞該博，可備朝廷詢訪。前眞州軍事推官呂惠卿，材識明敏，文藝優通，好古飭躬，可謂端雅之士。並宜置之館閣，以副聖朝養育賢材之選。……（文忠公全集卷四奏議集）

與王介甫書（嘉祐三年）

……古之君子，去就乃若是呂也，惠卿學者罕能及攽更與切磨之，無所不至也。……（文忠公全集卷六書簡）

至於行狀所言：「其後六年而惠卿叛安石，上書告其罪。」然梁任公於評傳中則又有釋意，其云：「荊公初罷政，惠卿繼之，創爲手實法及鬻祠法，皆厲民之政非荊公意，公復相即罷之。夫惠卿敢於亂荊公之法，雖謂之叛荊公焉可也，」宋史爲元祐後人，依朱熹之五朝名臣言行錄王安石傳所撰，對呂惠卿污衊倍至。惟對呂惠之文治武功隻字不提。茲將呂惠卿之文治武功，茲詳記於后：

惠卿以父喪去服，除召爲天章閣侍讀……，與王雱同修三經新義。……

惠卿遣步騎二萬，襲夏人於聚星泊，斬首六百級。……夏人復入寇，將以全師圍延安，惠卿修米脂諸砦以備，寇至欲攻則城不可近，欲掠則野無所得，欲戰則諸將按兵不動，欲南則懼背腹受敵，留二日即拔栅去。（宋史卷四七一　呂惠卿傳）

（至於本傳後記：荊公晚年於金陵常書呂惠卿爲「福建子」一節，此乃宋史編纂時鈔襲邵伯溫于聞見錄所揑造之，不足爲信。詳聞見錄卷十二）

試舉一例：南宋王暐之道山清話中刊載，司馬光與呂惠卿爲新法對話一節，極其詆詖，茲錄於后：

道山清話：司馬君實與呂吉甫在講筵因論變法事，至於上前紛拏。上曰：相與講是非，何至乃耳，即罷講。君實氣貌愈溫粹，而吉甫怒氣服膺，移時尚不能言。人言：一箇陝西人，一箇福建子，怎生廝合得著。（全一集）

四庫全書於提要云：「道山清話：成書次徽宗時，中詆王安石之姦，於程頤及劉摯亦不甚滿，惟記蘇、黃、晁、張交際議論特詳，其爲蜀黨中人，固灼可見矣。」其所言，司馬光之氣貌溫粹，乃謄自行狀而拾人牙慧耳。司馬光卒於元祐元年，至於與呂惠卿爭論應爲熙寧七年，荊公第一次辭相之時，司馬光於熙寧三年任永興軍而至洛陽，爭論一事，應予存疑。至於王暉成書於徽宗之時，相距三十年之久，何能親見之。而司馬光與荊公第一書，其言詞咄咄逼人，又何言之歟？嗚呼！元祐黨人誠可悲也。

荊公氣度恢宏，罷相返回金陵後，再不言及朝政，即如蘇軾對荊百般詆詖，而荊公仍稱其爲人之龍也，豈會對呂惠卿如此，而書福建子歟？此皆元祐黨人所揑造之也。

四、蘇軾所撰行狀：

蘇軾之對新法攻訐，已無所不用其極，而其晚年則頗具悔意，其與滕達道書云：

某欲面見一言者，蓋爲吾儕新法之初，輒守偏見，至有異同之論。雖此心耿耿，歸於憂國而所言，差謬少有中理者。今聖德日新，眾化大成，回視向之所執，益覺疏矣。若變志易守，以求

進取，固所不敢。若譊譊不已，則憂患日深。（寒喧部份略之）……（東坡續集　卷四與滕達道書二十三封之十九）

靖康之恥，衣冠南渡，雖知新法之利，黨禍之害，爲時已晚，且騎虎難下，元祐黨人其鳴雖也哀，亦無可何如矣！程頤、蘇軾俱有此哀鳴？與事已無補歟！

有關募役法，經梁任公釋之云：「募役法者：變當時最病民之差役制以爲募役制，而令民出代役之稅，以充募資，實近於一種人身稅，而其辦法極類今文明國之所得稅，荊公救時惠民之一良政也。蘇軾則言：自古役人之必用鄉戶，猶食之必用五穀。……蘇轍則言：役人之不可不用鄉戶，猶官吏之不可不用士人。故任公評曰：「當時之攻新法者，其肺肝如見矣！如二蘇言，認鄉民之助役，爲天經地義而不可拔，此陷溺於階級制度之陋俗，以爲天下之生民生而有貴賤也。……」（此節錄自任公之王安石評傳）蘇氏昆仲實乃士大夫心態作祟耳！然於元祐司馬光罷募役法爲差役法時，蘇軾卻又反對之，誠前後言行不一也。（續通鑑卷七十九）

司馬光於洛陽之獨樂園一節，於蘇軾筆下顯有矛盾；行狀中記：「買第洛中，僅庇風雨，有田三頃，喪其夫人，質田以葬。」等云云。依玉篇釋之：田百畝爲頃。洛陽爲北宋首善之區，如置產三頃，可言爲之豪富，夫人謝世，何庸質田。行狀又言：其於仁宗時所受賜賞，金珠值百餘萬，欲獻予仁宗修山陵之資，不許。如此何須質田以葬妻歟？且獨樂園氣勢恢宏（請參閱第七章）。蘇氏昆仲均撰詩賀之。行狀又云：資治通鑑書成之後，拜資政殿學士，賜金帛甚厚。依此概論：行狀所言，令後人難予置信之。試舉一例而證其非，元代陳世隆之北軒筆記有云：「司馬公置獨樂園，當春明之際，卉木繁秀，觀者咸以錢與園丁呂直，謂之茶湯錢。積十千而納於公，公卻之。……」（僅一卷）如是，司馬光何致阮囊羞澀，質地葬妻耳？蘇軾苟若一派謊言，可令人作嘔耶！

烏臺詩案「題司馬君實獨樂園」云：「……先生獨何事，四方望陶冶。兒童誦君實，走卒知司馬。」自言爲譏諷朝廷用人不當也。是故行狀所云：「田父野老，婦人孺子皆知司馬君實，亦爲譏諷朝廷用人不當，實影射荊公及呂惠卿等之不當也。

行狀又云：「神宗即位，首擢公爲翰林學士，……公曰：臣不能爲四六（駢文）。」此言猶恐不實，司馬光亦擅長短句，其所塡〔西江月〕一闋，刊于白香詞譜中第二十五闋。對音韻並非一竅不通，四六體於二十二史劄記云：「宋四六多用於本朝事。」（卷二十六）茲依與荊公第一書摘之：其云：「彼諂諛之人，欲依附介甫。因緣改法，以爲進身之資；一旦罷局，譬如魚之失水。」此豈非四六駢文否？況四六至晚唐業經式微，晚唐之辭賦與建安時代相距甚遠矣。此點令人難予置信之，（晉左思之三都賦與晚唐杜牧之阿房宮賦，相距至遠矣。）依此可視爲蘇軾捏造之言也。

蘇軾對司馬光極爲崇拜，行狀云：「司馬光奉詔整治二股河一事，足盡歌頌之能事。然蘇軾於督導開鑿運河時，則表憤懣，訕謗新法，訾議朝廷。而於烏臺詩案「與王詵往來詩賦」中云：「……天雨助官政，泣愁淋衣纓。人如鴨與豬，投泥相濺驚。下馬荒隄上，四顧但胡硼。淺露不容足，又與牛馬爭。……」其於供狀釋云：役人在泥水中，辛苦無異鴨與豬。又云：軾亦在泥中與牛羊爭路而行。

豈否言行相符耳？再募役法又有何不妥歟？以錢雇工遠較義務役公平多矣。蘇軾昆仲何其反對耶！其對生民之貴賤豈不自相矛盾耳！

元豐八年三月神宗駕崩，哲宗即位，宣仁皇后垂箔問政，詔名司馬光知陳州過闕留爲門下侍郎，次年改元爲元祐元年，閏二月司馬光爲尙書左僕射兼門下侍郎。同年蘇軾中書舍人右遷翰林學士知制誥，此乃司馬光之一手提攜，故蘇軾爲司馬光撰寫行狀，一味誇大事蹟歌功頌德，乃爲報提攜之恩也，其情實可憫乎！實不可憫乎？司馬光歿後，蘇軾於元祐四年三月，自翰林學士左遷龍圖閣直學士，知杭州。續通鑑卷八十一僅於刊載，未敘原委，此與荊公自無瓜葛耳！

苟若再據烏臺詩案而考覈之，蘇軾言行有欠君子之風也，令後世歎惜之餘！蘇軾爲臣之道，爲友之道，爲人之道，何如？應祈博者公評之。

附錄：水東日記社倉法原文。

宣府軍民預備倉之舉，予往來于懷者兩年矣。去年七月御史張海亦嘗言之，顧以數年來頗有多事之名。亦鑑耶律文正王省事之説；又嘗見黃東發撫州，金谿縣民李氏社倉記文，以是欲爲復止，至今猶豫焉。

近得咨知本院商學士弘載言八事，其一曰：廣儲積，户部覆請乃以其所言，鰥寡廢疾無依者作養濟院，數取息一斗，則依擬行之。不知有司里胥之弊有在，而所謂養濟院，何嘗盡鰥寡廢疾無依之人，若取息之説，既不合抵斗還官舊制，亦爲不才官司添一騙局名目矣！民之重困如此哉。然則東發之言，亦可念矣。

咸淳（南宋度宗）七年余承乏撫州，適歲大饑，賴撫之賢士大夫相與講求賑貸，因多有以社倉事來論。臨川縣李君德傑首以書來曰：鄉有李令君捐粟六百石爲倡，將成社倉，幸因以風厲其餘，余報曰：甚矣！社倉之法之良之可慕也；亦甚矣！社倉之弊之苦之可慮也。余前歲負丞廣德，見社倉元息二分，而倉官至取倍稱之息，州縣展轉侵漁，而社倉或無擔石之儲，其法以十户爲率，一户逃亡九户賠，備逃者愈衆，賠者愈苦，則防其逃也。或坐倉展息，而竟不貸本；或臨秋貸錢，而白取其息，民不堪命，或至自經，僉謂此文公法也。無敢議變，余謂非變其法也，救其弊耳！乃爲之請於朝曰：法出黃帝堯舜，尚當變通；法立於三代盛王，尚須損益，安有法本先儒。而不可爲之救弊；使法本於儒，先坐視其弊而不救。豈儒先所望于後之人哉。朝廷可之，既又念臨以官司之煩，不若聽從民間之便也。又爲之請於朝曰：朱文公社倉法，主於減息以濟民；王荊公青苗法，亦主於減息以濟民。而利害相反者，青苗法行之於官司；社倉法主之以鄉曲耳。故我孝宗皇帝頒文公法于天下，令民間願從者聽，官司不得與，廣德社倉刱于官，故其弊不一。請照本法一切歸之民，朝廷又可之。

今遂得窮年餘之力，經理更草，以其收息，實由六百畝承代人户認息，且使常年不貸，惟荒年則貸之，而不復收息。凡費皆取辦于六百畝官田之租事。甫集而余去官，未知近如何？至今猶念念不忘，此余親歷于廣德者。如此，若凡他州各縣之有社倉者，聞其弊往往而然，殆不勝述。

及來撫州，社倉幸由鄉曲之自置，有如文公初立之本法，然亦間有名雖文公而人不文公，其初雖文公而其後不文公，倚美名而侔厚利者，亦已不少。余方爲之悚然，以懼何敢更以官司預社倉之事哉！

大抵小民假貸，皆起于貧。貸時則易，還時則難，貸時雖以爲恩，索時或以爲怨，儻稍從而變通之。鳩錢買田，豐年聚租，荒年賑散，不惟不取其息，併亦不取其本，庶乎有利而無害。凡皆余答李君之說，如此而未敢以爲信也。未幾，金谿李君沂復以社倉來，俾余爲記，及閱實其始末，蓋一家自爲之計，而依法惟取二分之息，不借勢于官，不鳩粟于衆，故能至今無弊利民。爲博今歲一歉，一邑賴之置倉，如此信能以文公之濟人者，濟人矣。然有治人無治法，良法易泯，流弊難防，君能如文公，更君之子孫，世世如君也。因錄所報李君之說以遺之。先是郡之新豐饒君景淵，亦嘗以社倉求余說其法，取息視文公尤輕，貸而負者，去其籍而不責，其償事益省，而民益安，並書以遺之。咸淳七年冬至日，承議郎權發遣撫州軍，州軍節制軍馬黃震記。

釋：

黃震：字東發，慈谿人。南宋理宗寶祐四年進士，曾於吳縣任縣尉等，不畏權勢。後孝宗時頒朱熹社倉法，震通判廣德軍，官設此倉，民困於息，將息變本，而息橫取民皆窮。世人以朱熹之法，不敢異議。震曰：法出堯舜三代聖人，猶有變通，豈以先儒之述不捄其弊耶！遂予改之。後其門諡稱文潔先生，著有古今記要、黃氏日鈔。（宋史卷四百三十八）

十三、烏臺詩案

題解：

烏臺者，御史臺也。漢書朱博傳：「御史府中列柏樹，常有野烏數千，棲宿其上，晨去暮來，號稱朝夕烏。」故稱御史府爲烏府，亦稱烏臺、烏署，又名柏臺。唐中宗授蘇炯右臺大夫制：「烏臺峻秩，望崇鐵冠。」元稹狂醉詩：「一自柏臺爲御史，二年辜負兩京春。」蘇軾於錢安道時曾言：「烏府先生鐵作肝，霜風捲地不知寒。」蘇軾因詩詆誣熙豐新法，訾詈朝廷，經御史裡行何大正、舒亶等奏收御史臺根勘。宋人朋九萬輯錄其供狀而改編成此書，名爲烏臺詩案。

朋九萬名諱僅於四庫全書提要卷四十六，年籍不詳。惟烏臺詩案中自署其爲蜀人。

金陵孫光浩識

李調元敘

烏臺詩案一冊，宋陳振孫直齋書錄解題作，烏臺詩話十二卷。蜀人朋九萬錄東坡下御史獄公案，附以初舉發章疏及謫官後表章、書啓、詩詞等而成之者。今所得宋本合爲一冊，不分卷。次按百川書志載烏臺詩案一卷，云：宋祠部員外郎直史館知湖州，遭時群小搆成詩禍拘禁之卷案也。據此則是書流傳有二本，此本遇朝旨等字俱抬頭，其爲宋人足本無疑。摘官後文，乃後人附益之耳，蓋此爲百川書志所見之本，非直齋書錄所見之本也。

綿州李調元雨村識

烏臺詩案

宋朋九萬撰

【監察御史裡行何大正劄子】

御史臺根勘所，元豐二年七月四日准中書批送下，太子中允權監察御史裡行何大正劄子。臣伏見祠部員外郎直史館知湖州蘇軾，謝上表其中有言，愚不識時，難以追陪新進，老不生事，或能牧養小民。愚弄朝廷，妄自尊大，宣傳中外，孰不歎驚。夫小人爲邪，治世所不能免，大明旁燭，則其類自消。固未有如軾爲惡不悛，怙終自若，謗訕譏罵，無所不爲。道路之人，則又以爲一有水旱之災，盜賊之變。軾必倡言歸咎新法，喜動顏色，惟恐不甚。今更明上章疏，肆爲詆誚，無所忌憚矣！夫出而事主，所懷如此，世之大惡，何以復加。昔成王戒康叔以助王宅天命，作新民，人有小罪非眚，乃惟終不可不殺。蓋習俱污陋，難以丕變，不如是不足以作民而新之。況今法度未完，風俗未一，正宜大明，誅賞以示天下。如軾之惡，可以止而勿治乎？軾所爲譏諷文字，傳於人者甚眾，今獨取鏤板，而鬻於市者進呈，伏望陛下特賜留神取進止。元豐二年三月二十七日垂拱殿進呈，聖旨送中書。

釋：

裡行：御史臺之官名（相當今之專員職位）。

劄子：舊制公牘之一類，又稱劄文、榜文。唐時政事堂下書名堂帖，宋時中書下書謂之爲劄子，猶唐之堂帖。歸田錄云：唐人奏事非表非狀者，謂之牓子，又謂錄子，今謂之劄子。

權：即今之所謂兼任也。

根勘：查辦也（相當如徹查）。

中允：官名，太子之屬官。

【監察御史裡行舒亶劄子】

太子中允集賢殿校理權監察御史裡行舒亶劄子，臣伏見知湖州蘇軾近謝上表，有譏切時事之言，流俗翕然，爭相傳誦，忠義之士，無不憤惋。且陛下自新美法度以來，異論之人，固不爲少，然其大不過文亂事實，造作讒說，以爲搖奪沮壞之計。其次又不過腹非背毀，行察坐伺，以幸天下無成功而已。至於包藏禍心，怨望其上，訕讟慢罵，而無復人臣之節者，未有如軾也。蓋陛下發錢以本業貧民，則曰：「贏得兒童語音好，一年強半在城中。」陛下明法以課試郡吏，則曰：「讀書萬卷不讀律，致君堯舜知無術。」陛下興水利，則曰：「東海若知明主意，應教斥鹵變桑田。」陛下謹鹽禁，則曰：「

豈是聞韶解忘味，邇來三月食無鹽。」其他觸物即事，應口所言，無一不以譏謗爲主。小則鏤板，大則刻石，傳播中外，自以爲能。其尤甚者；至遠引襄漢梁竇專朝之士，雜取小說燕蝠爭晨昏之語。旁屬大臣，而緣以指斥乘輿，蓋可謂大不恭矣。然臣切考歷古以來，書傳所載，其間擾攘之世，上之人，雖有失德之行，違道之政，而逆節不軌之臣，苟能正其短，以動搖人心，亦必回容顧避。自託於忠順之名，而後敢出此恭維，陛下躬履道德，立政造士，以幸天下，後世可謂堯舜之用心矣。軾在此時，以苟得之虛名，無用之曲學，官爲省郎，職在文館，典領寄任，又皆古所謂二千石，臣獨不知陛下何負於天下與軾輩，而軾敢爲悖慢無所畏忌，以至如是。且人道之所自立者，以有義而無逃於天地之間者，義莫如君臣。軾之所爲，忍出於此，其能知有君臣之義乎？夫爲人臣者，苟能充無義之心，往以爲利，則其惡無所不至矣。然則陛下其能保軾之不爲此乎？昔者治古之隆，責私議之殊，說命之曰：不收之民，狃于姦宄，敗常亂俗，雖細不宥。按軾懷怨天之心，造訕上之語，情理深害，事至暴白。雖萬死不足以謝聖時，豈特在不收不宥而已。伏望陛下體先王之義，用治世之重典，付軾有司，論如大不恭，以戒天下之爲人臣子者，不勝忠憤懇切之至。印行四冊，謹具進呈取進止，元豐二年一月二日崇政殿進呈，奉聖旨送中書。

註：訕讟慢罵之慢字，應爲此「謾」字，恐鏤有誤。

【國子博士李宜之狀之】

國子博士李宜之狀，昨任提舉淮東常平，過宿州靈壁鎮，有本鎮居止張碩秀才。稱蘇軾與本家撰靈壁張氏園亭亭記；內有一節稱：古之君子，不必仕，不必不仕；必仕則忘其身，必不仕則忘其君，譬之飲食，適於饑飽而已。然士罕能蹈其義赴其節。處者，安於故而難出；出者，狃於利而忘返。于是有違親絕俗之譏，懷祿苟安之弊。宜之看詳上件文字，義理不順，言不必仕，是教天下之人，必無進之心，以亂取士之法。又軾言：必不仕則忘其君，是教天下之人，無尊君之義，虧大忠之節。又軾稱：譬之飲食，適於饑飽而已，然士罕能蹈其義赴其節。宜之詳此，即知天下之仕與不仕，不敢忘其君，而獨軾有不必仕，則忘其君之意，是廢爲臣之道。又軾稱：處者，安於故而難出；出者，狃於利而忘返，於是有違親絕俗之譏，懷祿苟安之弊，顯涉譏諷，乞賜根勘。

【御史中丞李定劄子】

右諫議大夫權御史中丞李定劄子。臣切見知湖州蘇軾，初無學術，濫得時名，偶中異科，遂叨儒館。及上聖興作新進仕者，非軾之所合，軾自度終不爲朝廷獎用，銜怨懷怒，恣行醜詆。見於文字，衆所共知。或有燕蝠之譏，或有竇梁之比，其言雖屬所憾，其意不無所寓，訕上罵下，法所不宥。臣切謂軾有可廢之罪四，臣請陳之。昔者堯不誅四凶，而至舜則流放竄殛之，蓋其惡始見於天下。軾先騰沮毀之論，陛下稍置之不問，容其改過。軾怙終不悔，其惡已著，此一可廢也。古人教而不從，然後誅之，蓋吾之所以俟之者盡，然後戮辱隨焉。陛下所以俟軾者，可謂盡而傲悖之語，日聞中外，此二可廢也。軾所爲文辭，雖不中理，亦足以鼓動流俗，所謂言僞而辨，當官侮慢不循，陛下之法操心，頑愎不服。陛下之化，所謂行僞而堅，言僞而辨，行僞而堅，先王之法當誅，此三可廢也。書刑故無小知而爲，與夫不知而爲者異也。軾讀史傳，豈不知事君有禮，訕上有誅，肆其憤心，公爲詆訾，而又應制舉對策，即已有厭奬更法之意。陛下修明政事，怨不用己，遂一切毁之，以爲非是，此四可廢也。而尚容於職位，傷教亂俗，莫甚於此。臣伏惟陛下動靜語默，惟道之從，興除制作，肇新百度，謂宜可以於變天下，而至今未至純著，殆以軾輩，虛名浮論，足以惑動衆人故也。臣叨預執法，職在糾姦，罪有不容，其敢苟止。伏望陛下斷自天衷，特行典憲，非特沮乖慝之氣，抑亦奮忠良之心。好惡既明，風俗自革，有補於世，豈細也哉。取進止元豐二年七月二日崇政殿進呈，奉聖旨後批四狀并册子。七月三日進呈，奉聖旨送御史臺根勘聞奏。

【御史臺檢會送到册子】

檢會送到册子。題名是元豐續添「蘇子瞻學士錢塘集全册」，内除目錄更不抄寫外，其三卷，並錄附中書門下奏，據審刑院尚書刑部狀，御史臺根勘到祠部員外郎直史館蘇軾爲作詩賦，并諸般文字，謗訕朝政及中外臣僚。絳州團練史駙馬都尉王詵，爲留蘇軾譏諷文字，及上書奏事不實，按并劄子二道者。

【供狀】

祠部員外郎直史館蘇軾，年四十四歲，本貫眉州眉山縣。高祖祜，曾祖杲並不仕，祖序故任大理評事致仕，累贈職方員外郎。父洵故任霸州文安縣主簿，累贈都官員外郎。軾嘉祐二年進士及第，初任河南府福昌縣主簿，未赴任間應中制科，授大理評事，鳳翔府簽判，覃恩轉大理寺丞磨勘轉殿中丞差判，登聞鼓院試館職，除直史館。丁父憂，服闋差判官誥院兼判尚書，祠部權開封府推官磨勘轉太常博士，通判杭州。就差知密州磨勘，轉祠部員外郎，就差知河中府，未到任改差知徐州，未滿就移知湖州。

元豐二年四月二十一日到任歷仕，舉主陝西轉運副使陸詵，舉臺閣清要任使提點兩浙刑獄晁端彥，舉外擢任使權兩浙提刑潘良器，京東安撫使向京，並舉召還侍從權京東路轉運副使王居卿，轉運判官李察，並舉不次清要任使安撫使陳薦、蘇澥，舉外涉侍從提舉李清臣，舉不次外擢任使提刑孔宗翰。奏乞召還禁近軍判章□，奏乞召置侍從安撫使葉康，奏乞顯用提舉李孝孫，乞召還侍從安撫使賈昌衡，奏乞召還近侍。

軾任鳳翔府簽判日，爲中元節假不過知府廳罰銅八斤。任杭州通判日，不舉駁王文敏盜官錢，官員公按罰銅八斤，皆公罰別無過。紀款招登科，後來入館多年，未甚進擢，兼朝廷用人多是少年，所見與軾不同，以此撰作詩賦文字譏諷，意圖眾人博看，以軾所言爲當。軾與張方平、王詵、李清臣、黃庭堅、司馬光、范鎭、孫覺、李常、曾鞏、周邠、蘇轍、王鞏、劉摯、陳襄、錢藻、顏復、盛僑、王紛、錢世宏，吳琯、王安上、杜子方、戚秉道、陳珪相識。其人等與軾意相同，即是與朝廷新法時事不合，及多是朝廷不甚進用之人，軾所以將譏諷文字，寄與如後。

釋：

覃恩：大恩，乃指皇帝聖恩也。

磨勘：考察官吏績效也，如今之檢核工作。

（本節內文詞欠清，句讀不明，恐鏤版有誤特註之。）

【與王詵往來詩賦】

一與王詵干涉事記：熙寧二年軾在京授差遣，王詵作駙馬，後軾去王詵宅，與王詵寫作詩賦并蓮花經等。本人累經送酒食茶果等與軾，當年內王詵又送弓一張、箭十枝、包指十箇與軾。熙寧八年，成都僧惟簡託軾在京求師號，軾遂將本家元收畫一軸送與王詵，稱是川僧畫覓師號，王詵允許。當年有秘丞柳詢家貧干軾，軾爲無錢，得犀一株送與王詵，稱是柳秘丞犀，欲賣三十貫。王詵云：不須得犀遂送錢三十貫與柳詢。軾於王詵處得師號一道，當年內有相國寺僧思大師，告軾於王詵處，與小師覓紫衣一道。仍將到吳生畫佛入涅槃一軸，董羽水障一，徐熙畫海棠本芍藥、梅花、雀竹各一軸，趙昌畫折枝花一軸。朱繇武宗元畫鬼神二軸，說與王詵知後，將佛入涅槃及桃花雀竹等與王詵，朱繇武宗元畫鬼神軾自收留於詵處，換得紫衣二道，與思大師，當年軾將畫三十六軸，各有唐賢題名，託王詵令人裝褙，其物料手工並是王詵出備。當年軾通判欲赴任，王詵送到茶藥、紙筆、墨硯、鯊魚皮、紫茸氈，翠藤簟等，軾留下十一月到任。熙寧五年內王詵送到官酒十瓶、果子兩篰與軾。

熙寧六年內遊孤山詩寄詵，除無譏諷外，有：「誤隨弓旌落塵土，坐使鞭箠環呻呼。」以譏諷朝廷新法行後，公事鞭箠之多也。又曰：「追胥保伍罪及孥，百日愁歎一日娛。」以譏諷朝廷鹽法收坐同保妻子，移鄉法太急也。又曰：「歲荒無術歸亡逋，鵠則易畫虎難摸。」意取馬援言「畫鵠不成猶類鶩，畫虎不成反類犬」。言：歲既饑荒，我欲出奇畫賑濟，又恐朝廷不從，乃以畫虎不成反類狗也。并戲子由云：「任從飽死笑方朔，肯爲雨立求秦優。」意取東方朔傳「侏儒飽欲死」，及滑稽傳：「優旃謂陛楯郎，汝雖長，何益，乃雨立。我雖短，幸休居。」言弟轍家貧官卑，而身材長大。所以比東方朔、陛楯郎，而以當今進用之人，比侏儒優旃也。又云：「讀書萬卷不讀律，致君堯舜知無術。」是時朝廷新興律學，軾意非之，以謂法律不足以致君於堯舜，今時又專用法律，而忘詩書。故云我讀萬卷書不讀法律，蓋聞法律之中，無致君堯舜之術也。又云：「勸農冠蓋鬧如雲，送老虀鹽甘似蜜。」以譏諷朝廷新開提舉官，所至苛細生事，發擿官吏，惟學官無吏責也。弟轍爲學官，故有是句。又云：「平生所慚今不恥，坐對疲氓更鞭箠。」是時多徒配犯鹽之人，例皆饑貧，言鞭箠此等貧民，軾平生所慚，今不恥矣，以譏諷朝廷鹽法太急也。又云：「道逢陽虎欲與言，心知其非口諾唯。」是時張靚、俞希旦作監司，意不喜其人，然不敢與爭議，故毀詆之爲陽虎也。又山村詩第三首云：「煙雨濛濛雞犬聲，有生何處不安身。但令黃犢無人佩，布穀何勞也勸耕。」軾意言是時販私鹽者，多帶刀杖。故取前漢龔遂令人賣劍買牛，賣刀買犢，曰：何爲帶牛佩犢。意言但將鹽法寬平，令人不帶刀劍而買牛犢，則自力耕不勞勸督也，以譏諷朝廷鹽法太峻不便也。又第二首云：「老翁七十自腰鐮，慚愧春山筍蕨甜。豈是聞韶解忘味，邇來三月食無鹽。」意山中之人，饑貧無食，雖老猶自採筍蕨充饑。時鹽法峻急，僻遠之人無鹽食，動經數月。若古之聖人則能聞韶忘味，山中小人豈能食淡而樂乎？以譏諷鹽法太急也。第四首云：「杖藜裹飯去匆匆，過眼青錢轉手空。贏得兒童語音好，一年強半在城中。」意言百姓雖得青苗錢，立便於城中浮費使卻。又言鄉村之人，一年兩度夏秋稅，又數度請納和預買錢，今此更添青苗、助役錢，因此莊家子弟多在城中，不著次第，但學得城中語音而已，以譏諷朝廷新法青苗、助役不便。又差開運鹽河詩云：「居官不任事，蕭散羨長卿。胡不歸去來，留滯愧淵明。鹽法星火急，誰能卹農耕。薨薨曉鼓動，萬指羅溝坑。天雨助官政，泣愁淋衣纓。人如鴨與豬，投泥相濺驚。下馬荒隄上，四顧但胡弸。淺露不容足，又與牛馬爭。歸田雖賤辱，豈識泥中行。寄語故山友，愼勿厭藜羹。」軾為是時盧秉提舉鹽事，擘畫開運鹽河，差夫千餘人。軾於大雨中部役，其河只為般鹽既非農事，而役農民，秋田未了，有防農事。又其河中間有湧沙數里，軾宣言開得不便。軾自嗟泥雨勞苦，羨司馬長卿居官而不任事；又愧陶淵明不早棄官歸去也。農事未休，而役夫千餘人。故云：「鹽事星火急，誰能卹農耕。」又言：「百姓已勞苦不易，天雨又助官政勞民，轉致百姓，疲役人在泥水中，辛苦無異鴨與豬。（此節恐縷版有誤，難予斷句。）」又言，軾亦在泥中，與牛羊爭路而行，若歸田豈識於此哉！故云：「寄言故山友，愼勿厭藜羹。」而思仕宦，以譏諷朝廷開運鹽河不當，以妨農事也。軾於上件年分，寫上件詩賦與王詵。

熙寧六年春，軾為嫁甥女，問王詵借錢二百貫，其年秋又借到錢一百文，自後未曾歸還。又熙寧八年內，王詵曾送到官酒六瓶，並果子藥等與軾，亦嘗有書簡往復。當年并熙寧九年內，作薄薄酒，又水調歌頭一首，復有杞菊賦一首，并引不合云：「及移守膠西，意其一飽，而始至之日，齋館索然，不堪其憂。」以非諷朝廷新法，減削公使錢太甚，齋醞廚薄，事皆索然無備也。軾又作超然臺記云：

「始至之日，歲比不登。盜賊滿野，獄訟克斥。」意言連年蝗蟲、盜賊，獄訟之多，非諷朝廷政事闕失，并新法不便所致。及云：「齋廚索然，日食杞菊。」以非諷朝廷新法，減削公使錢太甚。又於上件，年分節次，抄寫上件詩賦等，寄與王詵。

熙寧九年，軾寫書與王詵，爲一婢秋蟾欲削髮出家作尼，并有相識僧行杭州人，各求祠部一道，當說與王詵，自後來取。約熙寧十年二月到京，王詵送到茶果酒食等。三月初一日，王詵送到簡帖，來日約出城外，四照亭中相見。次日軾與王詵相見，令姨嬸六七人出，斟酒下食。數內有倩奴問軾求曲子，軾遂作洞仙歌一首、喜長春一首與之。次日王詵送韓幹畫馬十二疋，共六軸，求軾跋尾，不合作詩云：「王良挾矢飛上天，何必俯首求短轅。」意以騏驥自比，譏諷執政大臣無能，盡我之才，如王良之能馭者，何必折節干求進用也。當月軾又薦會傳神僧，爲王詵寫眞，乞得紫衣一道。四月赴任徐州，王詵曾送到羊羔兒酒，四瓶乳糖，獅子四枚，龍腦、面花、象版、裙帶、鞶頭子錦段之類與軾。九月間軾託王鞏到京見王詵時，覓祠部一、兩道與相知僧。十月內王鞏書來云：王詵已許諾未取。今年八月二十八日供出：與王詵相識，借得錢物，并寄杞菊賦、超然臺記、題韓幹馬詩與王詵，因依又隱諱，不曾作開運鹽河詩寄王詵，情由蒙會，問到王詵狀，并被王詵申送到開運鹽河詩賦，軾於九月二十三日至二十七日方具實招，其臘日遊孤山詩、戲子由詩、山村詩元准聖旨係降印行冊子內詩，其後杞菊賦、超然臺記、韓幹馬詩、開運鹽河詩，即不係朝旨降到冊子內。

註：本節鏤版時頗有舛錯及漏字，甚多處難予斷句。並有別字之疑，略舉一、二例，此恐係鏤版之誤

也。

如：既非農事，而役農民，秋田未了，有「防」農事。其防字應爲此「妨」字爲當。

王詵送韓幹畫馬十二「疋」，其疋字於今應爲此「匹」爲當字，然此二字本可通用。

【與王詵作寶繪堂記】

一與王鞏干涉事。熙寧五年內，鞏言王詵說，賢兄與他作寶繪堂記，內有桓靈寶之走舸，王涯之複壁，皆留意之禍也。嫌意思不好，要改此數句。軾答云：不使則已，即不曾改。軾先與將官雷勝并同官寄居等，一十人出獵等詩，各一首，計十首，并無譏諷。軾後批請定國將此獵詩，轉示晉卿都尉，當輸我一籌也。王鞏字定國，王詵字晉卿，王詵令書表司張遵，寄軾詩十一首，并後序云：子瞻所寄新詩并獵會事跡，誇示一時之樂。余因回示，報樂侍寢清歌者雲英等，凡十有一，輒效子瞻十家之詩，各以其名製詞一篇，寄子瞻不知卻復輸此一籌否？其意說富貴作樂飲燕，即無譏諷。軾字子瞻，鞏向眞廟朝裡尊禮楊大年，時人稱之。今王詵尊禮子瞻，亦同年爾。軾言到家逢著難時節，王詵言向因世居事後也。曾到登對奏知今後不敢與人往還，上乃宣諭，詵云：如溫良之士大夫，往還亦自無害。軾言：次第自家是不溫良底也。其上件詩不係冊子內。

【與李清臣寫超然臺記幷詩】

一與李清臣干涉事。熙寧九年，軾寫超然臺記寄李清臣，其譏諷已在王詵項內聲說。熙寧十年，軾知徐州日，六月內，李清臣因沂山龍祠祈雨有應，作詩一首寄軾，其詩曰：「南山高峻層，北山亦巘崒，坐看兩山雲出沒。雲行如驅歸若呼，始覺山中有靈物。鬱鬱其焚蘭，罩罩其擊鼓，祝屢祝巫屢舞我，民無罪，神所憐。一夜雷風三尺雨，嶺木兮蒼蒼，溪水兮央央。雲散諸峰互明滅，東阡西陌農事忙，廟閉山空音響絕。」

軾後作一首與李清臣，其詩云：「高田生黃埃，下田生蒼耳。蒼耳亦已無，更問麥有幾。蛟龍睡足亦解慚，二麥枯時雨如洗。不知雨從何處來，但聞呂梁百步聲如雷。試上城南望城北，際天菽粟青成堆。饑火燒腸作牛吼，不知待得秋成否。半年不雨坐龍慵，但怨天公不怨龍。今年一雨何足道，龍神社鬼各言功。無功日盜太倉粟，嗟我與龍同此責，勸農使者不汝容。」因君作詩先自劾，此詩除無譏諷外，有不合言。本因龍神慵懶不行雨，卻使人心怨天公。以譏諷大臣不任職，不能燮理陰陽，卻使人怨天子。以天公比天子，以龍神社鬼比執政大臣及百執事。軾自言無功，竊祿與大臣無異。當時送與李清臣來相謁戲，笑言承見示詩，只是勸農使者不管恁他事。

李清臣答弟轍二首，於詩後批云：可求子瞻和。云：「匙飯盤蔬強少留，相逢何物可消憂。緣君未得酒中趣，與我謾爲方外遊。草亂不容移馬跡，山雄全欲逼城樓。濟時異日須公等，莫狎翩翩海上鷗。」軾卻作詩二首和李清臣。其內一首云：「五十塵勞尚足留，閉門卻欲治幽憂。羞爲毛遂囊中穎，未許朱雲地下遊。無事會須成好飲，思歸時欲賦登樓。羡君幕府如僧舍，日向城西看浴鷗。」朱雲漢成帝時乞斬張禹，漢成帝欲誅之。朱雲曰：臣得下從龍逢比干遊足矣。龍逢夏桀臣，比干商紂臣，皆因諫而死。軾爲屢言新法不便，不蒙施行，以朱雲自比，意言至明之世，無誅戮之事，故軾未許與朱雲地下遊。王粲是魏武時人，因天下亂離，故粲在荆州，依託作登樓賦，賦中有懷鄉思歸之意，軾爲屢言新法不便，不蒙施行，有罷官懷鄉思歸之意，亦欲作此賦也。

軾又用弟轍韻與李清臣六首內，一首云：「城南短李好交遊，箕踞狂歌總自由。尊主庇民君有道，樂天知命我無憂。醉呼妙舞留連夜，（註：此句又爲「邦直家中舞者甚多」）閒作新詩斷送秋。瀟灑使君殊不俗，樽前容我攬鬚不？」清臣字邦直。

再次元韻有一首，云：「東來嘗恨少朋遊，得遇高人蘇子由。已誓不言天下事，相看俱遣世間憂。新詩定及三千首，曩別幾成二十秋。南省都臺風雪夜，問君還記劇談不？」轍字子由。

清臣差修國史，軾賦詩二首送清臣，其詩內一首云：「珥筆西歸近紫宸，太平典策不緣麟。付君此事全書漢，載我當時舊過秦。門外想無千斛米，墓中知有百年人。看君兩眼明如鏡，休把春秋作素臣。」謂軾於仁廟朝曾進論二十五首，皆論往古得失。賈誼漢文帝時人，追論秦之得失，作「過秦論」史記載之。軾妄以賈誼自比，意欲李清臣於國史中載軾所進論，故將詩與李清臣。軾在臺於八月二十八日准問目據，軾供到與人往還，詩有所未盡，軾供出所與清臣唱和詩，即不係朝旨降到冊子內。

釋：

黃埃：黃土塵灰也。文選鮑照蕪城賦：「直視千里外，惟見起黃埃。」

蒼耳：草名，枲草也。一年生草本，野生雜草，又名胡枲、卷耳、爵草。

方外：即世外也。莊子大宗師：「孔子曰：彼遊四方之外者。」後僧道境地曰方外。（此即之謂也。）

素臣：杜預春秋左傳序：以仲尼自衛返魯，修春秋，立素王，左丘明爲素臣。

註：版中亦有別字。如：與我「謾」爲方外遊，此謾字應釋爲謾罵之謾，而漫遊宜用此「漫」字爲佳。

【次韻章傳】

一與章傳干涉事。章傳字傳道，熙寧六年正月，作詩次章傳韻和答云：「馬融既依梁，班固亦事竇。效顰豈不欲，頑質謝鐫鏤。」所引梁冀、竇憲，並是後漢時人，因時君不明，遂躋顯位，驕暴竊威福用事。而馬融、班固二人皆儒者，並依託之。軾詆毀當時執政大臣，我不能效班固、馬融苟容依附也。其上件詩，係印行冊子，准朝旨降到者。

【送劉述吏部】

一與劉述干涉事。熙寧八年四月十一日，軾作詩送劉述云：「君王有意誅驕虜，椎破銅山鑄銅虎。聯翩三十七將軍，走馬西來各開府。」是時朝廷遣使諸路點檢軍器，及置三十七將官。軾將謂今上有意征討胡虜。以譏諷朝廷諸路遣使，及置將官張皇不便。又云：「南山伐木作車軸，東海取鼉滿戰鼓。汗流奔走誰敢後，恐乏軍資污刀斧。保甲連村團未編，方田訟牒紛如雨。邇來手實降新書，抉剔根株窮脈縷。詔書惻怛信深厚，吏能淺薄空勞苦。」以譏諷朝廷法度屢更，事目煩多，吏不能曉。又云：「況復年來苦饑饉，剝齧草木啖桑土。今年雨雪頗應時，又報蝗蟲生翅股。憂來洗盞欲強醉，寂寞空齋臥空甑。公廚十日不生煙，更望紅裙踏筵舞。」又云：「近來屢得山中信，只有當歸無別語。猶將鼠雀偷太倉，未肯衣冠挂神武。」意謂邇來饑饉，飛蝗蔽天之甚，以譏諷朝廷政事闕失，新法不便之所致也。又云：「酒食無備，齋廚索然。」以譏諷朝廷行法減削公使錢太甚，公事既多，旱蝗又甚，二政巨藩尚如此窘迫，所以言：山中故人寄信令歸，但軾貪祿未能便挂衣冠而去也。又云：「四方冠蓋鬧如雲，歸作二浙湖山主。」以譏諷朝廷近日提舉官所至，主事苛碎，故劉述之宮觀歸湖山也。軾在臺八月二十二日准問目仰，軾供具自來做過是何文字。軾說曾寄劉述吏部上件詩，因依其詩，即不係朝旨降到冊子內。

【寄周邠諸詩】

一與周邠干涉事。軾熙寧五年六月任杭州通判，日逐旋寄所作山水詩，其譏諷意，已在王詵項內聲說，并留題徑山詩，其譏諷已在蘇轍項內聲說，及和述古舍人，冬日牡丹絕句。有譏諷意，已在陳襄項內聲說，即節次寄與周邠。熙寧六年，因往諸縣提點到臨安縣，有知縣大理寺丞蘇舜舉，來本縣界外太平寺相接，軾與本人爲同年，自來相知。本人見軾復言：舜舉數日前入州。卻被訓狐押出。軾問其故，舜舉言：我擘劃得戶供通家業役鈔規例一本，甚簡。前日將去呈本州，諸官皆不以爲然。呈轉運副使王庭老等，不喜，差急足押出城來。軾取其規例看詳，委是簡便，因問訓狐事。舜舉言：自來聞人說一小話云：「燕以日出爲旦，日入爲夕。蝙蝠以日入爲旦，日出爲夕，爭之不決。訴之鳳凰，鳳凰是百鳥之王，至路次逢一禽謂燕曰：不須往訴，鳳凰在假。或云鳳凰渴睡，今不記其詳，都是訓狐權攝。」舜舉意以話戲笑王庭老等，不知是非。隔得一兩日，周邠、李行中二人亦來臨安，與軾同遊徑山，蘇舜舉亦來山中相見，周邠作詩一首與軾。即無譏諷。次韻和答兼贈舜舉，云：「餔糟醉方孰，酒面喚不醒。奈何效燕蝠，屢欲爭晨暝。」其意以譏諷王庭老等，如訓狐不分別是非也。

元豐三年六月十三日軾知湖州，有周邠作詩寄軾，軾答云：「政拙年年祈水旱，民勞處處避嘲嘔。河吞巨野那容塞，盜入蒙山不易搜。事道故因慚孔孟，扶顛未可責由求。」此詩自言遷徙數州，未蒙朝廷擢用，老於道路。并所至遇水旱盜賊，夫役數起，民蒙其害。以譏諷朝廷政事闕失，并新法不便之所致也。又云：「事道故因慚孔孟，扶顛未可責由求。」以言已仕而道不行，則非事道也。故有慚於孔孟，孔子責由求云：「危而不持，顛而不扶，則將焉，用彼相矣。」顛謂顛仆也。意以譏諷朝廷大臣，不能扶正而顛仆。軾在臺於九月十四日，准問目有無未盡事，軾供出上件詩，因依不係朝旨降到冊子內。

釋：

訓狐：鳥名，又名鵂鶹，為鴞鳥之一種。然此節所指州府何類官職不詳。

餔餺：肉餡也。

【與子由詩】

一與弟轍干涉事。熙寧四年十月軾赴杭州時，弟轍至穎州相別後，十一月至杭州，本任作穎州別子由詩云：「至今天下士，去莫如子猛。」為弟轍，曾在制置條例充檢詳文字，爭議新法不合乞罷。說弟轍去之果決，意亦譏諷朝廷新法不便也。當年十二月內，軾初任杭州，寄子由詩云：「獨眠林下夢魂好，回首人間憂患長。殺馬破車從此誓，子來何處問行藏。」又云：「眼看時事力難勝，貪戀君恩退未能。」意謂新法青苗、助役等，事煩雜不可辨，亦言己才力不能勝任也。熙寧六年內遊徑山留題云：「近來愈覺世議隘，每到勝處差安便。」以譏諷朝廷之用人，多是刻薄褊隘之人，不少容人過失，見山中寬閑之處爲樂也。其詩係朝旨降到冊子內。

【杭州觀潮五首】

一熙寧六年任杭州通判，因八月十五日觀潮作詩五首，寫在本州安濟亭上，前三首並無譏諷，至第四首云：「吳兒生長狎濤淵，冒利忘生不自憐。東海若知明主意，應教斥鹵變桑田。」蓋言弄潮之人，貪官中利，物致其間，有溺而死者。故朝旨禁斷，軾謂主上好興水利，不知利少而害多。言東海若知明主意，應教斥鹵變桑田。言此事之必不可成，譏諷朝廷水利之難成也。軾八月二十二日，在臺虛稱言，鹽法之爲害等情，由遂次隱諱，不說情實，二十四日再勘方招，其詩係冊子內。

【和黃庭堅古韻】

一元豐元年二月內，北京國子監教授黃庭堅，寄書二封并古詩二首。與軾其書內一節云：伏惟閣下學問文章度越前輩，大雅豈弟博約後來立朝，以正言見排，補郡輒上課，最可謂聲實於中，內外稱職。其古風六首，第一首云：「江梅有嘉實，結根桃李場。桃李終不言，朝露借恩光。孤芳忌皎潔，冰霜空自香。怙來知鼎實，此物升廟廊。歲月坐成晚，煙雨青已黃。得升桃李盤，以遠亦見嘗。終然不可口，擲置官道傍。但取本根在，棄捐庸何傷。」第二首云：「長松出澗壑，千里聞風聲。上有百尺蓋，下有千歲苓。小草有遠志，相依在平生。醫和不病世，深根且固蒂。人言可醫國，何用太早計。

大小材則殊，氣味苦相似。」軾答書一對，除無譏諷外，云：「觀其文以求其人，必輕外物而自重者，今之君子莫能用也。」今之君子，謂近日朝廷進用之人，不能援進庭堅而用之也。及依韻答和古風云：「嘉穀臥風雨，莨莠登我場。陳前讒方寸，玉食慘無光。」以譏今之小人勝君子，如莨莠之□奪嘉穀。」又云：「大哉天宇間，美惡更臭香。君看五六月，飛蚊隱回廊。茲時不少假，俛仰霜葉黃。期君看蟠桃，千歲終一嘗。顧我如苦李，全生依路傍。紛紛不足惜，悄悄徒自傷。」意言君子小人進退有時，如夏月蚊虻縱橫，至秋月息，比庭堅於蟠桃進必遲，自比苦李以無用全生。又詩云：「憂心悄悄，慍于群小。」以譏諷當時進用之人，皆小人也。

元豐元年二月三十日軾作文，同學士祭文一首寄黃庭堅看，此文除無譏諷外，云：「道之難行，哀哉無徒，豈無友朋，逝莫告予。」意言，軾屬曾言新法不便，不蒙朝廷施行，是道不行，軾孤立無徒，故人皆舍之而去，無有相告語者。以譏諷當今進用之人，與軾故舊者，皆以進退得喪易其心，不存故舊之義。軾在臺於九月二十三日准問目據，軾供說其間隱諱有未盡者，比聞北京留守司取問根驗，得軾元寫去黃庭堅譏諷書并祭文，於六月十六日再奉取問。軾將寄黃庭堅文字看詳，軾方盡供答其意，并不係朝旨降到冊子內。

【與王紛作碑文】

一元豐元年六月，王紛寄到曾祖禹偁內翰神道碑示軾，求軾題碑陰。軾於當月五日寄與王紛，此文除無譏諷外，不合云：使其不幸，而立於眾邪之間，安危之際，則公之所爲，必將驚世絕俗，使斗筲穿窬之流，心破膽裂，意謂今日進用之人爲眾邪。又言：今時所行新法，係天下安危，故言眾邪之間，安危之際也。又謂天子今時進用之人，皆斗筲穿窬之流，皆以譏諷朝廷進用之人，并新法不便也。又云：紛紛鄙夫，亦拜公像，何以占之，有泚其顙。亦以譏諷今時進用之人，謂之鄙夫。言拜公之像，心愧而汗顙也。軾在臺於九月三日准問有無晝供，答因依即不係朝旨降到冊子內。

釋：

斗筲：論語子路篇：「斗筲之人，何足算也。」斗，量器，容十升。筲竹器，容二升。比喻才薄識淺之人也。

穿窬：論語陽貨篇：「其猶穿窬之盜。」謂穿壁窬牆行竊之盜也。

【與劉邠通判唱和】

一熙寧三年，劉邠通判泰州，軾作詩云：「君不見阮嗣宗，臧否不挂口，莫誇舌在齒牙牢是中，惟可飲醇酒。」言當學阮籍口不臧否，人物惟可飲酒，勿談時事。意以譏諷朝廷新法不便，不容人直言，不若耳不聞而口不問也。

熙寧四年十月內赴杭州通判，到揚州有劉攽，并館職孫洙劉摯皆在本州，偶然相聚，數日別後。軾作詩三首，各用逐人字爲韻內，寄劉邠詩云：「去年送劉郎，醉語已驚眾。如今各飄泊，筆硯誰能弄。我命不在天，羿彀未必中。作詩聊遣意，老大慵譏諷。夫子少年時，雄辨輕子貢。邇來再傷弓，戢翼念前痛。廣陵三日飲，相對恍如夢。況逢賢主人，白酒潑春甕。竹栖已揮手，灣口猶屢送。羨子去安閑，吾邦正喧鬨。」言杭州監司所聚，是時初行新法，事多不便也。

熙寧六年九月內，軾和劉攽寄秦字韻詩云：「白髮相看兩故人，眼見時事幾番新。」以譏諷朝廷近日更立新法，事尤多也。當年十一月內，劉攽聞人唱軾新作，詩一首相戲寄軾，即無譏諷。軾和本人詩一首云：「十載漂然未可期，那堪重作看花詩。門前惡語誰傳出，醉後狂歌自不知。刺舌君今猶未戒，炙眉我亦更何詞。相從痛飲無餘事，正是春風最好時。」除無譏諷外，不合引賀拔惎以錐刺其子舌，以戒言語事戲劉攽。又引郭舒狂言，爲王敦炙其眉以自比，皆譏時人不能容狂直之言也。軾八月二十日准問目具述作文字，供說已在前項。

【與湖州知州孫覺詩】

一熙寧五年十二月作詩，因任杭州通判日蒙運司差往湖州，相度堤堰利害。因與湖州知州孫覺相見，軾作詩與孫覺云：「若對青山談世事，直須舉白便浮君。」軾是時約孫覺并坐，客如有言及時事者，罰一大盞，雖不指時事。是亦軾意，言時事多不便，更不可說，說亦不盡。又云：「天目山前淥浸蕪，碧瀾堂下看銜艫。作堤捍水非吾事，閒送苕溪入太湖。」又次年寄詩云：「徙倚和原上，淒涼晚照中。水流天不盡，人遠意何窮。問牒知秦過，看山識禹功。稻濃初吠蛤，柳老半書蟲。荷背風翻白，蓮腮雨退紅。追遊慰遲暮，覓句效兒童。北望苕溪轉，遙憐震澤通。烹魚得尺素，好在紫髯翁。」上件詩除無譏諷外，不合云：作堤捍水非吾事，閒送苕溪入太湖。」軾爲先曾言水利不便，卻被轉運司差相度堤捍，軾本非興水利之人，以譏諷時世與昔不同，而水利不便而然也。軾在臺於九月三日供狀，時不合云：上件詩無譏諷外，再蒙會勘方招其詩係印行冊子內。

【送錢藻知婺州】

一熙寧三年三月，作詩送錢藻知婺州，舊例館閣補外任，同舍餞送席上，眾人先索錢藻詩，欲各分韻作送行詩。錢藻作五言絕句一首，即無譏諷，軾分得英字韻作古詩一首，送錢藻云：「老手便劇郡，高懷厭承明。聊紆東陽綬，一濯滄浪纓。平生好山水，未到意已清。過家父老喜，出郭壺漿迎。子行得所願，愴恨居者情。吾君方急賢，日旰伏延英。黃金招樂毅，白璧賜虞卿。子不少自愧，高義空崢嶸。古稱爲郡樂，漸恐煩敲榜。臨分敢不盡，醉語醒還驚。」此詩除無譏諷外，言朝廷方急賢才，多士並進，子獨遠出爲郡，不少自強勉求進，但守道義，意譏當時之人急進也。又言青苗助役既行，百姓輸納不前，爲郡者不免用鞭箠催督。醉中道此語，醒後還驚，恐得罪朝廷，以譏諷新法不便之故也。元豐三年三月內，軾曾將相識僧行腳色寫書與弟轍，令送與錢藻，問錢藻房弟附馬都尉錢景臻，求祠部紫衣各一道，既不識景臻，其祠部亦不曾取，上件冊子內。

【送張方平】

一熙寧四年五月中，軾將赴杭州，張方平陳乞得南京留臺，本人有詩一首送軾，軾只記得落句云：最好乘湖遊禪扉。其餘不記，即無譏諷，卻有一詩送本人云：「無人長者側，何以安子思。」意以子思比方平之賢，言：朝廷當堅留要任，不可令閒也。

元豐元年八月內，張方平令王鞏將詩一卷來徐州。題封曰：「樂全堂雜詠」，折開看乃是張方平舊詩，今不記其詞，即無譏諷。軾作一詩題卷末，其詞云：「人物已衰謝，微言難重尋。清談未足多，感時意殊深。」軾言晉元帝時衛玠初過江左，不意永嘉之末，復聞正始之音。軾意言：晉元帝時人物衰謝不意，復見張方平之文章才氣，以譏諷今時風俗衰薄也。意以衛玠比方平，故云：「清談未足多，感時意殊深。」言：我非獨多衛玠清談，但感時之人物衰謝，微言難斷，此意殊深遠也。又云：「少年有奇志，欲和南風琴。荒林蜩蚻亂，廢沼蛙蟈淫。遂欲掩兩耳，臨文但噫喑。」意言：軾少年本有志，欲和天子薰風之詩，因見學者皆空言無實，雜引佛老異論之書，文字雜亂，故以荒林廢沼比朝廷新法，屢有變改，事多荒廢。致風俗虛浮，學者誕妄，如蜩蚻之紛亂，故遂掩耳不欲論文也。又云：「蕭然王郎子，來自緱山陰。云見浮邱伯，吹簫明月岑。遺聲落淮泗，蛟鼉爲悲吟。」以王子晉比王鞏，以浮邱伯比方平也。顧公正王度祈招繼愔愔，據左氏楚靈王欲求九鼎於周，求地於諸侯，其臣令尹子華諫王，其詩曰：「祈招之愔愔，式昭德音，思我王度，式如玉，式如金，形民之力，而無醉飽之心。」楚靈王不能用，以及於難其事節止於此。但軾不全記其詞，軾欲張方平勿爲虛言之詩。當作譏諷朝廷政事闕失，如祭父作祈招之詩也。軾封題云：「上還宣徽太尉丈文表姪蜀人蘇軾謹封」。令王鞏將與張方平收卻。軾於九月三日准問目有無未盡，即供具析元不係冊子內。

【和李常來字韻】

一熙寧八年六月。李常來字韻詩一首與軾，即無譏諷。軾依韻和答云：「何人勸我此中來，絃管生衣甑有埃。綠蟻沾脣無百斛，蝗蟲撲面已三回。磨刀入谷追窮冠，灑涕循城掩棄骸。爲郡鮮歡君莫笑，何如塵土走章臺。」此詩譏諷朝廷新法，減削公使錢太甚，及造酒不得過百石，致管絃生衣甑有塵，及言蝗蟲盜賊災傷飢饉之甚，以譏朝廷政事闕失及新法不便之所致也。軾九月十四日准問目有無未盡，軾供曾和李常等詩，即不係冊子內。

【為王安上作公堂記】

一元豐元年七月爲王安上作公堂記，軾知徐州，滕縣贊善大夫范純粹修葺本州廨宇極齊整，本官替去。軾作滕縣公堂記一首，與范純粹交代知縣王安上寺丞，立石在本縣，即不曾寄范純粹，其記多不具載，此記大率譏諷朝廷新法已來，減削公使錢，裁損當直公人，不許修造屋宇，故所在官舍例皆壞陋也。軾准問目有無不盡，供說因依即不係冊子內。

【揚州贈劉摯孫洙】

一熙寧四年十月，軾赴杭州通判，到杭州有劉摯爲作臺官，言事謫降湖南，并一般館職。孫洙、劉攽皆在揚州，偶然相聚數日，別後軾作詩三首，各用逐人字爲韻，內贈劉摯詩，云：詩寄劉摯因循不曾寫寄本人，口曾與孫洙詩，一處寫寄孫洙。其贈劉摯詩云：「莫落江湖上，遂與屈子鄰。」意謂屈原放逐潭湘之間，而非其罪，今劉摯亦謫官湖南，故言與屈子相鄰近也。緣是時間，說劉摯爲言新法不便責降，既以屈原非罪比摯，即是謂摯所言爲當，以譏諷朝廷新法不便也。又云：「士方在田裡，自比渭與莘。出試乃大謬，芻狗難重陳。」莊子詆毀孔子言，孔子所言皆先王之陳跡也，譬如已陳之芻狗難再陳也。軾意以譏諷，當時執政大臣在田里之時，自比太公伊尹，及出而試用大謬戾，當便罷退，不可再施用也。上件詩係冊子內，并元豐元年九月十八日寫書寄劉摯云：定國見臨，數日有詩可取，王鞏字定國，及次韻黃魯直詩有譏諷，在黃庭堅項內聲說訖。

釋：

謬戾：暴虐乖舛也。道德指歸論：稟陰陽之謬戾者，爲小人，故兇詐姦邪。

【次韻潛師放魚詩】

一元豐五年四月中，作次韻潛師放魚詩一首。軾知徐州日，有相識浙僧道潛來相看，同在河亭上坐見人打魚，其僧買魚放生，後作詩一首，即無譏諷。軾依韻和詩一首與本人云：「疲民尚作魚尾赤，數罟未除吾顙泚。左傳云：「如魚赬尾橫流，而方揚鬻。」亦是時徐州大水之後，役夫數起，軾言：民之疲病如魚勞而尾赤也。數罟謂魚網之細密者。又言：民既疲病，朝廷又行青苗，助役不爲除放，如密網之取魚也。皆以譏諷朝廷新法不便，所以致大水之災也。軾在臺於十月十二日准問目有無未盡，軾供因依不係朝旨降到冊子內。

釋：

赬：魚勞而尾赤。

【知徐州作日喻一篇】

一元豐元年軾知徐州，十月十三日在本州監酒正字，吳琯鎖廳得解赴省試。軾作文一篇名爲「日喻」，以譏諷近日科場之士，但務求進不務積學，故皆空言而無所得，以譏諷朝廷更改科場新法不便也。軾在臺於九月十三日，准問目有無未盡，軾供說因依係冊子內。

【為錢公輔作哀辭】

一元豐元年軾知徐州，熙寧七年五月軾自杭州通判移知密州，道經常州見錢公輔子世雄，是時公輔已身亡。世雄要軾作公輔哀辭，軾之意除無譏諷外，云：「載而之世之人兮，世悍堅而莫答。」此言錢公輔為人方正，世人不能容，為公輔曾繳王疇樞密詞頭因此謫官，後來朝廷亦不甚進用。意以譏諷責降，公輔非罪，及朝廷不能進用公輔也。又云：「子奄忽而不返兮，世混混吾焉。」則意以譏諷今時之人，正邪混淆不分，曲直吾無所取則也。軾於九月准問目供出，因依不係降到冊子內。

【與僧居則作大悲閣記】

一熙寧八年軾知徐州，日有杭州鹽官縣安國寺相識僧居則，請軾作大悲閣記，意謂舊日科場以賦取人。賦題所出；多關涉天文、地理、禮樂、律歷，故學者不敢不留意。於此等事，今來科場以大意取人，故學者只務空言高論，而無實學。以譏諷朝廷改更科場法度不便也。軾在臺九月三日准問目供具，因依不係降到冊子內。

【與鼂繹先生作文集序】

一熙寧七年軾知密州日，顏復寄書與軾云：為先父諱太初自號鼂繹先生，求作文集引序。軾遂譏諷朝廷更改法度，使學者皆空言不便也。軾於九月三日准問目有無未盡，軾供出因依不係降到冊子內。

【和陳述古十月開牡丹四絕】

一熙寧六年任杭州通判時，知州係知制誥陳襄，字述古。是年冬十月內，一僧寺開牡丹數朵，陳襄作詩四絕，軾當和云：「一朵妖紅翠欲流，春光回照雪霜羞。化工只欲呈新巧，不放閑花得少休。」又云：「當時只道鶴林仙，解遺秋花發杜鵑。誰信詩能傳造化，直教霜枿放春妍。」又云：「花開時節雨連風，猶向霜林染爛紅。漏泄春光私一物，此心未信出天工。」又云：「不憤清霜入小園，故將詩律變寒暄。使君欲見藍關詠，更請韓郎爲染根。」此詩皆譏諷當時執政大臣，以比化工，但欲出新意擘劃令小民，不得暫閑也。其詩係冊子內。

【寄題司馬君實獨樂園】

一熙寧十年，司馬光任端明殿學士提舉西京崇福宮，在西洛葺園號獨樂。軾於是年五月六日作詩寄題，除無譏諷外，云：「先生獨何事，四方望陶冶。兒童誦君實，走卒知司馬。撫掌笑先生，年來效喑啞。」四海蒼生望司馬執政，陶冶天下，以譏諷見在執政不得其人。又云：兒童走卒皆知姓字，終當進用。司馬光字君實，曾言新法不便，與軾意合，既言終當進用，亦是譏諷朝廷新法不便，終當用司馬光。光卻喑啞不言，意望依前攻擊。九月三日准問目供訖不合，虛稱無有譏諷，再勘方招其詩，不係降到冊子內。

註：譏諷見在執政之「見」字，即今「現」字，當年通用之，而無現字。

此則獨樂園詩僅摘錄片段，前段已錄，請閱之。

【送曾鞏得燕字】

一熙寧三年內，送到曾鞏詩簡，曾鞏字子固，是年准敕通判越州，臨行館閣同舍舊例餞送，眾人分韻。軾探得燕字韻，作詩一首；送曾鞏云：「醉翁門下士，雜遝難爲賢。曾子獨超軼，孤芳陋群妍。昔從南方來，與翁兩聯翩。翁今自憔悴，子去亦宜然。賈誼窮適楚，樂天老思燕。那因江鱠美，遽厭天庖羶。但若世論隘，聒耳如蜩蟬。」譏諷近日朝廷進用多刻薄之人，議論褊隘，聒喧如蜩蟬之鳴，不足聽也。又云：「安得萬頃池，養此橫海鱣。」以此比曾鞏橫才也。又熙寧五年十一月二十三日，軾答曾鞏書除無譏諷外，其間有賦役毛起，鹽事峻急，民不聊生，意言新法不便，煩碎如毛之穴，又加鹽事太急，處刑罰民不堪命。軾在臺隱諱，蒙會到曾鞏狀，曾被人申送到上件簡帖，九月十七日方招其詩。元係准朝旨降到印行冊子內，簡帖即不係降到冊子內。

【湖州謝上表】

一元豐二年四月二十九日，赴任湖州謝上表云：臣荷先帝之誤，恩擢置三館，蒙陛下之過，聽付以兩州。陛下知其愚不適時，難以追陪新進，察其老不生事，或能牧養小民。軾謂館職多年，未蒙不次進用，故言荷先帝之誤，恩擢置三館，蒙陛下之過，聽付以兩州。又見朝廷近日進用之人多是少年，及與軾議論不合，故言愚不適時，難以追陪新進。以譏諷朝廷進用之人，多是循時迎合，又云：察其老不生事，或能牧養小民，以譏諷朝廷多是生事擾擾，以奪農時，上件表係元准朝旨坐到事節。

附錄：

湖州謝上表：臣軾言，蒙恩就移，前件差遣。已於今月二十日到任上訖者，風俗阜安，在東南號爲無事。本朝廷所以優賢，顧惟何人，亦與茲選臣軾。伏念臣性資頑鄙，名跡堙微，議論闊疏，文學淺陋。凡人必有一得，而臣獨無寸長。荷先帝之誤，恩擢寘三館。蒙陛下之過，聽付以兩州。非不欲痛自激昂，少酬恩造。而才分所局，有過無功，法令具存，雖勤何補，罪固多矣，臣猶知之。夫何越次之外邦，更許借資而顯受。顧惟無狀，豈不知恩。此蓋伏遇皇帝陛下，天覆群生，海涵萬族。用人不求其備，嘉善而矜，不能知其愚。不適時難，以追陪新進察其老不生事，或能牧養小民。而臣頃在錢塘，樂其風土。魚鳥之性，既自得於江湖。亦安臣之教令。敢不奉法勤職，息訟平刑。上以廣朝廷之仁，下慰父老之望。臣無任。（東坡集　卷二十五）

【遊杭州風水洞留題】

一熙寧七年爲通判杭州，於正月二十七日遊風水洞，有本州節推李佖知軾到來，在彼等候。軾到乃留題於壁，其卒章不合。云：「世上小兒誇疾走，如君相待今安有。」以譏世之小人多務急進也，其詩即不曾寫與李佖。當年再遊風水洞，又云：「世事漸艱吾欲去，永隨二子脫譏讒。」意謂朝廷行新法，後來世事日益艱難，小人多務讒謗。軾度斯時之不可以合，又不可以容，故欲棄官隱居也。今年十一月二十日，本臺准杭州十月十四日公文抄錄到上件，詩一首，於十一月二日准問目軾便具招，當時即不係降到冊子內。

【和劉恕三首】

一熙寧六年軾任杭州通判，有秘書劉恕，字道原，寄詩三首。軾依韻和，即不曾寄張師民，師民者亦不曾識。除無譏諷外，云：「仁義大捷徑，詩書一旅亭。相誇綬若若，猶誦麥青青。腐鼠相勞嚇，高鴻本自冥。顛狂不用喚，酒盡漸須醒。」此詩譏諷朝廷近日進用之人，以仁義爲捷徑，以詩書爲逆旅。俱爲印綬爵祿所誘，則假六經以進，如莊子所謂：「儒以詩書發冢。」故云麥青青。又云：「小人之顧祿，如鵾鶱以腐鼠嚇鴻鵠，其溺於利。如人之醉於酒，酒盡則自醒也。」又云：「敢向清時怨不容，直嗟吾道與君東。坐談足使淮南懼，歸去方知冀北空。獨鶴不須驚夜旦，群鳥未可辨雌雄。廬山自古不到處，得與幽人仔細窮。」軾爲劉恕有學問、性正直，故作此詩美之。因以譏諷當今進用之人也。恕於是時自館中出監酒務，非敢恕時之不容焉？融謂鄭康成吾道東矣！故比之汲黯在朝，淮南寢議。又以比恕之直，又韓愈云：「冀北馬群，遂空言館中無人也。嵇紹昂昂，如獨鶴在雞群。」又淮南子：「雞之將旦，鶴知夜半。」又以劉恕比鶴，謂眾人爲雞也。詩曰：「具曰：予聖誰知烏之雌雄。」言今日進用之人，君子小人雜處，如烏不可辨雌雄。其詩在冊子內。

【送蔡冠卿知饒州】

一熙寧五年二月內，大理少卿蔡冠卿准敕差知饒州。軾作詩送之曰：「吾觀蔡子與人遊，掀逐笑語無不可。平時儻蕩不驚俗，臨事迂闊乃過我。横前坑阱眾所畏，布路金珠誰不裹。適來變化驚何速，昔號剛強今亦頗。憐君獨守廷尉法，晚歲卻理鄱陽柁。莫嗟天驥逐羸牛，欲試良玉須猛火。世事徐觀眞夢寐，人生不信長坎坷。知君決獄有陰功，他日老人酬魏顆。」除無譏諷外，云：横前坑阱眾所畏，以譏當時朝廷用事之人，有逆其意者，則設坑阱以陷之也。又云：布路金珠誰不裹，以譏諷朝廷用事之人，有順其意者，則以利誘之，如以金珠布路也。又云：邇來變化驚何速，昔號剛強今亦頽。以譏士大夫爲利所誘脅，變化以從之，雖舊號金剛今亦然也。又云：憐君獨守廷尉法，言冠卿屢與朝廷爭議刑法，以致不進用，卻出守小郡也。又云：莫嗟天驥逐羸牛，軾以冠卿比天驥，以進用不才比羸牛，軾意以譏諷朝廷進用之人不當也。又云：欲試良玉須猛火，良玉經火不變，然後爲良，言冠卿經歷險阻折挫，節操不改如良玉也。又云：世事徐觀如夢寐，人生不幸長坎坷。爲冠卿屢與朝廷爭議刑法，致不進用，言人事得喪，古來譬如夢幻，當時執政必不常進，冠卿亦不常退。故云人生不信長坎坷也。其詩係冊子內。

註：本節鏤版頗多舛謬，記於后：

掀逐笑語無不可，此「逐」字爲豗字。豗者，喧鬨也。羸牛之「羸」字爲此羸字，羸者，瘦弱也。人生不「幸」長坎坷，幸字應是「信」字。文中共三句，兩句用「信」字，而一句用幸字恐鋟版有誤。（依東坡全集卷三「送蔡冠卿知饒州詩」校勘之，皆信字。）

【為張次山作寶墨堂記】

一熙寧五年內，軾往通判杭州日，太子中舍越州簽判張次山有書，求軾作本家寶墨堂記，除別無譏諷外，云：「蜀之語曰：學書者，紙廢；學醫者，人費。」此言雖小可以喻大，世好功名者，以其未試之學，而驟出之於政，其費人豈特醫者之比乎？軾以謂學醫者，當知醫書，以窮疾之本原，若今庸醫瞽伎投藥石以害人性命。意以譏諷朝廷進用之人，多不練事，驟施民政，喜怒不常，其害人甚於庸醫之末習。八月二十四日准問目供説，因依即不係朝旨降到冊子內。

【送杜子方、陳珪、戚秉道】

一熙寧五年，杭州錄參杜子方、司户陳珪、司理戚秉道，各爲承勘本州姓裴人家，女使夏沈香投井，姓裴人家女亦在內，身死不明。事當時夏沈香只決臀杖二十放後，來本路提刑陳睦舉駁上件公事，差秀州通判張若濟重勘，決殺夏沈香，前項三官因此衝替。意提刑陳睦及勘官張若濟駁勘不當，致此三人無辜失官。軾作詩送之云：「秋風瑟瑟鳴枯蓼，船閣荒涼夜悄悄。正當逐客斷腸時，君獨歌呼醉達曉。老夫平生齊得喪，尚戀微官失輕矯。今君憔悴歸無食，五斗未可秋毫小。君今失意能幾時，月啖蝦蟆行復皎。殺人無驗中不快，此恨終身恐難了。徇時所得無幾何，隨手已遭憂患繞。期君已似種宿麥，忍飢待食明年麨。」此詩除無譏諷外，云：今君失意能幾時，月啖蝦蟆行復皎。意比盧仝月蝕詩云：「傳聞古來説，月蝕蝦蟆精。」盧仝意比朝廷爲小人所蒙蔽也。軾亦言杜子方等本無罪，爲陳睦、張若濟蒙蔽朝廷，以致衝替逐人，後當感悟。復云：循時所得無幾何，隨手已遭憂患繞。意謂張若濟不久自爲公事也。此詩係冊子內。

註：詩中一句，徇時所得無幾何，文中兩句有「徇、循」之別，依東坡集卷五：送杭州杜、戚、陳三掾罷官歸鄉一節中校勘，爲此「徇」字，此「循」爲鏤版之誤。徇者，營私偏袒也。其提刑陳睦與司陳珪二人姓名，鏤版時已生舛謬，並勘正之。

【與王鞏作三槐堂記并真贊】

一元豐二年八月九日，與王鞏寫次韻黃魯直詩，所有譏諷在黃庭堅項內聲說。及十月中王鞏書來，求軾作本宅三槐堂記，并其父王素，字仲儀眞贊。除無譏諷外，云：吾儕小人，朝不謀夕，相時射利，皇䘏厥德。庶幾僥倖，不種而獲，不有君子，其何能國。言祖宗朝，若無此有德，君子安能建國乎！以言王旦父子也。其眞贊除無譏諷外，云：平居無事，商功利、課殿最，誠不如新進之士。至於緩急之際，決大策，安大眾；呼之不來，麾之不散。唯世臣巨室爲能意，以譏諷當今進用之人，止可商功利，課殿最而已。若緩急安眾決策，須舊臣有德之人，素所畏服者。又云：使新進之人當之，雖有韓白之勇，良平之奇，豈能坐勝。有才而德望未隆者，縱有韓信、白起之勇，張良、陳平之智，亦不如世臣宿將，人素畏服成功速也。又云：彼寠人子既陋且寒，終勞永憂，莫知其賢。意以譏諷當今進用之人，出於貧賤，意見鄙儉，空多勞憂，不足爲利也。軾八月二十四日准問目供具，因依即不係朝旨降到冊子內。

【謝錢顗送茶一首】

一熙寧六年，軾任杭州通判日，因本路運司差往潤州，勾當公事，經過秀州。錢顗字道安，在秀州監酒稅，曾作臺官，始於秀州與之相見。得顗作詩一首，送茶與軾，復與詩一首謝之。除無譏諷外，云：「草茶無賴空有名，高者妖邪次頑獷。」以譏世之小人乍得權用，不知上下之分。若不諂媚妖邪，即須頑獷狼劣。又云：「體輕雖欲強浮泛，性滯偏工嘔酸冷。」亦以譏世之小人，體輕浮而性滯泥也。」又云：「其間絕品非不佳，張禹縱賢非骨硬。」亦以譏世之小人，如張禹雖有學問，細行謹飭，終非骨硬之人。又云：「收藏愛惜待嘉客，不敢包裹鑽權倖。此詩有味君勿傳，空使時人怒生瘿。」以譏世之小人，有以好茶鑽要貴者，聞此詩當大怒也。上件詩係到冊子內。

釋：

張禹：人名大辭典中有三位。本節中所指爲西漢成帝時人，封安昌侯，帝屬疑外戚王鳳而問張禹，禹因已老孫弱而畏王氏，不敢直言，衆視禹爲佞臣，後釀成新莽之禍。（漢書卷八十一）

【送范鎮往西京】

一熙寧十年二月三日，范鎮往西京，軾作詩送之。軾昨知密州得替到關城外，借得范鎮園，安泊鎮鄉里世舊也。其詩除無譏諷外，云：「小人眞闇事，閑退豈公難。」以諷今時小人，以小才而享大位，闇於事理，以進爲榮，以退爲辱。范鎮前爲侍郎難進易退，小人不知也。又云：「言深聽者寒。」軾謂鎮舊日多論時事，其言深切，聽者爲恐。意言鎮當時所言，皆不便事也。軾九月三日在臺准問目供出其詩，即不係降到冊子內。

【祭常山作放鷹一首】

一熙寧八年五月，軾知密州內，於本州常山泉水處祈雨有應。軾遂立名爲雲泉。九年四月癸卯立石常山之上，除無譏諷外，云：「堂堂在位，有號不聞。」以譏諷是時京東連年蝗旱，訴聞鄰郡百姓訴旱，官史多不接狀，依法檢收災傷，致令怨傷之聲，盈於上下。當時之人，耳如不聽，故記有嗟呼之詩也。去年祭常山回，與同官習射放鷹，作詩一首，題在本州小廳上，除無譏諷外，云：「聖朝若用西涼簿，白羽猶能效一麾。」意取西涼州主簿謝艾州文，本書生也，善能用兵。故以此自比，若用軾爲將，亦不減謝艾也。故作放鷹詩云：「聖朝若用軾爲將，不減尚父能鷹揚。」軾在臺供說，即不係冊子內。

【後杞菊賦并引】

一熙寧八年秋軾知密州漣水縣，著作佐郎盛僑後杞菊賦，并引其詞內，譏諷情意已在王鞏項內聲說。

【同李杞因獵出遊孤山作詩四首】

一熙寧五年軾任通判杭州，於十二月內與發運司勾當公事，大理寺丞杞因獵出遊孤山，作詩四首，內第二首有譏諷，其意已在王詵項內聲說。

【徐州觀百步溪詩】

一熙寧十年知徐州日，觀百步溪作詩一篇，即無譏諷，有本州教授舒煥，字堯文。和詩云：「先生何人堪並席，李郭相逢上舟日。殘霞明滅日腳沉，水面沉雲天一色。磷磷石若鐵林兵，翻激奔衝精甲日。岸頭旗幟簇五馬，一櫓飛艎信未下。入夜寒生波浪間，汗衣如逐秋風乾。相忘河魚互出沒，得性沙鳥鳴間關。委蛇二龍乃神物，遊樂諸溪誠爲難。築亭種柳恐不暇，天下龍雨須公還。」上件詩意無譏諷，所有山村詩，即不曾寄呂仲甫。

【張氏蘭皋園記】

一元豐二年三月二十七日與張碩秀才，撰宿州靈壁鎮張氏蘭皋園記，即無譏諷。（詳見國子博士李宜之狀）

【中使皇甫遵到湖州勾至御史臺】

一今年七月二十八日，中使皇甫遵到湖州勾攝軾前來，至六月十八日赴御史臺出頭，當日准問目，方知奉聖旨根勘。當月二十日軾供狀時，除山村詩外，其餘文字並無干涉時事，二十二日又虛稱更無往復詩等文字。二十四日又虛稱別無譏諷嘲詠詩賦等，應係干涉文字。二十四日又虛稱，即別不曾與文字往還。三十日卻供，通自來與人有詩賦往還，人數，姓名。又不說曾有黃庭堅譏諷文字等。因依再勘方招外，其餘前後供，析語言：因依等不同去處，委是忘記，誤有供通，即非諱避。軾有此罪衍，甘伏朝典。十月十五日奉御寶批見，勘治蘇軾公事應內外文武官，曾與蘇軾交往，以文字譏諷政事，該取會驗問看，若干人聞奏，至十二月二十一日准中書批送下，本所伏乞勘會蘇軾舉主，奉聖旨李清臣按後聲說張方平等，並收坐。奉聖旨王鞏說執政商量等，言特與免根治外，其餘依次結。按聞奏又中書省劄子，權御史中丞李定等，准元豐二年十一月二十八日劄子，蘇軾公事見結。按次其蘇軾欲乞在臺收禁，聽候敕命斷遣。奉聖旨，依奏按後收坐人姓名：

王鞏　王詵　蘇轍　李清臣　高立　僧居則　僧道潛　張方平　田濟　黃庭堅　范鎮

司馬光　孫覺　李常　曾鞏　周邠　劉摯　吳琯　劉攽　陳襄　顏復　錢藻

盛僑　王紛　戚秉道　錢世雄　王安上　杜子方　陳珪

已上係收蘇軾有譏諷文字不申繳入司

章　傅　蘇舜舉　錢　顗　蔡冠卿　呂仲甫　劉　述　劉　恕　李　杞　李有間　趙　昶　李孝孫

仲伯達　晁端彥　沈　立　文　同　梁　交　關景仁　張次山　徐汝奭　吳天常　劉　瑾　李　佖

晁端成　邵　迎　陳　章　楊　介　刀　約　姜承顏　張　援　李　定　毛國華　劉　勛　沈　迥

許　醇　黃　顏　單　錫　孔舜亮　歐陽修　焦千之　孫　洙　岑象之　張　先　陳　烈　張吉甫

張景之　李　庠　孫　弁

已上承受無譏諷文字

註：無譏諷文字中之「刀約」係爲鏤版舛謬，原爲「刁約」。按刁約爲宋仁宗天聖進士，英宗治平出知揚州，宋史無傳，見尚友錄卷六。

文中：六月十八日赴御史臺出頭，按爲八月十八日。

（依蘇軾年譜校勘，鏤版時錯誤。）

【御史臺根勘結按狀】

御史臺根勘所今根勘蘇軾、王詵情罪，於十一月三十日結。按具狀申奏，差權發運三司度支副使陳睦錄問，別無翻異。續據御史臺根勘所狀稱：蘇軾說與王詵道，你將取佛入涅槃及桃花雀竹等，我待要未繇武宗元畫鬼神，王詵允肯。言得：

一熙寧三年已後至元豐三年十一月十五日德音，前令王詵送錢與柳校丞後，留僧思大師畫數軸，并就王詵借錢一百貫，并爲婢出家及相識僧與王詵處，許將祠部來取，并曾將畫與王詵裝褙。并送李清臣詩，欲於國史中載所論。并湖州謝上表，譏用人生事擾民。准敕臣僚不得因上表稱謝，妄有詆毀。仰御史臺彈奏，又條海行條貫不指定刑名，從不應爲輕重，准律不應爲事理重者杖八十，斷合杖八十私罪。又到臺，累次虛妄不實供通，准律別制下，問按推報上不以實徒一年，未奏減一等，合杖一百私罪。

一作詩賦等文字譏諷朝政闕失等事；到臺被問，便具因依招通，准律作匿名文字謗訕朝政，及中外臣僚，徒二年。准敕罪人因疑被執，贓狀未明。因官監問自首，依按問欲舉自首，又准刑統犯罪，按問欲舉而自首減二等。合比附徒一年私罪，係輕更不取旨。

一作詩賦及諸般文字，寄送王詵等致有鏤版印行，各係譏諷朝廷及謗訕中外臣僚，准敕作匿名文字，嘲訕朝政及中外臣僚徒二年。情重者奏裁，准律犯私罪，以官當徒者，九品以上官一當徒一年。准敕館閣貼職許爲一官，或以官或以職臨時取旨。據按蘇軾見任祠部員外郎直史館，并歷太常博士，其蘇軾合追兩官勒停放，准敕比附定刑慮，恐不中者奏裁其蘇軾係情重及比附，并或以官或以職，奉聖旨蘇軾可責授檢校水部員外郎，充黃州團練使，本州安置不得簽書公事。

按：蘇軾久獄不決，神宗特赦任黃州團練副使，非團練使。又：水部不詳。（見宋史卷三百三十八蘇軾傳）

【東坡烏臺詩案附錄】

宋神宗元豐二年己未下知湖州蘇軾獄，貶爲黃州團練副使。分註云：軾自徐徙湖，上表以謝。又以事不便民者不敢言，以詩託諷，庶有益於國。中丞李定、御史舒亶摘其語以爲侮慢。因論軾自熙寧以來，作爲文字怨謗君父，交通戚里，逮軾赴臺獄。詔定與知諫院張璪、御史何正臣、舒亶等，雜治之定等媒蘖，以爲誹謗時事，鍛鍊久之，且多引名士欲置之死。太皇太后曹氏違豫中聞之，謂帝曰：嘗憶仁宗以制科得軾兄弟，喜曰：吾爲子孫得兩宰相。今聞軾以作詩繫獄，得非讎人中傷之乎？據至於詩其過微矣！宜孰察之。帝曰：謹受教。吳克申救甚力，帝亦憐之。會同修起居注王安禮從容白帝曰：自古大度之君，不以言語罪人，軾以才自奮，謂爵祿可立取，顧碌碌如此，其心不能無觖望，今一旦致于理，恐後世謂陛下不能容才。帝曰：朕固不深譴也。行爲卿貫之第去勿漏言，軾方賈怨於衆，恐言者緣以害卿也。王珪復舉軾詠檜詩曰：「根到九泉無曲處，世間惟有蟄龍知。」以爲不臣。帝曰：彼自詠檜爾，何預朕事。軾遂得輕比。舒亶又言：附馬都尉王詵輩，公爲朋比。如盛僑、周邠固不足論，若司馬光、張方平、范鎭、陳襄、劉摯皆略能誦說先王之言，而所懷如此可置而不誅乎？帝不從，但貶軾黃州團練副使，本州安置。弟轍及詵皆坐謫貶，張方平、司馬光、范鎭等二十二人俱罰銅。初鮮于侁爲京東轉運使，以王安石，呂惠卿當國，正人不得立朝，歎曰：吾有舉薦之權，而所列非賢恥也。遂舉劉摯、李常、蘇軾、蘇轍、劉邠、范祖禹等及知揚州會軾，自湖赴獄，親朋皆絕，與交道，出廣陵，侁往見之，臺吏不許通，或曰：公與軾相知久，其所往來文字、書簡宜焚之勿留，不然且獲罪。侁曰：欺君負友吾不忍，爲以忠義分譴則所願也。至是以舉吏累，謫主管西京御史臺。

【烏臺詩案跋】

烏臺詩案一冊，宋蜀人朋九萬撰。蓋蘇軾由祠部員外郎直史館知湖州，遭時群小舒亶等搆成詩禍，拘禁之原案也。附以初舉發章疏及謫官後，表章書啓詩詞等而成之。直齋書錄解題作烏臺詩話十三卷，明百川書志作一卷，今所得宋本合爲一冊，不分卷次，則非十三卷之舊本矣。書中遇朝旨等字俱抬頭，豈爲宋人刪併之，與抑所附章疏、表啓皆後人附益之歟？

童山李調元跋

讀後語：

烏臺詩案所刊載文字與史實傳記相距頗鉅，試舉一例：「知徐州日論一篇」云：「以譏諷近日科場之士，但務求進不務積學，故空言而無所得。以譏諷朝廷更改科場新法不便也。」據此而論，科場業經變更新法矣。然通鑑長編以及續通鑑均有記述，與之而不相符，茲分錄於后：

長編：熙寧二年五月群臣準詔，議學校貢舉，多欲改舊法，獨殿中丞直史判官告院蘇軾，云云。上得軾議喜曰：吾固疑此，得軾議釋然矣！即日召見，問何以助朕。軾對曰：陛下求治太急，聽言太廣，進入太銳。願陛下安靜以待物之來，然後應之。上悚然聽受曰：卿三言朕當詳思之。（拾補卷四）

續通鑑：熙寧二年五月王安石以爲古之取士皆本於學，請與建學校以復古，其詩賦、明經諸科悉罷，專以經義、論、策試進士。詔兩制、兩省、御史臺、三司、三館議之。時議者多欲變舊法，直史館判官告院蘇軾，獨以爲不必變。（原奏議冗長不錄，詳東坡奏議集卷一。）

議奏：帝曰：吾固疑此，今得軾議，釋然矣！即日召見，問：方今政令得失安在？雖朕過失，指陳可也。對曰：陛下求治太急，聽言太廣，進人太銳。帝悚然曰：卿三言，朕當孰思之。軾退言於同列，安石滋不悦。帝欲用軾中書條例。安石曰：軾與臣所學及議論皆異，別試一事可也。乃命軾權開封府推官，將困之以事。軾決斷精敏，聲聞益遠。（卷六十六）

蘇軾奏議中重點，乃反對罷革詩賦，其云：「自文章言之，則策論爲有用，詩賦爲無益；自政事言之，則詩賦、策論均爲無用。然自祖宗以來，莫之廢者，以設法爲取士，不過如此也。矧自唐至今，以詩賦爲名臣者，不可勝數，何負於天下而必欲廢之。」蘇軾則長於詩賦，故不欲廢之，此乃不爭之事也。神宗是否如長編及續通鑑所言，而採納蘇軾之奏議，長編則語焉不詳，續通鑑則閃爍其詞。改與未改，皆未明言之。否則烏臺詩案何出「日論」一篇歟？頗令人不解之。再言長編爲南宋李燾所撰，而續通鑑爲清代畢沅所撰，續通鑑文中皆依長編託化而成，致臻明確，文字雷同，比比皆是，鈔襲之舉，無庸諱言。至於變更學制出自荊公，再命蘇軾至開府爲推官等節，長編未言，續通鑑撰之綦詳，且又未見予他本史書或稗記，其資料出自何處，未予註明，事隔數百年之久，何知如之詳歟？徒令後人陡生疑竇耳！且續通鑑將蘇軾原奏議雖經刊載，卻將文中刪除甚夥，文後復切去約三分之一不刊，居心叵測？則難言之！似有斷章取義之嫌，而迷惑後世之人耳！恐受元祐黨人蠱惑，墜其彀中，尚自不覺，亦未可知也。元祐黨人邵伯溫對烏臺詩案復揑作妄言，茲錄於后：

聞見錄　蘇內翰子瞻詩云：「感君離合我酸心，此事今無古或聞」。王荊公薦李定爲臺官，定嘗不持母服，臺諫給舍俱論其不孝不可用。內翰因壽昌作詩貶定，故曰：「此事今無古或聞」。後定爲御史中丞言：內翰作此詩貶上，自知湖州赴詔獄，小人必殺之。……卒赦之。止以團練副使安置黃州。（卷十三）

聞見錄所言謬矣！中丞李定非爲介甫客也；李定亦非荊公所薦爲臺官。復據涑水記聞云：「介甫用事坐違忤斥逐者，雖屢經赦令，不復舊職。如知制誥李大臨、蘇頌、封還、李定詞頭奪職外補，幾十年經三赦，大臨纔得侍制，頌不得秘書監。及熙寧十年圜丘赦，頌除諫議大夫。」（卷十六）如是邵伯溫所爲之言，相互矛盾耶！卷十三云：王荊公薦李定爲臺官；卷十六云：李定奪職外補，三赦而不復其職。且經幾十年，荊公爲相未有十年矣，何經幾十年耶！然蘇軾至黃州及自黃州返回時，與荊公相聚於江寧甚歡，軾並和荊公之詩（前章已述），荊公何有令李定劾蘇軾之有乎？

荊公罷相爲熙寧九年十月，蘇軾於湖州下獄爲元豐二年七月，兩事相距整三年矣。不論御史謝景溫或中丞李定。荊公已不在朝，何有權指使之。且宋史自仁宗天聖年起以至南渡，無不鈔自元祐年間之稗史雜記，而論人、論時、論事均不吻合。與荊公何涉，令人難予置信之。至於蘇軾下獄，左遷黃州團練副使一節，各類史書均未詳確記載，難言究竟歟？

蘇軾本傳……知徐州，河決曹村。泛于梁山泊，溢于南清河，匯于城下。……雨日夜不止，城不沈者三版。軾廬於其上，過家不入。使官吏分堵，以守卒全其城。復請調來歲夫，增築故城爲木岸，以虞水之再至，朝廷從之。徙知湖州，上表以謝。又以事不便民者不敢言，以詩託諷，庶有補於國。御史李定、舒亶、何正言摭其表語，並媒蘖所爲詩以爲訕謗，逮赴臺獄，欲寘之死，鍛鍊久之不決。神宗獨憐之，以黃州團練副使安置。……（宋史卷三三八）

蘇軾年譜：（宋・王宗稷編）元豐二年。……先生作子立墓誌云：子立、子敏皆從余學於吳興，學道日進，東南之士稱之。是歲言事者，以先生湖州到任謝表以爲謗。七月二十八日中使皇甫遵道湖州追攝。按子立墓誌云：予得罪於吳興。……十二月二十日聞太皇太后升遐，吏以某罪人，不許成服。欲哭則不可，欲泣則不敢。作挽詩二首，已而獄具，十二月二十九日謫授黃州團練副使方。……

李定本傳……元豐初召拜寶文殿侍制，同知諫院進知制誥爲御史中丞。劾蘇軾湖州謝上表，摘其語以爲侮慢，因論軾自熙寧以來，作爲文章，怨謗君父。交通戚里，逮赴臺獄窮治，當會赦論不已，竄之黃州方定。……（宋史卷三二九）

蘇軾下獄據本傳及年譜中並未道出原委，眞實原因，均無所見。本傳云：「以詩訕謗」。東坡全集之中共二千五百六十二首（東坡集共一千四百六十五首，後集共四百八十首，續集共六百十七首。餘四集無詩）。僅東坡集卷十中記有「罷徐州往南京寄子由五首」。五首之中亦僅第三首有四句稍有疑問外，餘爲景色記事而已，並無大礙。其四句爲「窮人命分惡，所向招災凶。水來非吾過，去亦非吾功。」依此四句而言，亦未犯諱蹈律歟？何致惹來牢獄之災歟？其餘各首詩中，均未能覓有冒瀆不恭之詩品，或被刪除。東坡集卷二中刊與李定詩一首，並無「此事今無古或聞」一句，餘則無之。其

神宗求情，赦免蘇軾等節。於續集卷二中有記慈聖光獻曹后什遐作赦詩。詩云：「烏知有赦鬧黃昏」。曹后本傳，其於垂危時向

蘇軾素抱懷才不遇之怨，恃才傲物之態。故拒新法之施行，屢予詩賦詆譭之，元豐二年自徐州移至湖州，四月二十九日履新，上謝表時，文中公然訾議朝廷，而被御史裡行何大正、舒亶及國子博士李宜之參劾。同年七月二十八日中使皇甫遵至湖追攝，下御史臺獄。同年十二月二十九日外貶責降黃州團練副使。（蘇軾年譜摘錄）南宋張端義之貴耳集（卷上）以記此事爲最詳外，並錄蘇軾於御史臺獄中所作乞憐七律二首，由獄卒攜出交與蘇轍。餘宋孔平仲之說苑（卷一）、宋朱彧之萍州可談（卷二）均有刊載之，惟未有貴耳集詳盡，其內容不外爲蘇軾訴苦訴冤而已，此乃元祐黨人故技耶！不錄。其所刊別其弟蘇轍七律二首，請代轉呈神宗及慈聖曹后乞特赦之，故方有外貶黃州之恩也。茲將乞求赦罪二詩錄於后：

聖主如天萬物春，小臣愚暗自亡身。百年未滿先償債，十口無歸更累人。是處青山可埋骨，他年夜雨獨傷神。與君世世爲兄弟，又結來生未了因。

柏臺霜氣夜淒淒，風動琅璫月向低。夢繞雲山心似鹿，魂飛湯火命如雞。眼中犀角眞君子，身後牛衣愧老妻。百歲神遊定何處，桐鄉如葬浙江西。

烏臺詩案，爲宋代朋九萬所編，本篇詩案係依清代李調元之函海第六函鈔錄之。李氏之函海爲清光緒七年八月重鋟，然鏤版不良，文中謬誤頗多，特於每節文後註記之，文句謬誤，導致文詞無法理

解，如第一節御史裡行何大正劄子：「天命作新民，人有小罪非眚。」此眚字，應是上生下目，鏤版卻成上生下月，康熙字典並無上生下月一字，以致無法貫通文中全義。（眚者：過失也、災難也。）即是一例，鈔錄時可校勘者業校勘之。或有少數未能及無法校勘者，亦或有之。另文中尚用古字，如元字即原，闕字即缺字，見字即現字，並予述明。

朋九萬、李調元均爲蜀人，對巴蜀前輩蘇軾迴護之舉，自不待言。按舒亶劄子所言：「印行四冊，謹具進呈。」另御史臺檢會送到冊子一節有云：「檢會送到冊子，題名是：元豐續添蘇子瞻錢塘集全冊，內除目錄更不抄寫外，其三卷並錄付中書門下。……」而且蘇軾供狀每篇尾句均有「降旨到冊子內，或不係冊子內」等語詞。然本篇詩案中卻未見原冊附錄之，故難能知其詳焉！朋氏所編僅是隻語片句而已，蓄意掩飾，故對全冊中之憤懣文詞難窺其詳，蘇軾劣蹟既被掩飾，未能公諸於世耳！以致後世讀本篇詩案，頗有鏡花水月之感矣！

惟蘇軾處世反復，桀傲不馴，恃才傲物，無事生非，是其本性。其於熙寧五年於杭州任通判時，過秀州（今浙江嘉興）至潤州（今江蘇（丹陽）於錢安道上，席間令歌者道服唱七律一首，譏諷御史臺烏府諸公，或結怨於此，而有烏臺詩案之發生，亦未可知也。茲將此詩錄於后：

烏府先生鐵作肝，霜風捲地不知寒。猶嫌白髮年前少，故點紅鐙雪裡看。他日卜鄰先有約，待君投紱我休官。如今且作華陽服，醉唱儂家七返丹。（東坡集卷七）

十四、京本小說(拗相公)

得歲月，延歲月；得歡悅，且歡悅。萬事乘除總在天，何必愁腸千萬結。放心寬，莫量窄，古今興廢言不徹。金谷繁華眼底塵，淮陰事業鋒頭血。臨潼會上膽氣消，丹陽縣裡簫聲絕。時來弱草勝春花，運去精金遜頑鐵。逍遙快樂是便宜，到老方知滋味別。粗衣澹飯足家常，養得浮生一世掘。

閒話已畢，未入本文，且說唐詩四句：

周公恐懼流言日，王莽謙恭下士時。假使當年身便死，一身眞僞有誰知？

此詩大抵說人品有眞有僞，須要惡而知其美，好而知其惡。第一句說周公。那周公姓姬名旦，是周文王少子，有聖德，輔其兄武王伐商，定了周家八百年天下。武王病，周公爲冊文告天，願以身代；藏其冊於金匱，無人知之。以後武王崩，太子成王年幼，周公抱成王於膝以朝諸侯。有庶兄管叔蔡叔將謀不軌，心忌周公，反布散流言，說周公欺侮幼主，不久簒位，成王疑之。周公辭了相位，避居東國，心懷恐懼。一日，天降大雨疾雷，擊開金匱，成王見了冊文，方知周公之忠，迎歸相位，誅了管叔蔡叔，周室危而復安。假如管叔蔡叔流言方起，說周公有反叛之心，周公一病而亡，金匱之文未開，成王之疑未釋，誰人與他分辨，後世卻不把好人當作惡人？

第二句說王莽：王莽字巨君，乃西漢平帝之舅，爲人奸詐，自恃椒房寵勢，相國威權，陰有篡漢之意。恐人心不服，乃折節謙恭，尊禮賢士，假行公道，虛張功業，天下郡縣稱莽功德者，共四十八萬七千五百七十二人。莽知人心歸己，乃鴆平帝、遷太后，自立爲君，改國號曰新，一十八年，直至南陽劉文叔起兵復漢被誅。假如王莽早死十八年，卻不是完全名節，一個賢宰相，垂之史冊，不把惡人當作好人麼？

所以古人說：「日久見人心。」又道：「蓋棺論始定。」不可以一時之譽，斷其爲君子；不可以一時之謗，斷其爲小人。有詩爲證：

毀譽從來不可聽，是非終久自分明；一時輕信人言語，自有明人話不平。

如今說先朝一個宰相，他在下位之時，也著實有名有譽的；後來大權到手，任性胡爲，做錯了事，惹得萬口唾罵，飲恨而終。假若有名譽的時節，一個瞌睡死去了不醒，人還千惜萬惜，道國家沒福，恁般一個好人，未能大用，不盡其才，卻到也留名於後世。及至萬口唾罵時，就死也遲了，這到是多活了幾年的不是！

那位宰相是誰？在那一個朝代？這朝代不近不遠，是北宋神宗皇帝年間，一個首相，姓王，名安石，臨川人也。此人目下十行，書窮萬卷，名臣文彥博、歐陽修、曾鞏、韓維等無不奇其才而稱之。方及二旬，一舉成名。初任浙江慶元府鄞縣知縣，興利除害，大有能聲。轉任揚州僉判，每讀書達旦不寐，日已高，聞太守坐堂，多不及盥漱而往。時揚州太守乃韓魏公名琦者，見安石頭面垢汗，知未盥漱，疑其夜飲，勸以勤學。安石謝教，絕不分辨。後韓魏公察聽他徹夜讀書，心甚異之，更誇其美，陞江寧知府。賢聲愈著，直達帝聽。（按：此段係錄自邵伯溫之聞見錄）

聞見錄：……韓魏公自樞密院副使，以資政殿學士知揚州。王荊公初及第爲僉判，每讀書至達旦，略假寐日已高，急上府多不及盥漱。魏公見荊公年少，疑夜飲放逸。一日從容謂荊公曰：君少年無廢書，不可自棄。荊公不答，退而言曰：韓公不知我者。……（卷九）

正是：

只因前段好，誤了後來人。

神宗天子勵精圖治，聞王安石之賢，特召爲翰林學士。天子問爲治何法，安石以堯舜之道爲對，天子大悅。不二年，拜爲首相，封荊國公。舉朝以爲臯陶復出，伊周再生，同聲相慶。惟李承之見安石雙睛多白，謂是奸邪之相，他日必亂天下；蘇老泉見安石衣服垢敝，經月不洗面，以爲不近人情，作辨姦論以刺之。此兩個人是獨得之見，誰人肯信？不在話下。（按辨姦論之妄，請參閱本書第六節，其錄自聞見錄卷十二。）

安石既爲首相，與神宗天子相知，言聽計從，立起一套新法來：那幾件新法？農田法、水利法、青苗法、保甲法、均輸法、免役法、市場法、保馬法、方田法、募役法。專聽一個小人，姓呂名惠卿，及伊子王雱，朝夕商議，斥逐忠良，拒絕直諫。民間怨聲載道，天變迭興，荊公自以為是，復倡為「三不足」之說：

天變不足畏，人言不足卹，祖宗之法不足守。

按：聞見錄等宋人稗史、筆記皆未見有刊載「三不足」之說，近人林天蔚之「宋代史事質疑」，第三章對此事敘論綦詳，請參閱之。

因他性子執拗，主意一定，佛菩薩也勸他不轉，人皆呼為「拗相公」。文彥博、韓琦許多名臣，先誇佳說好的，到此也自悔失言，一個個上表爭論，不聽，辭官而去，自此持新法益堅。祖制紛更，萬民失業。

一日，愛子王雱病疽而死，荊公痛思之甚，招天下高僧設七七四十九日齋醮，薦圖亡靈。荊公親自行香表拜。

其日，第四十九日，齋醮已完，漏下四鼓，荊公焚香送佛，忽然昏倒於拜氈之上，左右呼喚不醒。到五更如夢初覺，口中道：詫異！詫異！左右扶進中門，吳國夫人命丫環接入內寢，問其緣故。荊公眼中垂淚道：「適纔昏憒之時，恍恍惚惚到一個去處，如大官府之狀，府門尚閉，見吾兒王雱荷巨枷，約重百斤，力殊不勝，蓬頭垢面，流血滿體，立於門外，對我哭訴其苦道：『陰司以兒父久居高位，不思行善，專一任性執拗，行青苗等新法，蠹國害民，怨氣騰天。兒不幸陽祿先盡，受罪極重，非齋醮可言。父親宜及早回頭，休得貪戀富貴！」說猶未畢，府中開門吆喝，驚醒回來。」夫人道：「寧可信其有，不可信其無。妾亦聞外面人言籍籍，歸怨相公。相公何不急流勇退？早去一日，也省了一日的咒罵。」（此節係錄自聞見錄）

聞見錄：祖宗之制，宰相之子無帶職者，神宗特命雱爲從官，然雱已病不能朝矣。雱死荊公罷相，哀悼不忘。有一日，鳳鳥去千年梁木摧之詩，蓋以比孔子也。荊公在鍾山，嘗恍惚見雱荷鐵枷杻如重囚。荊公遂施所居半山園爲寺，以薦其福。……（卷十一）

孫公談圃：……荊公在金陵，未病前一歲，白日見一人上堂再拜，乃故群牧吏其死也已久矣。荊公驚問何故來？吏曰：蒙相公恩以待制，故來。荊公愴然問雱安在？吏曰：見今未結絕了，如要見，可於某夕幕廡下，切勿驚呼，惟可令一親信者在側。荊公如其言，頃之，見一紫袍博帶據案而坐，乃故吏也。獄卒數人枷一囚，自大門而入，身具桎梏，曳病足立廷下，血汗地呻吟之聲，殆不可聞，乃雱也。雱對吏云：告早結絕，良久而滅。荊公幾失聲而哭，爲一指使掩其口。明年，荊公薨。……（卷中）（朱熹之五朝名臣言行錄王安石傳亦錄之。）

荊公從夫人之言，一連十來道表章，告病辭職。天子風聞外邊公論，亦有厭倦之意，遂從其請，以使相判江寧府。我宋以來，宰相解位，都要帶個外任的職銜，到那地方資祿養老，不必管事。

荊公想江寧乃金陵古蹟之地，六朝帝王之都，江山秀麗，人物繁華，足可安居，甚得其意。夫人臨行，盡出房中釵釧衣飾之類及所藏寶玩，約數千金，布施各菴院寺觀，打醮焚香，以資亡兒王雱冥福。擇日辭朝起身，百官設餞送行，荊公託病都不相見。府中一親吏，姓江名居，甚會答應，荊公只帶此一人，與僮僕隨家眷同行。

東京至金陵都有水路，荊公不用官船，微服而行，駕一小艇，由黃河泝流而下，將次開船，荊公喚江居及衆僮僕吩咐：「我雖宰相，今已挂冠而歸，凡一路碼頭歇船之處，有人問我何姓何名，何官何職，汝等但言過往遊客，切莫對他說實話。恐驚動所在官府，前來迎送；或起夫防護，騷擾居民不便。若或洩漏風聲，必是汝等需索地方常例，詐害民財。吾若知之，必皆重責。」衆人都道，謹領鈞旨。江居稟道：「相公白龍魚服，隱姓潛名，倘或途中小輩不識高低，有毀謗相公者，何以處之？」荊公道：「常言道，宰相腹中撐得船過，從來人言不足卹。言吾善者，不足爲喜；言吾惡者，不足爲怒。只當耳邊風過去便了，汝切莫攬事。」江居領命，並曉諭水手知悉，自此水路無話。

不覺二十餘日，已到鍾離地方。荊公原有痰火症，住在小舟多日，情懷抑鬱，火症復發，思欲捨舟登陸，觀看市井風景，少舒愁緒。分吋管家道：「此去金陵不遠，你可小心服侍夫人，家眷從水路由瓜州淮揚過江，我從陸路而來，約到金陵江口相會。」荊公打發家眷開船，自己只帶兩個僮僕，並親吏江居，主僕共是四人登岸：

只因水陸舟車擾，斷送南來北往人。

江居稟道：「相公陸行，必用腳力，還是拿鈞帖到縣驛取討？還是自家用錢雇賃？」荊公道：「我分吋在先，不許驚動官府，只自家雇賃便了。」江居道：「若自家雇賃，須要投個主家。」

當下僮僕攜了包裹，江居引荊公到一個經紀人家來，主人迎接上坐，問道：「客官要往那裡去？」荊公道：「要往江寧，欲覓肩輿一乘，或騾馬三匹，即刻便行。」主人道：「如今不比當初，忙不得呢！」荊公道：「爲何？」主人道：「一言難盡！自從拗相公當權，創立新法，傷財害民，戶口逃散，雖留下幾戶窮民，只好奔走官差，那有空役等雇？況且民窮財盡，百姓饔飧不飽，沒有閒錢去養馬騾，就有幾頭，也不夠差使。客官坐穩，我替你找尋去。尋得下莫喜，尋不來莫怪。只是比往常一倍錢要兩倍呢！」江居問道：「你說那拗相公是誰？」主人道：「叫做王安石，聞說一雙白眼睛，惡人自有惡相。」荊公垂下眼皮，叫江居莫管別人家閑事。主人去了多時，來回復道：「轎伕只許你兩個，要三個也不能夠，沒有替換，卻要把四個人的伕錢。雇匹馬是沒有，止尋得一頭騾子，一個叫驢。明日五鼓到我店裡。客官將就去得時，可付些銀子與他。」

荊公聽了前番許多惡話，不耐煩，巴不得走路。想道：「就是兩個伕子，緩緩而行也罷，只是少一個牲口，沒奈何，把一匹與江居坐，那一匹叫他兩個輪流坐罷。」吩咐江居但憑主人定價，不要與他計較，江居把銀子稱付與主人。

日光尚早，荊公在主人家悶不過，喚童兒跟隨，走出街市閒行。果然市井蕭條，店房稀少。荊公暗暗傷感，走到一個茶坊，到也潔淨。荊公走進茶坊，正欲喚茶，只見壁間題一絕句云：

祖宗制度至詳明，百載餘黎樂太平。白眼無端偏固執，紛紛變亂拂人情。（後款云：無名子慨世之作）

荊公默然無語，連茶也沒興吃了，慌忙出門，又走出數百步，見一所道院。荊公道：「且去隨喜一回消遣則個。」走進大門，就是三間廟宇，荊公正欲瞻禮，尙未跨進殿檻，只見朱壁外面黏著一幅黃紙，紙上有詩句：

五葉明良致太平，相君何事苦紛更。既言堯舜宜爲法，當效伊周輔聖明。排盡舊臣居散地，儘爲斯法誤蒼生。翻思安樂窩中老，先識天津杜宇聲。

先朝英宗皇帝時，有一高士，姓邵名雍，別號堯夫。精於數學，通天徹地，自名其居爲安樂窩。常與客游洛陽天津橋上，聞杜宇之聲，歎曰：「天下從此亂矣！」客問其故？堯夫答道：「天下將治，地氣自北而南；天下將亂，地氣自南而北。洛陽舊無杜宇，今忽有之，乃地氣自南而北之徵。不久天子必用南人爲相，變亂祖宗法度，終宋世不得太平。」這個兆，正應在王安石身上。

按：此段錄自邵伯溫之聞見錄及朱熹之五朝名臣言行錄。茲轉錄於后：

聞見錄・祖宗開國所用將相皆北人，太祖刻石禁中，曰：後世子孫無用南人作相，內臣主兵。至眞宗朝始用閩人其刻不存矣！……（卷一）

言行錄・外集邵雍傳云：治平與客散步天津橋上，聞杜宇聲，慘然不樂。客問其故，則曰：洛無杜宇，今始至，有所主。客問：何也？先生曰：不二年上用南士爲相，多引南人，專務變更，天下自此多事矣！天下將治，地氣自北而南；將亂自南而北，今南方地氣至矣。（轉錄自評傳第七章）

此，索紙題詩，黏於壁上，說是罵什麼拗相公的。」荊公默誦此詩一遍，問香火道人：「此詩何人所作？沒有落款。」道人道：「數日前有一道侶到

荊公將詩紙揭下，藏於袖中，默然而出，回到主人家，悶悶的過了一夜。五鼓雞鳴，兩名伕和一個趕腳的，牽著一頭騾一個叫驢都到了。荊公素性不梳洗，上了肩輿；江居乘了驢子，讓那騾子與僮僕兩個更換騎坐。

約行四十餘里，日光將午，到一村鎮。江居下了驢，走上一步，稟道：相公該打中伙了。荊公因痰火病發，隨身扶手帶得有清肺乾糕及丸藥茶餅等物，分咐手下：「只取沸湯一甌來，你們自去吃飯。」荊公將沸湯調茶，用了點心，眾人吃飯，兀自未了。荊公見屋旁有個坑廁，討了一張毛紙，走去登坑。只見坑廁土牆上，白石灰畫詩八句：

初知鄞邑未陞時，爲負虛名眾所推。蘇老辨奸先有識，李丞劾奏已前知。斥除賢正專威柄，引進虛浮起禍基。最恨邪言三不足，千年流毒臭聲遺。

荊公登了坑，覷個空，就左腳脫下一隻方舃，將舃底向土牆上抹得字跡糊塗，方纔罷手。眾人中伙已畢，荊公復上肩輿而行。又三十里，遇一驛舍，江居稟道：「這官舍寬敞，可以止宿。」荊公道：「昨日叮嚀汝輩是甚言語，今宿於驛亭，豈不惹人盤問？還到前村，擇僻靜處，民家投宿，方爲安穩。」又行五里許，天色將晚，到一村家，竹籬茅舍，柴扇半掩。荊公叫江居上前借宿，江居推門而入，內一老叟，扶杖走出，問其來由。江居道：「某等遊客，欲暫宿尊居一宵，房錢依例奉納。」老

叟道：隨官人們尊便。

江居引荊公進門，與主人相見。老叟延荊公上坐，見江居等三人侍立，知有名分，請到側屋裡另坐，老叟安排茶飯去了，荊公看新粉壁上有大書律詩一首，詩云：

文章漫說自天成，曲學偏邪識者輕。強辨鶉刑非正道，誤餐魚餌豈眞情。姦謀已遂生前志，執拗空遺死後名。親見亡兒陰受梏，始知天理報分明。

按：魚餌一事錄自聞見錄，茲錄於后：

聞見錄．仁宗朝王安石爲知制誥，一日賞花釣魚宴，內侍各以金碟盛釣餌藥置几上，安石食之盡。明日帝謂宰輔曰：王安石詐人也，誤食釣餌一粒則止矣。食之盡不情也。………（卷一）

（此節業經北宋葉夢得之避暑錄話卷上否定之。）

考略爲魚餌一事，特考證云：「人臣侍君賞花釣魚，天威咫尺，朝士並列，一釣餌也。內侍既以金碟盛之，夫人皆知其爲釣餌也。焉有誤食之王安石？而又爲天子親見之哉？夫以天子親見之，而必待明日爲宰輔言之？其有所畏於王安石而不敢言耶！………」（卷十）

其鶉刑一事：請參閱本書第二節「荊公本傳」，係爲荊公於嘉祐三年知制誥時，判少年鬥鶉案。

荊公閱畢，慘然不樂。須臾，老叟搬出飯來，從人都飽餐，荊公也略用了些，問老叟道：「壁上詩何人寫作？」老叟道：「往來遊客所書，不知名姓。」公俯首尋思：我曾辨帛勒爲鶉刑，及誤餐魚餌二事，人頗曉得。只亡兒陰府受梏事，我單對夫人說，並沒有第二人得知，如何此詩言及？好怪！

好怪！

荊公因此詩末句刺著他痛心之處，狐疑不已。因問：「老叟高壽幾何？」老叟道：「年七十八了。」荊公又問：「有幾位賢郎？」老叟撲簌簌淚下，告道：「有四子都死了，與老妻獨居於此。」荊公道：「四子爲何俱夭？」老叟道：「十年以來，苦爲新法所害，諸子應門，或歿於官，或喪於途。老漢幸年高，得以苟延殘喘，倘若少壯，也不在人世了。」

荊公驚問：「新法有何不便，乃至於此。」老叟道：「官人只看壁間詩可知矣。自朝廷用王安石爲相，變易祖宗制度，專以聚歛爲急，拒諫飾非，驅忠立佞。始設青苗法以虐農民，繼立保甲、免役、保馬、均輸等法，紛紜不一。官府奉上而虐下，日以箠掠爲事，吏卒夜呼於門，百姓不得安寢，棄產業，攜妻子，逃於深山者，日有數十。此村百有餘家，今所存八九家矣。寒家男女共一十六口，今只有四口僅存耳！」說罷淚如雨下。

荊公亦覺悲酸，又問道：「有人說新法便民，老丈今言不便，願聞其詳。」老叟道：「王安石執拗，民間稱爲拗相公，若言不便，便加怒貶；說便，便加陞擢。凡說新法便民者，都是諂佞輩所爲，其實害民非淺。且如保甲上番之法，民間每一丁教閱於場，又一丁朝夕供送，雖說五日一教，那做保正的，日聚於教場中，受賄方釋；如沒賄賂，只說武藝不熟，拘之不放。以致農時俱廢，往往凍餒而死。」言畢問道：「如今拗相公何在？」荊公哄他道：「現在朝中輔相天子。」老叟唾地大罵道：「這等奸邪，不行誅戮，還要用他，公道何在？朝廷爲何不用以韓琦、富弼、司馬光、呂誨、蘇軾諸君子，而偏用此小人乎？」

江居等聽得客座中喧嚷之聲，走來看時，見老叟說話太狠，吒叱道：「老人家不可亂言，倘王丞相聞知此語，獲罪非輕了。」老叟瞿然怒起道：「吾年近八十，何畏一死，若見此奸賊，必手刃其頭，刳其心肝而食之，雖赴鼎鑊刀鋸，亦無恨矣！」衆人皆吐舌縮項。荊公面如死灰，不敢答言，起立庭中，對江居道：「月明如晝，還宜趲路。」江居會意，去還了老叟飯錢，安排轎車，荊公舉手與老叟分別。老叟笑道：「老拙自罵奸賊王安石，與官人何干？乃拂袖而去，莫非官人與王安石有甚親故麼？」荊公連聲笑道：「沒有，沒有。」

荊公登輿，吩咐快走，從人跟隨踏月而行。又走十餘里，到樹林之下，只有茅屋三間，並無鄰比。荊公道：「此頗幽寂，可以息勞。」命江居叩門，內有老嫗啓扉。江居亦告以游客貪路，錯過邸店，特來借宿，來早奉謝。老嫗指中一間屋道：「此處空在，但宿何妨。只是草房窄狹，放不下轎馬。」江居道：「不妨，我自有道理。」

荊公降輿入室，江居吩咐將轎子置於簷下，騾驢放在樹林之中。荊公坐於室內看那老嫗時，衣衫褸襤，鬢鬍髮鬆，草舍泥牆，頗爲潔淨，老嫗取燈火安置，荊公自去睡了。荊公見窗間有字，攜燈看時，亦是律詩八句。詩云：

生已沽名衒氣豪，死猶虛僞惑兒曹。既無好語遺吳國，卻有浮辭誑葉濤。四野逃亡空白屋，千年嗔恨說青苗。想因過此來親睹，一夜愁添雪鬢毛。

荊公閱之，如萬箭攢心，好生不樂。想道：「一路來，茶坊道院，以致村鎮人家，處處有詩譏誚。這老嫗獨居，誰人到此？亦有詩句。足見怨詞詈語遍於人間矣！那第二聯詩：吳國乃吾之夫人也，葉濤是吾故友，此二句詩意尤不可解。」欲喚老嫗問之，聞隔壁打鼾之聲，江居等馬上辛苦，俱已睡去。荊公輾轉尋思，憮膺頓足，懊悔不迭。想道：「吾只信福建子之言，道民間甚便新法，故吾違衆而行之，焉知天下怨恨至此，此皆福建子誤我也。」呂惠卿是閩人，故荊公呼爲福建子。

是夜，荊公長吁短歎，和衣偃臥，不能成寐，呑聲啼泣，兩袖皆沾濕了。將次天明，老嫗起身，蓬著頭，同一赤足蠢婢趕二豬出門外，婢攜糠秕，老嫗取水，用木杓攪於木盆之中，口中呼：囉，囉，囉，囉，拗相公來。二豬聞呼，就盆吃食。婢又喚雞：喌喌，喌喌，王安石來。群雞俱至。江居和衆人看見，無不驚訝！

（註：喌音ㄓㄡ。江右喚雞之土語。）

荊公心愈不樂，因問老嫗道：「老人家何以呼雞豬之名如此？」老嫗道：「官人難道不知，王安石即當今之丞相，拗相公是他的渾名。自王安石做了相公，立新法以擾民，老妾二十年孀婦，子媳俱無，止與一婢同處，婦女二口，也要出免役、助役等錢。錢既出了，差役如故。老妾以桑麻爲業，蠶未成眠，便預借絲錢用了；麻未上機，又借布錢用了。桑麻失利，只得養豬養雞，等候吏胥里保來徵役錢，或准與他，或烹來款待他，自家不曾嘗一塊肉。故此民間怨恨新法，入於骨髓，畜養雞豬，都呼爲拗相公王安石，把王安石當做畜生。今世沒奈何他，後世得他變爲異類，烹而食之，以快胸中之恨耳！」

荊公暗暗垂淚，不敢開言，左右驚訝，荊公容顏改變。索鏡自照，只見鬚髮俱白，兩目皆腫，心中慘然，自己憂恚所致。思想「一夜愁添雪鬢毛」之句，豈非數乎？命江居取錢謝了老嫗，收拾起來。江居走到輿前稟道：「相公施美政於天下，愚民無知，反以爲怨。今宵不可再宿村舍，還是驛亭官舍，省些閒氣。」荊公口雖不答，點頭道是。上路多時，到一郵亭，江居先下驢，扶荊公出轎，升亭而坐，安排早飯。荊公看亭子壁間，亦有絕句二首：

富韓司馬總孤忠，懇諫良言過耳風。只把惠卿心腹待，不知殺羿是逢蒙。

高談道德口懸河，變法誰知有許多。他日命衰時敗後，人非鬼責奈愁何？

（註：后羿善射，逢蒙從而學藝，藝成蒙思之，故殺羿而獨步於世。）

荊公看罷，艴然大怒，喚驛卒問道：「何物狂夫，敢毀謗朝政如此？」有一老驛卒應道：「不但此驛有詩，各處皆有留題也。」荊公問道：「此詩爲何而作？」老卒道：「因王安石立新法以害民，所以民恨入骨。近聞得安石辭了相位，判江寧府，必從此路經過。早晚常有村農數百，在此左近伺候他來。」荊公道：「伺他來，要拜謁他麼？」老卒笑道：「讎怨之人，何拜謁之有？衆百姓持白梃，候他到時，打殺了他，分而啖之耳！」荊公大駭，不等飯熟，趨出郵亭上轎，江居喚衆人隨行，一路只買乾糧充飢。荊公更不敢出轎，吩咐兼程趕路，直至金陵與吳國夫人相見。羞入江寧城市，乃卜居於鍾山之半，名其堂曰「半山」。

荊公只在半山堂中看經念佛，冀消罪愆。他原是過目成誦，極聰明的人，一路所見之詩，無字不記，私下寫出與吳國夫人看之，方信亡兒王雱陰府受罪非偶然也。以此終日憂憤，痰火大發，兼以氣隔，不能飲食，延及歲餘，奄奄待盡，骨瘦如柴，支枕而坐。吳國夫人在傍墮淚問道：「相公有甚好言語吩咐？」荊公道：「夫妻之情偶合耳！我死更不須掛念，只是散盡家財，廣修善事便了。」言未了，忽報故人葉濤特來問疾，夫人迴避。荊公請葉濤牀頭相見，執其手，囑道：「君聰明過人，宜多讀佛書，莫作沒要緊文字，徒勞無益。王某一生枉費精力，欲言文章勝人，今將死之時，悔之無及！」葉濤安慰道：「相公福壽正遠，何出此言！」荊公歎道：「生死無常，老夫只恐大限一至，不能發言，故今日為君敘及此也。」葉濤辭去。荊公忽然想起老嫗草舍中詩句，第二聯道：

既無好語遺吳國，卻有浮詞誑葉濤。

今日正應此語，不覺撫髀長歎道：「事皆前定，豈偶然哉！作此詩者，非鬼即神。不然，如何曉得我未來之事？吾被鬼神誚讓如此，安能久於人世乎！」不幾日，疾重，發譫語，將手批頰自罵道：「王某上負天子，下負百姓，罪不容誅，九泉之下，何面目見唐子方諸公乎！」一連罵了三日，嘔血數升而死。那唐子方名介，乃宋朝一個直臣，苦諫新法不便，安石不聽，也是嘔血而死的。一般樣死，比王安石死得有名聲。

按：葉濤之事錄自南宋俞文豹之吹劍錄外集，茲錄於后：

外集．荊公語葉濤曰：「博讀佛書，勿為世間閒文字。安石枉費許多功夫，做閒文字。」噫！

公以文術壞人心，以政事殺天下，砌成靖康之禍不此之悔，而悔閒文字，雖千佛出世不可懺悔矣！（全一集）

至今世間人家，多呼豬爲拗相公者，後人論我宋元氣，都爲熙寧變法所壞，所以有靖康之禍，有詩爲證：

熙寧新法諫書多，執拗行私奈爾何。不是此番元氣耗，虜軍豈得渡黃河。

又有詩惜荊公之才：

好個聰明介甫翁，高才歷任有清風。可憐覆餗因高位，只合終身翰苑中。

跋語：

宋人京本小說「拗相公」一篇，乃敘述北宋神宗熙寧新法創制時之遭遇，荊公無端而被攻訐詆詖，全篇文字極盡盡誹謗侮蔑之能事，虛構捏造，作者用心不難知之。小說可不論史實之眞實，虛構情節而冀喜悅讀者，得予推廣也。然對於歷史偉人，皆多褒獎之，不應偏離史實爲重，惟本篇撰述之意圖，則非如此，乃爲處心積慮以攻訐荊公爲主旨。本篇文題「拗相公」係依元祐黨人邵伯溫之聞見錄所云：「……至荊公薨，溫公在病中聞之，語呂申公曰：介甫無他，但執拗耳。」因荊公官拜宰相，稟承神宗創立新法，無法順從元祐黨人之私利，而強神宗罷革之，視爲拗執，故本篇文題特題名爲「拗相公」也。

本篇作者佚名，不難推測爲元祐黨人（以下簡稱黨人）之手筆，或爲黨人之門生、子孫而撰之矣。

其云：「朝廷何不以韓琦、富弼、司馬光、呂誨、蘇軾諸君子，而偏用此小人乎！」所言五人皆為黨人，且為反對新法最力者，猶以呂誨首先奏劾荊公者，故不難想像耳。致於撰作時間，文中曾兩度提及「我宋朝」之詞句，但可知既非北宋，應似南宋之時耳。而本文結束後附詩云：「虜軍豈得渡黃河」，可資佐證。除此句外，尚引用聞見錄云：嘉祐末邵康節行經洛陽天津橋，忽聞杜宇之聲。歎曰：北方無此物，不及十年，其有江南人以文字亂天下者乎！客曰：聞杜鵑何致此？康節曰：天下將治，地氣自北而南；將亂，自南而北。今南方地氣至矣。禽鳥飛類，得氣之先者也。朱熹五朝名臣言行錄中特作此云：邵雍於洛陽天津橋言地氣一事也，足可證之。作者佚名，係因對一代忠臣賢良作人身攻擊，故其不敢留名，非為時代久遠，歷經兵燹人禍而散佚，而無可考，似不可能之矣！

本篇文中青苗法胥吏里保，催息之不當。以及保甲法中教場保正之陋規，不論眞實與否？此乃人謀不臧耳！並非不可糾正之，而非新法之不良耳！。試問？未施行新法之先，貪瀆情事何其之多？晚唐五代以至北宋，政風頹廢，姑且不論，北宋自眞宗以降，歷代之貪瀆事件，業已昭然。朝廷官吏貪瀆，屢見不鮮。本書第七節所載：蘇軾，劉敞，劉攽等所到之處，無不花天酒地，為所欲為。既如蘇軾烏臺詩案後，貶至黃州，依然故我，遨遊赤壁，恣情享樂，夫復何言！其費用從何而來，是公帑抑或民脂民膏？天地良心！宋史將文彥博列為君子，黨人歌頌，其知成都府時公然召妓，並為營妓題詩於帕。詩云：「蜀國佳人號細腰，東臺御史惜妖嬈。從今喚作楊臺柳，舞盡春風萬萬條。」（聞見錄卷十）此又如何論之歟？本篇因怨恨執行新法官吏品操不佳，而將荊公喚作豬雞，荊公道德文章即使黨人，亦不敢有所訾議，本篇最後七絕中亦云：「高才歷任有清風。」一代忠良賢臣遭如此蹧踏，豈不令後人痛心矣！

本篇主旨，係對荊公之人身攻訐，新法之得失僅次要而已，以假新法而肆意誹謗荊公，京本小說亦即話本，係演繹唐人傳奇而創於宋，話本亦是彈詞之前身，可閱可唱。自宋以後街坊流行說書，即爲話本，故于一篇故事之前，有詩或詞，或于一段之間，亦有詩或詞，以作彈唱。撰此此篇「拗相公」者，居心叵測，借於話本，復以說書方式，推廣至民間鄉愚，皆知荊公之姦，而非書冊僅置士大夫案耳，況士大夫有鑑別能力也。故肯定本篇小說出自黨人或其後輩手筆，應無疑問。撰作原詣，頗令人推敲。高宗爲求南面稱孤道寡，不欲迎回徽欽二宗，黨人諂諛高宗撰此話本，以作愚民之術，農餘之暇，城鎮鄉村，借爲民間技藝說書之範本，廣爲鄉愚所知，北宋之亡乃因新法所致，而解脫其父兄亡國之恥，並解脫黨人鼻祖司馬光等誤國之罪，假禍於荊公，不無可能耳。黨人文丑，不知幾許，故有於妄言荊公之雙睛多白，未知其所依據？南宋末年謝采伯之密齋筆記亦作此類妄語（卷一），元祐黨人何以如此無恥耶！

本篇小說作者佚名，是否俞文豹等所撰，頗有可疑，因葉濤一事僅見於俞氏之吹劍集外集。北宋及南宋之稗史、劄記均未見之，文中呼豬所用之「囉」字，及喚雞之「朔」字，皆爲吳音，於錢塘江以南至閩江以北，該地流行之土語。俞氏爲括蒼人，即今日之浙江麗水縣，浙東丘陵正流行方言相符。是非爲俞氏所撰，冀博者證之。至於長江南北岸之方言雖屬吳音，則有不同，呼豬爲「嚕嚕」，喚雞

爲「咯咯」，並記之。（按：谻：音ㄓㄡ）

近人那宗訓之「京本通俗小說新論」，對京本小說，復有其新論，其云「：民國四年，繆荃孫先生在上海無意中發現，把它印出來，收在他編的「煙畫東堂小品」叢書中。……從京本被出來以後，其中錯斬崔寧見於醒世恆言，餘六篇（拗相公爲其中一篇）均見於警世通言，因而認爲京本不是一本原來就存在的小說，而是從警世通言和醒世恆言中抽出的僞造品。」明代馮夢龍之三言二拍（醒世恆言、警世通言、喻世明言、初刻、二刻拍案驚奇），則爲他人鈔襲之嫌矣。拗相公一篇於警世通言之第四卷，題名爲「拗相公飲恨半山堂」，第三卷爲「王安石三難蘇學士」，皆爲詆詖荊公之文字，尤以第三卷不知所云歟？然其醒世恆言第四卷「灌園叟晚逢仙女」一篇，唐人小說「博異記」（谷神子撰，原名不詳），另唐人段成式之「酉陽雜俎續集卷三（支諸皋下）皆有此篇。馮夢龍之灌園叟晚逢仙女之前段，一字不改，照單全收，照鈔不誤。如是，不論誰鈔誰，誰僞造之，皆不足以言之，惟係一篇抹煞天良誹謗詆詖荊公之文字也。

錄本篇小說，對本書並無特大意義，僅作供參考，後人不識前代史實謬誤，肆意附和，以致黑白不分，是非不明，可惡！宋、元、明、清諸多稗史、劄記皆稱黨人爲元祐諸賢，稱荊公爲姦！試問之？何賢之有！其姦何在歟？史實已歷經千年，棺雖蓋而論未定之，哀哉！

釋：

葉濤．荊公門人，熙寧進士，早年於金陵從荊公習文。紹聖初編纂神宗實錄，遷校書郎，後遷中書舍人，司馬光、呂公著、王巖叟等追貶，呂大防、劉摯、蘇轍、范純仁責官，皆為葉濤為制詞。

（宋史卷三百五十五）

俞文豹：字文蔚，括蒼人。宋史無傳，著有古今藝苑談概，清夜錄，吹劍集(含外集)。外集成書，依卷首第一節序，記載淳祐庚戌中秋，為南宋理宗淳祐十年。據四庫全書提要考證：「吹劍集持論偏駁，多不中理。集中多推頌程頤、朱熹等人。」應屬元祐黨人無謅。